한일 내셔널리즘의 해체

한일 내셔널리즘의 해체

'복수複數의 아이덴티티'로 살아가는 사상

이건지 지음 / 김학동 옮김

심산

"한국과 일본에는 '보통에서 배제된 사람들'이 많이 존재한다. 그리고 이른바 '보통의 사람'이라는 것이 실은 이 배제의 과정에 의해 확보된 것에 지나지 않는다. 바꾸어 말하면 '보통의 사람'이라는 것은 '응당 배제되어야 하는 ○○가 아닌 자'로서 정의될 수 있을 뿐, 그 자체는 결코 반석이 될 수 없다. 그러므로 보통 따위는 존재하지 않는 것이다."

차례

일러두기

1. 인용문 중에 〔 〕 안의 글은 저자가 보충한 어구나 부연 설명이며, ( )는 인용문의 원저자에 의한 것이다.
2. 〈 〉는 저자가 강조하기 위해 사용하였으며, [ ]는 역자가 부연 설명할 때 사용하였다.
3. 이 책에 인용한 한국 문헌은 일본에서 일역 출판된 책이나 저자가 일역한 것을 역자가 중역하였다. 따라서 국내 원 저서와 다소 차이가 있을 수 있다. 또한 일역서가 있는 경우 인용문의 쪽수는 일역서의 쪽수를 표시한 것이다.
4. 본문에서 인용한 책 또는 논문의 서지사항은 책 끝에 '인용 문헌'으로 별도 편집하였다.

■ 책머리에

일본의 젊은이는 자신의 나라에 자긍심을 가지지 못한다고 한다. 사실 그러한 측면도 있을 것이다. 그러나 그 원인에 대해서는 그다지 깊이 생각하고 있지 않은 것 같다. 예를 들면 자유주의사관을 자임하는 한 무리의 사람들은 '자학사관自虐史觀'에 의한 역사교육과 역사 인식이 가장 큰 원인인 것처럼 말한다. '자학사관'이란 첫째, 전승국인 미국이 만든 헌법이 강요됨으로써 일본의 역사가 뒤틀리게 되었으며, 둘째, 아시아 국가들, 그중에서도 한국과 중국이 일본의 패전 이전의 체제를 비판하고 있기 때문에 이 두 나라를 자극하지 않도록 해 왔다는 두 가지 특징을 갖는 역사관을 말한다. 이 두 가지 특징 때문에 일본의 체제가 뒤틀리고 일본인이 자신의 나라에 자긍심을 가질 수 없게 되었다는 것이다.

그러나 이것은 책임회피를 위한 논리가 아닌가. 첫째, 이런 논리는 패전 이전 대일본제국의 '구미歐美가 일본을 깔보고 있다', '아시아는 일본의 교화를 수용해야 한다'라는 세계 인식과 별반 차이가 없는 것 아닌가. 일본 사람들이 자국에 자긍심을 가지지 못하는 이유에 대해서도 그때처럼 외국에 책임을 돌릴 것이 아니라 보다 적극적으로 내부 문제라는 인식을 가져야 할 것이다. 예를 들면 이사카 고타로 씨의 『마왕』(2005년)이라는 소설에는 다음과 같은 장면이 있다.

> "그냥 입버릇처럼 말하는 사람들이 있잖아. 일본의 역사교육은 자학적이라서 젊은이들이 국가에 자긍심을 가지지 못한다고 말이야. 그것이 나로서는 납득할 수가 없단 말이야"라고 형은 말했다. "젊은이들이 일본에 자긍심을 가지지 못하고 어른을 우습게 여기는 것은 틀림없겠지만, 그렇다고 역사교육 탓일까? 일본이 침략전쟁을 일으켰다고 배웠기 때문에 자긍심을 가지지 못하는 것일까?"
>
> "그건 아닌 것 같아." 준야가 웃었다. "난 역사 수업을 열심히 듣지도 않았어. 게다가 난 거꾸로 학교에서 반전을 외치는 교사에 진절머리가 났었는데 말이야."
>
> "그렇지? 젊은이들이 자긍심을 가지지 못하는 것은 결국 어른들이 추하기 때문이지. 텔레비전에 나온 정치가가 태연스레 거짓

말을 하고, 청문회에서 선문답 같은 답변을 늘어놓거나 하는 것을 보고 있으니 얕보는 게 당연하지. 어디에 어떻게 자긍심을 가지라고 하는지 모르겠단 말이야."

"그럴지도"라고 내가 말하자, "모르지"라고 준야가 말을 이었다.(같은 책, 185쪽)

2007년에 발각된 '사라진 연금' 문제에서 상징적으로 드러나고 있듯이, 마땅히 일본 사회를 짊어져야 하는, 그야말로 책임자가 되어야 하는 연령의 사람들이 결코 책임을 지지 않는 것처럼 보인다는 점이 젊은 사람들로 하여금 자국에 대한 환멸을 느끼게 만드는 것은 아닐까. 이렇게 큰 문제가 불거졌음에도 불구하고 사회보험청의 관리직, 일반직원들은 한결같이 다음과 같은 말을 자주 한다.

"그것은 아직 조사 중이기 때문에……", "아니오, 그에 관해서 저로서는 뭐라 말씀드릴 수 없습니다."

이를 지켜본 젊은 세대는 어떻게 생각할까. 틀림없이 이렇게 생각할 것이다. "물어보는 게 아니었지. 조직 속의 인간인걸 뭐. 그야 훗날에 책임질 말을 하고 싶지 않은 심정이야 납득이 가지만 자신의 의견을 말하지도 못하다니, 한심하다." 그런 직후에 또 이렇게 생각할 것이다. "나도 사회인이 되면 저렇게 살아야 하는 걸까"라고.

이래서는 일본에 태어난 것을 자랑스럽게 생각하라는 말을 받아들이는 데 무리가 있다.

오늘날의 일본에서 논의되고 있는 '자국에 대한 자긍심'이라는 문제가 실은 세대 간의 문제이기도 하다는 것을 이를 통해 엿볼 수 있다. 대체로 현재의 일본을 책임지는 위치에 있는 구세대에 속하는 50대 이상의 사람들은 자신들의 젊은 시절에 체험한 '고도 경제성장'을 가치관의 중심에 두고 있을 것이다. 그 핵심은 경제성장이 모든 것을 해결한다는 것이고, 지금까지도 성장신화라는 환영을 끌고 다니고 있다고 바꿔 말해도 좋을 것이다.

이에 비해 젊은 세대는 거품경제 이후의 일본 사회의 불황과 부실한 행정을 지겨울 정도로 경험했을 뿐만 아니라, 환경문제 등과 같은 구세대의 실책을 해결해야 하는 부담마저 안고 있다. 그러므로 '고도성장 따위는 신화일 뿐'이라는 냉랭한 시선으로 사회를 보는, 혹은 볼 수 있는 처지이다.

돌이켜 보면 구세대의 보수적인 사람들은 책임을 지지 않는 경향이 있다. 그들 중에서 패전 이후의 일본 사회를 '붕괴'라는 말로 우려하는 사람들은 그 최대의 원인이 '미국의 강압으로 만들어진 헌법'과 '전승국에 의한 일방적인 도쿄 재판', 그리고 '자학사관'에 있다면서, 역사교육에 대한 한국과 중국의 간섭과 이를 계속 용인하고 있는 전후의 교육행정에 의문을 던진다. 요컨대 일본에 주체적인 책임이 있는 것이 아니라 외국에 당하고 있는 것이 근본적인 문제라는 사고방식을 내면화하고 있는 것 같다.

이러한 모든 것을 외국의 책임으로 돌리는 역사관에 얼마나 많은 젊은이들이 미래를 꿈꾸고 자긍심을 느낄 수 있겠는가. 아니, 오히려 단일화된 가치관의 강요에 왠지 모를 어색함을 느끼고 있을지도 모른다.

반대로 이렇게 생각해보자. 과연 자신의 나라에 자긍심을 갖는 것이 그렇게 중요하고 필요한 것일까. 필자는 한국 국적을 지닌 자로서 일본에서 태어났다. 즉 필자에게는 자신의 나라라고 할 만한 것이 없는 까닭에 자긍심을 가지려 해도 일본, 한국, 북한 중 어느 국가에 자긍심을 가지면 좋을지 알 수 없는 상태에 놓여 있다. 하지만 그로 인해 생활이 곤란했던 적은 한 번도 없다.

객관적으로 볼 때 분명히 한국은 일본보다도 명확하게 자신의 나라에 자긍심을 가져야 한다는 것을 교육을 통해서 국민에게 전하고 있고, 실제로 한국 사람은 일본 사람보다 자신의 나라에 자긍심을 느끼고 있는 것 같다. 그러나 여기에서 말하는 '자신의 나라'라는 것은 이른바 보통의 한국인의 경우, 또는 보통의 일본인의 경우에 있어서 자신의 나라라고 하는 의미가 배후에 담겨 있다. 결국 필자와 같은 태생의 인간은 일본에서도 한국에서도 '보통이 아닌' 처음부터 배제된 존재로, 일반적으로 쉽게 떠올릴 수 있는 '자신의 나라'를 가지지 못하고 있는 것이다.

이렇게 말하면 당신은 특수하기 때문에 어쩔 수 없다는 소리를 들을지도 모른다. 그렇지만 그것은 잘못된 생각이다. 조금 전 '보통의'라고 했는데, '보통'이라는 것이 정말로 존재하는 것일까? 결론부터 말하자면 필자는 '보통'이라는 것은 존재하지 않는다고 생각한다. 그러므로 '보통의 일본인이 자신의 나라에 자긍심을 가진다'라고 생각하는 것은 환상임에도 불구하고 정치적으로 이끌리다 보니 '보통의 일본인', '자신의 나라'라는 것이 있는 것처럼 느끼는 분위기가 형성된다. 이러한 상황은 한국도 거의 마찬가지라고 할 수 있다.

조금 전의 추하다느니, 추하지 않다느니 하던 논의로 되돌아가겠다. 한국에는 추한 어른이 없을까? 아니, 일본과 마찬가지로 역시 추한 어른이 많이 있다. 하지만 그것을 교육(내셔널리즘 교육)에 의해 은폐하고, 자랑스럽게 생각할 수 없는 일은 가능한 한 '특수'한 사례로 여기도록 함으로써 자국에 대한 자긍심을 유지하고 있는 것 같다. 그렇기 때문에 일본보다 더 죄가 무거울지도 모른다.

이렇게 말하면 당연히 "그러면 당신은 자신의 나라에 자긍심을 가지지 못하는 상황에 만족하는가?"와 같은 질문을 받게 될 것이다. 이에 대해서는 다음과 같은 만용에 찬 대답을 준비하고 있다. 자긍심을 가질 대상이 자신이 소속되어 있는 국가 하나인 것이 당연하다고 한다면 그것은 심히 답답한 사고방식이라고 필자는 생각한다. '우리나라는 이렇게 훌륭하다'라는 자국특수론自國特殊論이 아니면 성립되지 않는 자긍심이 아니라 좀 더 많은 '자긍심'을 감싸 안음으로써 보다 살기 좋은 사회가 만들어진다고 믿기 때문이다.

이러한 견해는 '자신의 나라'를 가지지 못한 필자의 비뚤어진 생각인 양 해석될지도 모른다. 하지만 그렇지 않다. 한국과 일본에는 '보통에서 배제된 사람들'이 많이 존재한다. 그리고 이른바 '보통의 사람'이라는 것이 실은 이 배제의 과정에 의해 확보된 것에 지나지 않는다. 바꾸어 말하면 '보통의 사람'이라는 것은 '응당 배제되어야 하는 ○○가 아닌 자'로서 정의될 수 있을 뿐, 그 자체는 결코 반석이 될 수 없다. 그러므로 보통 따위는 존재하지 않는 것이다.

그럼에도 불구하고 우리는 '보통이 아닌 것'에 두려움을 느낀다. 보통의 용모, 혹은 보통 생활이라는 '중류中流'의 환상이 지금도 '보통으로' 유통되고, 자신에게서 '보통이 아닌 것'을 발견하면 그것을 감추려고 한다. 젊은 시절의 부친이 불량했다, 모친이 정신병이다, 남동생이나 여동생이(혹은 자기 자신이) 남을 괴롭혔다거나 괴롭힘을 당했다 등등, 자신을 '보통'이 아니라고 판단할지도 모르는 화제는 가능한 한 감추었다가 어느 날 마음이 통하는 친구에게 털어놓는 '고민'이 그러한 것이다. 그러나 이와 같은 '고민'이 없는 인간은 아마 존재하지 않을 것이다. 이렇게 생각하면 '보통의 사람' 같은 것은 사실 어디에도 없다는 것을 알 수 있지 않을까.

그런데 이 책은 이와 같은 마이너리티(보통에서 배제된 사람들)와 이를 규정하는 머조리티(보통의 사람들)의 존재에 대해 한국과 일본이라는 장소에서 생각해보고자 한다. 그리고 머조리티라는 환상과 그 환상에 의해 배제된(=창출된, 폭력을 당하는) 마이너리티라는 존재에 대해 분석을 시도하고자 한다. 만약 머조리티 그 자체가 환상이라면 그곳에서 잉태되는 '자국의 자긍심'이라든지 '아름다운 나라' 등은 모두 공중누각에 불과한 것이다.

그럼에도 불구하고 배제라는 폭력을 통하여 행사되는 '자신의 나라에 자긍심을 가져야 한다'라는 말을 쉽사리 비판할 수 없는 것이 현실이다. 이러한 현실은 한국이나 일본이나 마찬가지다. 그러므로 필자는 이 책을 통하여 이러한 '자신의 나라에 자긍심을 가져야 한다'라는 단일화의 강제력(정치력)이 절대적인 것이 아니라 상대적인 것임을 독자들에게 전달하고자 한다.

서 장

'복수複數의 아이덴티티'를 가진다는 것

1. 무의식적인 선의의 내셔널리즘에 상처받는 사람들

스포츠에는 단순한 말을 연호함으로써 국민을 통합시키는 기능이 있다고 한다. 최근의 출판물를 예로 들자면 『스포츠 뉴스는 무섭다』(모리타 히로유키, 2007)도 그와 같은 견해를 나타내고 있다. 모리타 씨는 스포츠 보도에서 일본팀을 응원할 때에 〈일본〉이 캐리커처로 표현되거나 아무런 논증도 없이 '일본인의 조직력'이 장점으로 강조되는 반면에, "일본 사회는 책임 소재가 모호하고 일본인은 자유에 서툴다"라는 식으로 판에 박은 듯 유사한 일본(인)의 모습이 자기 비판적으로 평가되고 있다고 지적한다. 그리고 이러한 내용이 대중 매체에 의해 확산되면서 사람들의 뇌리에 각인된다고 말한다(「월드컵으로 만들어진 〈일본인〉」, 같은 책, 141~182쪽).

이와 유사한 말을 필자도 들은 적이 있다. 10년 이상 지난 일인데, 월드컵 축구 아시아 최종예선 때 백인인 미국인과 일본인을 부모로 둔 탤런트가 텔레비전 인터뷰에서 다음과 같이 대답했다고 한다.

> "축구는 일본과 미국이 시합을 했을 때 미국을 짓밟아 버리고 싶다는 생각을 갖게 만들었고, 자신이 일본인이라는 것을 깨닫게 해주었습니다. 그래서 축구에 감사하고 있습니다."

이 얼마나 슬픈 말인가. 양친이 미국과 일본 양쪽에 연계되어 있다면 그 양쪽의 사회, 문화와 연결될 가능성이 큰 법이다. 그러나 그는 "미국을 짓밟아 버리고 싶다"는 의식을 확인하고 자신을 일본인으로 생각했다는 것이다.

무엇을 가지고 일본인이라고 하는지는 나중에 논하기로 하고, 여기에서는 그가 결코 좋아서 그와 같은 양자택일을 한 것이 아니라는 점을 말해 두고 싶다. 필자도 일본에서 태어났지만 한국 국적을 가지고 있고, '재일한국조선인'(이하 '재일조선인'이라고 함)으로 불리는 존재다. 한국에서는 '재일在日'을 강조하는 경우가 많아서 만일 자신이 '한국인'이라는 주장을 하고 싶다면 의식적으로 '한국인'이라는 것을 강조해야 한다. 주변부의 인간은 보다 강한 충성심이 요구되는 것이다.

"일본에 귀화할 경우에도 미국에서 하고 있는 것처럼 '자신의 조국과 일본 사이에 전쟁이 났을 때 일본을 위해서 총을 잡을 수 있는가'라는 질문을 해야 한다."

이는 2007년 10월 19일 일본TV 계열에서 방송된 개그 콤비 '바쿠쇼몬다이爆笑問題'의 프로그램 〈오타 히카리太田光의 내가 총리대신이 된다면…비서 다나카〉에서 "10년 이상 일본에 살고 있는 외국인에게 지방참정권을 줘야 한다"라는 야마모토 모나 씨의 주장을 두고 오간 토론 가운데 반대편에서 나온 말이다. 이 말은 충성심의 요구라는 '폭력'에 대해 "규칙이니 어쩔 수 없지요. 싫으면 고국에 돌아가시오. 이것은 차별이 아니에요"라고 말하는 것과 같은 주장이고, 그것이 당연시되고 있다는 점이 두렵기도 하다. 왜냐하면 이와 같은 상황에 처하는 것은 특수한 인간만이 아니고, 이 책을 읽고 있는 당신도 자칫 당사자가 될 수 있는 문제이기 때문이다.

예를 들어 당신의 육친이 혹은 당신 자신이 외국 국적을 가진 사람과 결혼한다고 치자. 현대 일본에서는 그런 일이 그다지 드문 일도 아니다. 그 반대로 자치단체에 따라서는 신부 부족을 해소한다는 명목으로 외국인 여성과의 맞선을 권장하는 곳도 있다고 한다. 이런 일 자체가 여성을 물건 취급하는 비판받아 마땅한 일이라 할 수 있지만 여기에서는 깊이 관여하지 않겠다. 문제는 그와 같은 상황에서 태어난 아이를 당신이 자신의 조카나 손자, 혹은 자신의 친

자식으로 접할 기회가 당연히 생긴다는 것이다. 이때 지금 살펴본 바와 같은 험한 말 — 그야말로 양자택일을 강요하고, 불만이 있으면 나가라고 하는 것과 다름없는 말 — 을 당신은 내뱉을 수 있을까. 이는 상상력이 결여되어 있거나 '보고 싶은 현실만을 보려고 하는' 데에서 발생되는 폭력이라고 필자는 생각하고 있다.

이 프로그램에서 도쿄의 모 종합대학 교수는 정주定住 외국인에게 주는 지방참정권을 반대하는 측의 토론을 펼치면서, 불만을 말하는 외국인 탤런트에게 삿대질하고 책상을 치며 "입 다물어!"라고 고함을 쳤다. 필자는 초등학교 때 다른 사람에게 삿대질해서는 안 된다고 배웠다. 이는 상대를 모욕하는 태도이기 때문이다(필자가 다닌 학교는 일본의 공립학교였다). 이 대학교수도 그와 같은 상식을 공유하고 있을 것임에 틀림없다. 그리고 아마도 그에게는 외국인 친구도 많이 있을 것이며, 대학에서는 학생들이 따르고, 지역에서는 신사로서 존경받고 있지 않을까 생각한다. 그러한 그가 일본의 '국익'과 마주대할 때에는 외국인을 적대시하고, 그야말로 삿대질하며 고함치는 폭력을 행사하고 마는 것이다. 이는 일본을 단순한 모델로 생각하고 이미지로서의 〈일본(인)〉에 일체시켜서, (이미지로서의) 〈외국(인)〉과 대치對峙시키는, '[본질을] 의식하는 사상' 이전의 방식으로 생각된다.

항간에 넘쳐나는 일본인론은 일본특수론 일색이다. 일본인은 개인적으로 부각되는 것을 좋아하지 않지만 집단으로서의 조직력이 뛰어나다는 등이 대표적인 예이다. 이를 전제로 스포츠 보도가 이루어지고, 스포츠 행사 때에는 '사무라이블루(2006년 월드컵 축구 일본대표팀의 별칭)', '야마토 다마시(일본의 혼)', '히노마루 히코타이日章 飛行隊(일본의 스키점프 팀)'와 같은 단순한 단어의 반복에 상응하여 '동질의 우리=일본인'이라는 이미지가 만들어지는 것이다. 이러한 단순화는 외국(인)에 대한 단순화와도 표리의 관계에 있다. 예를 들어 '뛰어난 신체 능력'이라는 말은 일본의 스포츠 보도에서는 거의 흑인 선수, 아프리카 선수를 가리키는 '인식의 틀'로 정착되어 있다고 한다. "그러나 그 이면에서는 원시적이고 미개하며 문명화되지 않은 신체라는 의미를 반복적으로 만들어내고, 그런 의미에 지배당한 경기를 보는 시각은 재차 흑인 선수의 경기의 표상을 신체 능력으로 환원해" 버린다(야마모토 아쓰히사, 「'뛰어난 신체 능력'이란 무엇인가」, 아사히 신문, 2002년 6월 30일). 당연한 말이지만 흑인이라고 해서 다 같은 것이 아니다. 나라와 '민족'에 의해 말도 문화도 전혀 다르다고 하는 당연한 전제를 무시하고 이와 같은 이미지가 만들어져 버린다. 이는 흑인에만 해당되는 문제가 아니다. 선주민이라면 무구하고 신비스럽다고 인식되며, 아시아라고 하면 역동적이고 힘차다는 표현이 많이 쓰인다.

분명히 한국인과 일본인의 일하는 방식은 출발지점이 다르다. 일단 시작하고 나서 생각하는 한국인과 신중하게 준비한 후에 시작하는 일본인. 결국 결승점은 같은 것이 아닌가 하는 생각도 든다. 게다가 일본의 경우는 연구조사 비용과 시간을 들이고도 아니라고 생각하면 시작하지 않는다. 그래서 실패하지 않는다고 할지라도 조사에 들인 비용은 허비한 것이 아닌가?

"그래도 데이터는 남습니다. 한국처럼 주먹구구식으로 했다가는 아무것도 남지 않아요"라고 교수는 말하지만 과연 그럴까? 상대(말하자면 중국)도 변화한다는 것을 전제로 한다면 '데이터'는 낡아서 못 쓰게 될 가능성도 있다. 한국인의 '무모함(한국인이 자민족을 평가할 때 자주 사용하는 말)'은 쉽게 일을 시작하지 못하는 나 같은 사람에게는 '부럽다'고 생각되는 경우도 많다.(이토 준코, 『더 이상 일본을 의식하지 않게 된 한국인』, 2007년, 169쪽)

여기에는 '한국인'과 '일본인'이라는 집합이 의인화되고, 개인과 '민족'의 성향이 미분화되어 있으며, '신중하지만 쉽게 일을 시작하지 못하는 일본인'과 '앞뒤 안 가리고 무모하지만 거침없이 추진하는 한국인'이라는 표상이 성립되어 있다.

단순화된 이미지는 타자와의 대면을 편하게 해준다. 개인의 인격을 문제 삼는 것이 아니라 조직화된 상대와 대치한다고 하는 도피 수단이 마련되기 때문이다. 이는 얼핏 거만하게 보일 수도 있지만, 그와 같은 이미지를 무의식화하는 사람이 실은 자기 반성적이기도 하다. 앞에서 본 것처럼 "일본 사회는 책임의 소재가 애매하다"라든가 "일본인은 개인플레이가 미숙하다"라는 등의 결점을 거론하는 모습이 대표적이다. 그러므로 이와 같은 무의식을 가진 사람은 자신이 겸허하다고 생각한다. 이러한 상황이 문제의 본질을 파악하기 어렵게 만든다. 한마디로 말하면 〈일본(인)〉을 단순화하고 이미지화했듯이, 〈외국(인)〉을 단순화하는 것(흑인은 이렇고, 중국인은 저렇고, 한국인은 이렇다는 등)은 어떤 의미에서 매우 배타적임에도 불구하고, '일본인에게도 결점은 있다'라고 외국인 앞에서 털어놓는 '겸허함'이나 '선의'까지 내포하게 된다는 구조를 가지고 있기 때문이다.

앞에서 예를 든 대학교수의 도무지 신사적이라고 할 수 없는 언행은 다음과 같이 생각하면 이해하기 쉽다. 그의 내부에는 언어화되기 직전의 무의식의 영역에 〈일본(인)〉이라는 하나의 성격을 가진 단순한 상태의 이미지가 만들어졌고, 그와 동시에 〈정주 외국인〉도 단순화, 이미지화되어 있었던 것은 아닐까. 그리고 그 자신도 일본이 결코 만능이라고는 여기지 않았으므로 자신이 거만하다고는 생각하지 않았을 것이며, 오히려 '선의'에서 말하고자 했을 것이다. 그럼에도 불구하고 자신과 토론 중인 외국인들이 자신의 의견에 대해서 '배타적'이라는 듯이 반발하고 있다. 그래서 그는 지식인으로서는 최악의 선택을 하고 말았다. 그것은 삿대질하고 고함을 치는 매우 저급한 행동이었다. 이렇게 생각을 정리하면, 그가 눈앞의 외국인에게 삿대질한 것이 아니라는 사실을 알 수 있다. 그는 자신의 내부에 인식된 〈정주 외국인〉상像을 향해 폭언을 쏟아냈던 것이다.

이처럼 일본에는 '무의식적인 선의의 내셔널리즘'이라 할 만한 것이 존재한다. 그리고 이것은 한국에도 해당되는 것인데, 상당한 수준의 지식인이라도 무의식중에 "일본인은……"이라든가, "한국인은……"이라고 말하는 장면을 자주 접하게 된다. 그러나 그러한 고정된 이미지는 대화를 저해하는 요인이 될 뿐이고, 오히려 '혼잣말'의 영역에 속하는 것이라 할 수 있다. 이 책에서는 이러한 '무의식적인 선의의 내셔널리즘'의 문제를 본격적으로 거론하고자 한다.

본론에서 많이 벗어났는데, 앞에 나온 축구를 좋아하는 탤런트의 말로 돌아가 보자. 필자는 그가 "(또 하나의 조국인) 미국을 짓밟아 버리고 싶다"고 말한 것은 일본 사회로부터 보다 깊은 충성심을 요구받았기 때문일 것이라고 언급했다. 물론 일본 사회가 그에게 직접적으로 영향을 미쳤다고 말하는 것은 아니다. 앞에서 말한 '무의식적인 선의의 내셔널리즘'에 의해 그의 내면에 이미지화된 〈일본(인)〉이 각인되었고, 용모에서 〈외국인〉으로 취급받기 쉬운 자신을 점검한 결과 적극적으로 일본을 선택하려는 마음이 생긴 것은 아닐까. 축구와 같이 국가와 국가가 맞붙는 경우에는 그것이 어느 한 쪽을 선택할 수밖에 없도록 만드는 기능을 한다. 물론 강제적으로 어느 쪽을 선택하라는 말을 들은 것은 아니다. 그러나 양친의 국적이 다른 사람의 경우는 끊임없이 자신이 〈외국인〉으로서 인식되고 있는 것은 아닌지에 대한 심리적 압박 때문에 자진해서 어느 쪽을 선택해야 한다는 마음이 생기는 경우도 있다. 이것이 '무의식적인 선의의 내셔널리즘'의 폐해이다.

또 하나의 예를 들어 보겠다. 가이라쿠테이 부락쿠快樂亭ブラック라는 만담가가 있다. 메이지明治 시대에 활약한 선대가 아니라 현재 활동 중인 '제2대'의 이야기다. 처음에는 다테카와 단시立川談志의 제자였으나 지금은 독자적으로 활동하고 있다. 그는 전쟁이 끝난 직후 미군 병사인 아버지와 아오모리青森 출신의 어머니 사이에서 태어났다고 한다.

> "오사카에서 지내던 시절에 쓰키테이 가초月亭可朝라는 분〔이 계신 곳〕에게 만담을 배우러 갔다가 공부가 끝난 뒤, 에-, 잠시 텔레비전을 보고 있자니 마침 배구를 하고 있었는데, 일본과 미국 경기를 말이죠. '자넨 어느 쪽을 응원하고 있는가'라는 질문을 받고는, 에-, 분명히 괴로운 무언가가 있었는데요, 반절은 미국의 피가 흐르는지라. 어린 시절은 프로레슬링 전성기였는데요, 역도산力道山이 외국인〔레슬러〕을 닥치는 대로 쓰러뜨리고 있었거든요. 그러자 정말 일본인은 패전의 충격을 딛고 일어나, 와-, 닛뽄징(일본인)은 이렇게 강하다, 하면서 박수를 보냈던 것이지요. 〔역도산이〕 조선인이라는 것도 모르고〔웃음〕. 그렇지만 제가 보고 있자니 당하는 미국인에게 애석한 마음이랄까, 아-, 늘 당하고만 있으니 안

됐다. 마음 한구석에서 미국인을 응원하는 자신이 존재하고 있던 까닭에, 에-."(「엔카무스코」, 『가와야나기하쿠세키 제2탄』 CD, 2006년)

먼저 양해를 구하고자 한다. 요즘 만담이 유행이라고 한다. 2대째인 가이라쿠테이 부락쿠 씨도 상대적으로 인지도가 높아진 것 같다. 필자도 부락쿠 씨의 재능을 평가하고 있으며, 부디 많은 사람들에게 알려지기를 바라고 있다. 그러나 그의 소재는 성적 자극이 강하고, 조선인과 천황가天皇家를 다루는 등 금기를 깨는 것이 매우 많다. 그러나 그가 차별용어를 사용했다고 해도 그 차별을 긍정하려는 목적이 아니라는 것을 믿고 있다.

〔가이라쿠테이 부락쿠〕 자신이 미·일 혼혈로서 백인계의 풍모를 보다 짙게 풍기는 처지로 살아오는 동안, 민족적인 외관과 혈통에 의한 차별이 얼마나 불합리한 것인가를 체험으로 잘 알고 있다. 물론 '차별받는 처지로서' 말이다.

차별은 부질없고 무의미한 것이지만, 더욱 무의미한 것은 '차별받았다고 법석을 떠는 것'이라는 점을 그는 무엇보다 먼저 주장하고 싶었던 것은 아닐까.(오피스 바이코안, 「오비帯」, 『빚쟁이 남자 #10』, 2006년)

차별용어를 사용하는 것은 삼가야 한다. 그것은 차별받는 쪽에 마음의 고통을 주기 때문이다. 그러나 그 말을 '삭제'함으로써 얻을 수 있는 것은 차별의 악의가 존재함을 인정하는 역설이다. 물론 필자는 여기에서 차별용어의 해금을 주장하려는 것이 아니다. 오히려 무의식중에 사용하는 말로 누군가에게 상처를 입히고 있었다면 적극적으로 그 말을 피하려고 생각한다. 그러나 그것이 관청의 가이드라인이나 대중 매체의 자율규제라는 형태로, 말하자면 권력의 강요로 이루어진 경우, 역으로 차별의 악의만 남거나 오히려 증폭되는 것은 아닐까. 인터넷에서 익명으로 올리는 글들은 이런 종류의 '악의'로 가득 차 있다. 따라서 이와 같은 괴롭고 답답함을 '웃음'으로 승화시키는 것이 금기를 깨는 연예演藝인 것이다.

만담이라는 것은 원래 금기를 깬다는 속성을 지니고 있고, 부락쿠뿐만 아니라 다테카와 유파(다테카와 단시 씨의 일문)에는 이에 충실한 만담가가 많아서 그만큼 웃음의 수준은 높다. 다테카와 유파의 인기 비밀이 여기에 있다고 말할 수 있다. 그와 같은 경향의 소재를 싫어하는 사람도 있겠지만, 그들을 비판하기 위해 그 내용을 듣는 등의 촌스러운 행동은 삼가기 바란다.

그렇다 하더라도 흔히 유행을 좇는 만담가 취급을 받고 있는 부락쿠 씨가 진행 도중에 앞에서와 같은 심정을 토로하고 있다는 것에 놀람과 동시에 그가 겪어온 고난도 상기되지 않는가. 그는 또 다른 부분에서 다음과 같이 말하고 있다.

“〔아오모리에서〕 도쿄로 모친이 나왔습니다. 그리고 부친은 아쓰기厚木 기지에 있었는데, 에-, 서로 만나게 되었고요, 에-, 그래서 저를 임신하게 된 것이지요, 에-. 그런데 저를 임신한 무렵에 부친은 한국전쟁에 출병하셨고, 에-, 그 한국으로 가는 배 안에서 병사하고 말았습니다. 에-, 그것이 1952년 5월 24일이었고, 에-, 그러니까 이미 제가 태어날 날을 오늘내일하며 기다리고 있던 무렵 사망통지서가 도착하는 바람에…….”

“어느 쪽인가 하면 부친의 피가 더 진했던 모양이에요. 그러니까 보기에는 마치 미국인 같습니다만, 집에는 부친이 없기 때문에 가정의 대화는 모친과 저 둘이서 전부 일본어로 했으니까요, 그러니 영어 같은 것은 알 수가 없었어요. 그러나 어릴 때부터 영어로 말을 걸어왔고, 하지만 전 영어를 몰랐습니다. 에-, 그래서 정말 모친도 고민을 하셨던 모양입니다. 이대로 가다가는 이 아이가 커서 창피를 당한다, 창피를 당하지 않도록 하려면 어릴 때부터 영어를 가르쳐야겠다. 에-, 의무교육이라는 것은, 그러니까 중학교부터 영어를 가르칩니다만, 글쎄요, 저는 모자가정이라서 모친은 백화점의 마네킹이라고 하나요? 에-, 여종업원, 비정규직 여종업원이었습니다만, 별로 돈이 없었음에도 불구하고 사립 초등학교에 입학시켜주셔서, 왜 사립 초등학교에 입학시켰는가 하면, 그곳은 초등학교 1학년부터 영어를 가르쳐주는 거예요.”(「타임누들」, 『다

시 빗쟁이 남자 #03』 CD, 2007년)

조금 길어졌지만 앞에서 인용한 내용과 마찬가지로 그의 말투를 그대로 활자화해 보았다. 이것만으로도 그의 경쾌한 말주변을 느낄 수 있을 것이다. 이 뒷이야기는 그가 영어를 제대로 익히지 못한 채 공립 중학교에 들어갔으며, 그곳에서 처음 영어를 시작한 학생들과 섞여 공부했는데 성적이 최하위였다는 등의 내용을 재미있게 이야기한다. 그리고 영어(?)로 만담을 펼치게 되는데, 본론과는 관계가 없으므로 생략한다.

그의 성장 내력을 보면 그가 미군에 의한 아시아의 사생아=아메라지안이라는 것을 알 수 있다. 그는 자신의 외모로 인해 영어를 하는 것이 당연하다는 인상을 주기 쉬웠던 까닭(〈외국(인)〉의 이미지에 의한 단순화)에, 이를 염려한 그의 모친은 자식이 영어를 사용할 수 있도록 해야겠다는 일념으로 비상근노동을 하면서 사립학교에 보냈다고 한다. 그에게 '영어로 말을 걸어온다'는 것도 어쩌면 '선의'에 의한 것인지도 모른다. 영어를 공부한 일본인이 〈외국(인)〉 아이를 보고 친절하게 영어로 말을 걸어오는 것이다. 그래도 역시 그러한 무의식적인 이미지와 선의가 그와 그의 모친을 괴롭히기도 했던 것이다. 다시 말하자면, 필자는 이 '무의식적인 선의의 내셔널리즘'에 의한 〈외국(인)〉 이미지의 단순화와 대상에 대한 '심적 손상행위'를 '무의식적인 선의의 폭력'이라 부른다.

이 세상에는 다양한 성장 과정을 지닌 인간이 있다. 부친과 모친의 국적이 다른 경우도 결코 드문 일이 아니다. 그러나 일본과 한국처럼 '단일민족'의 환상이 강한 나라에서는 양친의 국적, '민족'이 다른 아이는 '예외'로서 취급당한다. 그렇다. 그러한 인간은 특수하게 여겨지고, 일본이라는 나라에서는 '무의식적인 선의'의 차별을 받는 것이다.

지금 '무의식적인 선의의 차별'이라고 말했는데, 필자는 이것이야말로 현시점에서 가장 문제 삼아야 할 차별이라고 생각하고 있다. 이 책의 목적은 이러한 '무의식적인 선의'의 선별 · 차별을 조명하여, 특수화된 인간의 원통한 심정, 마음의 상처는 어떠한 것인지, 그리고 어떻게 하면 그와 같은 입장의 사람들에게 상처 주지 않는 사회가 될 것인지를 생각하는 데 있다. 외국인은 물론, 선주민, 소수민족, 그리고 양친의 국적(혹은 '민족')이 다른 사람에게 보다 살기 좋은 사회는 이른바 '일본인'에게도 살기 좋은 사회라고 필자는 믿기 때문이다.

2. 하프(half)는 차별용어인가

화제를 바꾸어, 앞에서 언급한 텔레비전 프로그램에서 있었던 일이다. 야마모토 모나 씨는 다음과 같은 의미의 발언을 했다.

> "하프는 태어나면서부터 선택을 강요받고 있다. 하지만 아버지와 어머니 중 어느 한 쪽을 선택하라고 해도 그것은 불가능하다."

이런 상황은 쉽게 이해할 수 있을 것이다. 그런데 여기에서 한 가지 더 문제 삼고 싶은 것이 있다. 그것은 이 발언 속에 있는 '하프'라는 단어에 관한 것이다. 표상表象문화론의 연구자인 이효덕 씨는 이 단어에 대해 다음과 같이 말한다.

게다가 '일본'에서 태어나 '일본'에서 자랐으며 일본 국적을 가진 '일본어' 원어민일지라도, 모친이나 부친이 '외국인'이면 (소위 평균적인 '일본인(상)'과는 구별되는 겉모습을 가진 경우에 특히) '하프'라든가 '혼혈'과 같은, 이 또한 매우 차별적인 호칭으로 불리는 사실에서 알 수 있듯이, 순수한 '일본인'으로는 간주되지 않는 것 같습니다. '외국인'이 틀림없는 나와 같은 재일조선인과 아시아에서 온 유학생이 '일본인'으로 오해받는 경우가 있음에도 불구하고 말입니다.(이효덕, 「'일본인'이란 누구를 말하는가—'있다'에서 '되다'로」, 『신新 지知의 기법』, 고바야시 야스오 · 후나비키 다케오 편, 1998년, 22~23쪽)

이 에세이는 이른바 '일본인'이라는 것을 둘러싸고 전개된 논의이지, 결코 '하프'나 '혼혈'이라는 문제를 다룬 것은 아니다. 그러므로 이를 대신하여 사용할 만한 호칭의 제안은 없다. 그러나 여기에는 '하프'나 '혼혈'이라는 말이 지닌 차별적인 문제가 제기되고 있어서 소개하였다.

먼저 '혼혈'이라는 말에 대해 생각해 보자. 이것은 '순혈純血'에 대비되는 말로서 존재한다. 아니, '혼혈'인 사람이 있기 때문에 그렇지 않은 사람이 '순혈'로서 두드러지거나 혹은 규정된다는 특성을 지닌 단어다. 원래는 영어인 '하프'도 그와 같은 맥락에서 생각하면 될 것이다. 그렇지만 '혼혈'이라는 말에는 유독 '피가 섞이다'라는 생생한 어감이 있어 '순혈'이 침해당한다는 불온한 의미가 그 이면에 잠재되어 있는 것처럼 느껴지기도 한다.

이에 대해 '더블'이라는 말이 제창되기도 한다. 그러나 이 말은 차별적인 호칭이라는 문제를 해결할 만한 처방전이 아니다. 이에 관해서는 다음과 같은 견해가 있었다. 길지만 중요한 내용이므로 인용하고자 한다.

> 더블은 복수複數의 혈통을 부정이 아니라 긍정으로 접근하려는 수단이라서 아이덴티티의 갈등으로 괴로워하는 많은 아메라지안에게는 편리한 발상이다. '반반'이 아니라 자신은 일본인과 미국인의 '양방兩方'이라고 생각하는 아메라지안이 늘고 있다. 하지만 이러한 긍정적인 인식에도 불구하고 더블은 아메라지안이 자신의 아이덴티티를 나타낼 때 사용하는 공통표현으로 정착되지 않고 있다. 〔중략〕 실제로 더블이라는 말은 국제결혼을 한 영어를 사용하는 부모가 주로 지지하는 표현이다. 그런데 그 자식들은 오히려 하프라는 말을 계속 사용하고 있다.
>
> 아메라지안은 왜 하프라는 말을 더 좋아하는 것일까. 이는 그들이 하프라는 말에는 경멸적인 뉘앙스가 들어 있지 않은 것으로 느끼기 때문이라고 생각한다. 원래 하프라는 말은 인종차별적인 의미를 지닌 표현으로, 자신들이 순수하다고 생각하는 다수파 사람들의 관점에서는 불순함을 강조하는 말이었다. 그러나 최근에는

정의가 바뀌면서 새롭게 유행하는 최신 이미지와 결부되었다. 또 하프라는 용어의 확산 보급과 함께 일본 사회에서는 하나의 아이덴티티로서 일정한 자리를 인정받고 있는 표현이기도 하다. 그렇다고 해서 일본인으로서 인정받았다는 의미는 물론 아니다. 더블과 같은 인지되지 않은 새로운 단어가 차지하지 못한 자리를 손에 넣었을 뿐이다.

아메라지안의 대다수가 더블을 거절하는 것은 그것이 부자연스럽게 과장된 표현으로 자신의 복잡한 경험을 제대로 전달하지 못한다고 느끼기 때문일 것이다. 자신의 독자적인 이유로 그들은 자신을 더블 이외의 다른 관점으로 파악하는 경우가 현실적으로 있을 터인데, 더블은 그러한 개인으로서의 아메라지안의 차이를 무시한 표현이다. **인간을 반절이라고 측정할 수 없는 것처럼, 더블이라는 양으로 나타낼 수 있는 사람은 존재하지 않는다.** 반절이라고 부르는 것과 마찬가지로 물건을 취급하는 듯한 비인간적인 표현이다. 마음이라는 것은 하나 더하기 하나가 둘이라는 식으로는 되지 않는다. 더블이라는 표현을 확산시키고자 하는 것은 아메라지안의 부모들이다. **그들의 행위가 호의에서 비롯된 것이라 할지라도 그들이 구원의 손길을 내밀려고 하는 아메라지안 스스로가 자신을 정의한다는 가장 기본적인 권리를 부정하는 결과를 낳게 되었다.**(강조는 인용자. S. 머피 시게마쓰, 『아메라지안의 자녀들』, 2002년, 113~115쪽)

시게마쓰 씨의 논의에는 필자가 고찰하고 있는 문제와 상통되는 부분이 많다. 특히 이와 같은 '스스로가 자신을 정의할 권리'를 빼앗고 있는 부모들의 사고방식이 '선의'에서 기인했다는 사실은 시사적이다.

필자도 '더블'이라는 말에 위화감을 느낀다. 이 말에는 '혼혈'이나 '하프'와 마찬가지로 '두 개의 순혈이 합쳐진 것'이라는 뉘앙스가 들어 있기 때문이다. 다음 절에서 상세하게 논하겠지만 이러한 '민족'의 '순혈'이라는 것을 필자는 도저히 믿을 수 없다. 설령 '더블'이 '복수複數의 뿌리를 부정이 아니라 긍정으로 받아들이는' 말이라 할지라도, 즉 '선의'에서 나왔다 할지라도 복수의 '순혈'이 존재한다는 것을 전제로 한 것에 지나지 않는다. 결국 '더블'은 '하프'라는 말이 지닌 마이너스의 개념을 플러스로 바꿨을 뿐이며, 씨름판의 동쪽과 서쪽을 뒤집어 놓은 것과 같은 말에 불과하다.

또 다른 면에서 볼 때도 이 말은 재고되어야 한다. 왜냐하면 이 말은 국적이나 '민족'이 다른 인간이 맺어진 결과로 태어난 자녀를 상정하고 있는데, 이것만으로는 포용할 수 없는 존재가 이 세상에는 있을 수 있기 때문이다. 예를 들면 필자는 '재일조선인'이라 불리는 존재다(후술하는 바와 같이 자칭한 적은 없다). 양친 모두 한반도 최남단에 위치한 제주도 출신의 한국 국적자이며 필자 자신도 한국 국적을 가지고 있지만, 일본에서 태어나 일본에서 자랐으며 일상생활에서도 일본어를 사용한다. 그러므로 필자가 한국에 가더라도 이른바 '한국인'으로 보는 경우는 많지 않다. 하지만 필자는 분명히 일본과 한반도(의 문화) 쌍방으로 이어지는 인간이다. 그러한 의미에서 굳이 비유한다면 필자는 '문화적 하프'인 것이다.

이미 살펴본 바와 같이 '하프'라는 말이 긍정적인 이미지를 갖기 시작한 것은 사실이다. 그러나 이미지라는 것은 변하기 쉽고 불안정하기도 하다. 언제 또다시 '나쁜 이미지'로 변할지 알 수 없다. 그런 까닭에 필자의 경우는 '복수의 혈통'을 가진 사람에 대한 호칭으로 '하프'를 사용하는 것에 신중을 기하고자 한다. 그래서 필자는 '복수複數의 아이덴티티를 가진 자'라는 호칭을 사용했으면 한다. 이는 '하프'를 '더블'로 바꾸는 식의 단순한 말 바꿔치기와는 근본적으로 다르다. 이 말은 필자와 같은 '문화적 하프'까지 포함하는 보다 넓은 의미로 사용할 수 있으며, 그러한 의미에서 보편성이 있다고 믿기 때문이다.

원래의 이야기로 돌아가겠다. '복수의 아이덴티티를 가진 자'는 그렇지 않은 사람의 상상을 훨씬 뛰어넘는 아이덴티티의 위기에 처해 있다고 해도 좋다. 앞에 나온 야마모토 모나 씨의 발언은 이와 같은 사정을 반영하고 있는 것이다. 그리고 이러한 위기에 빠지기 쉬운 존재를 언제 친척으로 맞이하게 될지 알 수 없는 상황에 놓여 있는 것이 현재의 한국과 일본이다. 그럼에도 불구하고 "그렇다면 큰일이군"이라든지, 한술 더 떠서 "외국인이 또 뭐라 하는군" 등과 같은 '강 건너 불구경' 식으로 생각하는 행위는 그다지 건설적이라고 할 수 없다. "큰일이군" 하며 동정하는 경우는 문제를 제대로 인식하고 있다고 생각하기 쉽지만 실제로는 '복수의 아이덴티티를 가진 자'를 예외시하여 그것과는 완전히 다른 〈일본(인)〉의 이미지에 안주하고 있다는 의미에서, 그러한 사람도 '무의식적인 선의의 내셔널리즘'의 늪에 푹 빠져 있다고 할 수 있다.

그리고 이 '무의식적인 선의의 내셔널리즘'은 주변부 인간으로서의 '복수의 아이덴티티를 가진 자'에게 선택을 강요하고 충성까지도 강요한다. 게다가 그 선택을 '자유'라고까지 감히 말하는 것이다. 그러나 이것을 본질적인 의미의 '자유'라 할 수 있을까. 한 가지 예를 들어 생각해 보자. 만약 내일 상사가 당신을 불러서 다음과 같이 말했다고 하자.

> "현재 자네의 연봉이 600만 엔인데, 앞으로는 능력급 시대니까 기본급을 300만으로 내리려고 하네. 물론 능력에 따라 급여는 올라갈 것이네. 만약 싫다면 다른 일을 찾아보게. 그것도 자네의 **자유**라네."

이런 말을 듣고 선택의 여지가 있다고, 자유가 있다고 기뻐할 사람이 있을까? 물론 없다고는 할 수 없겠지만, 아마도 대부분의 사람은 화를 내며 괴로워하다가 그래도 생활을 유지하기 위해서 괴로운 선택을 해야만 할 것이다. 물론 이러한 상황을 본질적인 의미의

'자유'라고는 할 수 없다.

그럼에도 불구하고 이와 유사한 상황, 특히 '민족'에 관한 문제에 있어서는 이런 말을 아주 쉽게 듣는다. '재일조선인'으로 불리는 사람들을 향해서 "귀화를 하든지, 현재 상황에 만족하든지, 그도 싫으면 **조국**으로 돌아가든지, 선택은 당신의 **자유**다. 여기는 일본이니까 당연하다"라는 말을 거침없이 토해내는 일이 드물지 않다. 그러나 아버지와 어머니 중 어느 한 쪽을 선택하라는 것은 애당초 불가능한 이야기다. 이와 같이 힘든 선택을 그야말로 태어난 순간부터 강요당하는 것이 '복수의 아이덴티티를 가진 자'의 무거운 짐이다.

이러한 현상은 한국에서도 마찬가지다. 필자는 예전에 한국에서 유학할 때 많은 재일조선인 학생을 만났다. 그들의 대부분은 "역시 여기는 외국이야"라고 한숨을 내쉬면서 일본으로 돌아갔다. 그런데 소수이기는 하지만 그래서 더욱 '한국인이 되겠다'는 의지를 가지고 노력하는 사람도 있었다. 그들은 한국인으로 인정받기 위해서 자신의 이름을 한국어 발음식으로 바꾸고, 한국어를 익혔으며, 일상회화도 한국어로 말하려 했고, 한국의 풍습과 몸짓 언어까지 터득하려고 필사적이다. 한국에서 대학을 졸업한 후 한국 회사에 들어가 한국인과 결혼하고……. 그러나 아무리 노력해도 '한국인'은 될 수 없다. 아니, 그것을 알고 있기 때문에 한국 사회에 보다 큰 '충성'을 바쳐 인정을 받으려고 하는 것이다.

이것은 특별히 한국과 일본이라는 '단일민족' 환상이 강한 나라에 국한된 것은 아니다. 다케쿠니 도모야스 씨는 일본계 미국인 3세의 문제와 관련하여 다음과 같은 말을 하고 있다.

> 더구나 〔일본계〕 3세들은 동화주의를 취하면 어떤 결과를 초래하게 되는지 잘 알고 있다고 할 수 있다. 그들이 으레 그 예로 드는 것이 S. I. 하야카와 상원의원이다. 그는 대학교수에서 상원의원이 되었다. 이른바 '하얀 미국'으로 계급 이동하는 데 성공한 일본계 2세의 '챔피언'이다. 그러나 3세들은 그가 일찍이 대학에서 자행했던 일들을 잊지 않고 있다. 지금으로부터 약 10년 전, 베트남전에 대한 반전운동이 미국 전역에 큰 반향을 일으키고 있을 때, 샌프란시스코 주립대학의 소수민족(마이너리티) 학생들도 민족 억압적인 교육체제에 이의를 제기하며 동맹휴교운동을 전개했다. 그런데 이 운동에 대한 탄압을 선두에서 지휘한 것이 다름 아닌 S. I. 하야카와 학장이었던 것이다. 기동대의 학내 진입에서부터 학생들의 처벌로 이어진 그의 재빠른 강경책은 두말할 나위 없이 피억압민족의 운동과 정면으로 대립하는 것이었다. 이때의 하야카와 학장의 행동은 흑인 및 치카노(멕시코계)의 학생들과 함께 동맹휴교운동을 벌이고 있던 일본계 3세 학생들을 이중으로 배신한 것이었다. 다른 소수민족 학생들에게 느낀 이때의 '거북함'을 3세들은 지금도 잊을 수 없다고 한다.(「일본계 3세의 내셔널리즘」, 『사상의 과학』, 1978년 10월, 116~117쪽)

이와 같이 '하얀 미국'에 동화됨으로써 상승을 도모하려는 삶의 방식은 일본계에 있어 결코 드문 일은 아닐 것이다. 이에 반해 일본계 3세의 움직임을 철저히 분석한 다케쿠니 씨는 '하얀 미국'에 동화되지 않고 일본 문화를 꾸준히 배우면서도, '일본'에 기울지 않는 독특한 입장을 '가능성으로서의 새로운 내셔널리즘'이라고 부르며 평가하고 있다. 실제로 이러한 경향은 마이너리티에 의한 '저항 내셔널리즘'이라고 바꿔 말해도 좋을 것이다. 그런데 이 '저항 내셔널리즘'은 항상 긍정적으로 평가될 수 있는 존재일까. 여기에 마이클 이그나티예프 씨의 크로아티아 · 세르비아 간의 항쟁을 다룬 현장 보고서를 인용하고자 한다.

> 80년대 유고슬라비아의 정치가 내셔널리즘으로 기울어 간 상황은 민족 간의 차이에서 비롯된 것이라 할 수 없다. 세르비아를 필두로 살아남은 공산당 엘리트들이 권력을 유지하기 위해 민족의식을 들고 나왔기 때문에 발생한 것이다. 민족 간의 차이라는 의식의 증오로의 전화轉化는 이때에 시작되었다.
>
> 이 점은 특히 강조해 두고 싶다. 왜냐하면 외부 세계의 대부분이 발칸 국민은 모두 구제하기 어려운 민족주의자라고 굳게 믿고 있기 때문이다. 사실을 말하자면 그들 대부분이 유고슬라비아의 소멸을 괴로운 심정으로 탄식하고 있다. 탄식하는 이유는 오직 하나, 유고슬라비아가 일찍이 민족과는 관계없이 자기 자신을 정의

할 자유를 부여했기 때문이다. 그러한 국가였기 때문이다. 크로아티아의 작가 슬라벤카 드라쿨리치(Slavenka Drakulic)는 가슴을 도려내는 듯한 처절한 에세이 『민족성의 승리로』에서 말하고 있다. 80년대 후반까지 자신은 언제나 교육, 직업, 성性, 개성으로 자신을 정의했지만, 이 존재 기반의 모든 것을, 크로아티아인이라는 꺼풀 하나만 남을 때까지 벗겨낸 것은 1991년에 발발한 크로아티아 · 세르비아 간의 분쟁이라는 광기어린 분위기였다고. 지식인이라는 진실은 크로아티아인이라는 사실 앞에서 별다른 의미를 갖지 못했다. 정치 엘리트들이 펼치는 내셔널리즘의 교묘한 언설은 공포와 긍지의 표명에 지나지 않는 것처럼 보이면서도 최후에는 '순수한 민족 아이덴티티'라는 허구 속으로 발칸의 모든 민중을 끌어넣고 말았다. 예를 들면 이민족 간의 결혼으로 복수의 아이덴티티를 가진 자는 부모 형제, 반려자와 자녀라는 두 가족 사이에 끼여, 또 어느 한 쪽이라고 단정하기 어려운 두 개의 자신 틈에 끼여서 양자택일을 강요당했다.(『민족은 왜 서로 죽이는가—신 내셔널리즘 여섯 개의 여행』, 고다 아쓰코 역, 1996년, 37~38쪽)

유브가 말했다. "당신들, 분명히 세 사람은 세르비아인이 아니었나?" 우리 쪽 세 사람이 고개를 끄덕였고 다시 테이블로 눈길을 떨어뜨린다. 세르비아인 여성이 왜 크로아티아인 집의 복구 작업을 돕고 있는 것일까. 침묵 속에서 상상할 수밖에 없었지만, 생각

> 할 수 있는 이유는 하나, 남편이 크로아티아인이기 때문일 것이다. 그녀들은 태어난 이래 줄곧 여기서 살아왔다. 그리고 지금 마을이 둘로 갈라졌듯이 자기 자신도 둘로 갈라지고 말았다. 옆에 있던 세르비아인 여성이 천천히 울기 시작한다. 모두 깊은 침묵을 지켰다. 테이블을 사이에 두고 앉아 있는 크로아티아 여성들은 냉랭한 시선으로 응시하고 있다. 여자는 그만 쓰러져 울기 시작했다. “울어라, 실컷 울어.” 한 사람이 이렇게 말하며 내민 손으로 울고 있는 여자 손을 꽉 잡았다.(같은 책, 57쪽)

이러한 상황은 어떠한가. 그것이 가령 ‘저항 내셔널리즘’이었다 할지라도 이로 인해 억압받는 ‘복수의 아이덴티티를 가진 자’는 반드시 있게 마련이다. 그리고 그들은 보다 강한 충성심을 보임으로써 겨우 인정받을 수 있는 존재인 것이다. 물론 이러한 충성심도 본래의 의미에서의 자유의지에서 솟아난 것이라고 생각하는 것은 성급한 판단일 것이다. 자신의 처지와 생활을 지키기 위해, 혹은 뒤에서 손가락질을 받으면서까지, 막다른 곳에 몰려 견디다 못한 선택이라는 긴장감을 수반한 형태로 그들/그녀들(이후 특정 집단을 가리키는 대명사로서 ‘그들’을 사용하겠다. 여성 여러분에게는 죄송하지만 번잡함을 피하기 위함이다)은 ‘저항 내셔널리즘’을 선택할 것이기 때문이다. ‘복수의 아이덴티티를 가진 자’의 ‘저항 내셔널리즘’도 머조리티의 내셔널리즘과 똑같이 ‘폭력적’일 수 있다. 이와 같은 ‘저항 내셔널리즘'의 어두운 부분을 직시하지 않는 경향이 필자에게는 오히려 위선으로 보이기조차 한다. 그럼 다음 절에서는 '저항 내셔널리즘'의 문제점에 대해 논하고자 한다.

3. '저항 내셔널리즘'이란 무엇인가

그런데 지금까지 '내셔널리즘'이란 말을 사용해 왔다. 그러나 이것이 무엇을 가리키는 말인지 명확히 언급하지는 않았다. 그러므로 이 절에서는 내셔널리즘이 무엇을 가리키는지 정의함으로써 문제를 보다 깊이 천착하고자 한다.

내셔널리즘이란 도대체 무엇을 가리키는 말인지 몹시 애매하다. 예를 들어 한국에서 말하는 '내셔널리즘'과 일본에서 말하는 '내셔널리즘'의 의미가 동일하다는 보증은 없다. 뒤에서 다시 살펴보겠지만 한국에서의 '내셔널리즘'과 '민족주의'는 별개이며, 후자는 올바른 주장으로서 비판 대상이 되기 힘든 상황이다. 실제로 한국에서는 1990년대 후반부터 내셔널리즘을 맹렬히 비판하기 시작하여 금세기에는 그러한 풍토가 정착되었다고 한다. 그러나 이와는 다르게 젊은 사람들이 모여드는 팬시 상점에 "독도獨島는 우리 땅!"이라고 쓰인 상품이 다른 귀여운 상품들과 나란히 놓여 있기도 하다. 한국 내셔널리즘의 현재에 대해서는 제2장에서 상술하기 때문에 여기에서는 더 이상 언급하지 않겠으나, 일본에서 언급되는 '내셔널리즘 비판'보다도 한국의 '내셔널리즘 비판' 쪽이 성역을 남기고 싶어 한다는 점이 특징적이다.

부연 설명이 되겠지만 일본도 천황이라는 문제를 성역이라 할 수 있을지 모른다. 그러나 이런 문제라 해서 전혀 비판이 허용되지 않은 것도 아니고 실제로 천황제에 관한 많은 연구서와 비판 등이 패전 이후 변함없이 계속 출판되고 있다. 일본의 경우 내셔널리즘 문제에 천황이 관련되는 것은 내셔널리스트 속에 로열리스트(loyalist)가 혼재되어 있기 때문일 것이다(고야노 돈, 「맥아더의 후계자들」, 『왜 악인을 죽여서는 안 되는가—반시대적 고찰』, 2006년).

이처럼 대충 살펴본 것만으로도 한국과 일본의 '내셔널리즘'이라는 말이 가리키는 대상과 그 상황은 상당히 다르다는 것을 알 수 있다. 이러한 정황에 대한 이해와 함께 먼저 내셔널리즘이란 무엇인지를 정의할 필요가 있다. 예를 들면 자주 인용되는 정의로는 "정치적인 단위와 문화적 혹은 민족적인 단위를 일치시키려고 하는 사상이나 운동"(어네스트 겔너, 『민족과 내셔널리즘』, 가토 다카시 역, 2000년)을 들 수 있다. 또한 "국민이란 이미지로서 마음에 그려진

상상의 정치공동체이다"(베네딕트 앤더슨, 『상상의 공동체(증보판)』, 시라이 사야 · 시라이시 다카시 역, 1997년)라는 정의가 있는데, 대중 매체와 교육에 의해 형성되어 가는 것이 내셔널리즘이라 할 수 있을 것이다. 당연히 여기에는 항상 배타성이 따라다니기 마련이므로 '열린 내셔널리즘'이라는 것은 원칙적으로 있을 수 없다(후술). 미국처럼 여러 '민족'의 혼재가 전제로 되어 있는 국가에서는 기본적으로 합중국이라는 정치적인 단위 내의 사람들을 합중국의 행정과 대외적인 태도에 있어 결집이 가능하도록 균질화하려고 하는 지배층='하얀 미국'에서 흘러나온 사상이 바로 그것이다.

이에 비해 한국과 일본같이 '단일민족'의 환상을 가진 나라의 경우에는 '한민족'과 '일본민족(야마토민족)'이 자국의 내부를 균질화하려고 하는 사상 또는 운동을 가리키는 말이 될 것이다. 이러한 균질화를 간절히 원하는 자가 바로 머조리티(지배적인 사회 및 문화를 가진 자)이며, 자국 내에 있는 여러 마이너리티(지배적인 사회 및 문화에서 제외된 자)를 억압하는 것이다. 이 마이너리티는 크게 에스닉(ethnic, 민족적) 마이너리티와 사회적 마이너리티의 둘로 나눌 수 있다. 전자는 예를 들면 재일조선인과 재일화교, 재한화교在韓華僑, 재한중국조선족, 오키나와沖縄 야에야마八重山의 타이완계 이민, 오가사와라小笠原의 서구계 도민島民, 선주민인 아이누 등을 들 수 있고, 후자로서는 장애를 가진 사람, 육체적 성과 정신적 성이 일치하지 않는 사람, 한국의 백정白丁 및 일본의 동화지구同和地區 출신자

등과 같이 구시대의 피차별 계급에 해당하는 사람 등을 들 수 있다.

필자는 전에 『조선근대문학과 내셔널리즘—'저항 내셔널리즘' 비판』(2007년)이라는 책을 출간한 적이 있다. 이 책은 일본의 머조리티의 '폭력'에 대한 고발에 그치지 않고, '저항 내셔널리즘'이라는 말로 비판을 면해 온 마이너리티의 운동에 대해서도 비판을 시도하였다. 반복되는 말이지만 다소 구체적으로 다시 한 번 언급하고자 한다.

사회학자인 다카하시 준 씨는 사회운동, 그중에서도 특히 '새로운 사회운동'에서는 사회변혁을 요구하는 움직임이 자기 자신의 변혁을 요구하는 움직임과 중첩되어 있다는 점에 주목하여 여성운동의 문헌을 분석하였다. 그리고 그들의 「나를 · 이야기하는 · 말」이 사회운동을 벌이는 데 있어 '운동의 밑받침'이 된다는 것을 논한 「나를 · 이야기하는 · 말—〈개인〉에 뿌리내린 운동의 모습」(1994년 8월)이라는 논문에서 다음과 같이 말하고 있다.

> '자기부정自己否定'이라는 사고는 가해자로서의 자기 존재를 전적으로 포기함으로써 피해자의 입장에 서려고 하는 것을 말한다. 이에 반해 「나를 · 이야기하는 · 말」에서는 '자기긍정自己肯定'의 입장을 취한다. 그것은 어느 의미에서는 자기 자신에 대해 몹시 엄격한 태도이기도 하다. 이러한 태도는 먼저 '자기부정'이라는 일종

> 의 면제부에 의해 자신의 '가해자성加害者性'을 불문에 부치는 식으로 처리하지는 않겠다는 것이고, 또 한편으로는 다나카 미쓰田中美津가 말한 것처럼 "자신의 어둠은 자신의 어둠. 피차별 부락민의, 재일조선인의, 농민百姓의 어둠을 우리는 공유할 수 없다. 그러나 자신의 어둠을 고집하는 가운데 그 공유할 수 없는 어둠의, 공유할 수 없는 무게의, 〈공유할 수 없다〉고 하는 사실의 짐을 자기 자신이 끝까지 짊어지고 간다"(『생명의 여자들에게—혼란스런 우먼리브론』, 1972년, 241쪽, 재인용)는 것을, 자신의 '고통'을 털어놓는 과정을 통해 명확히 하는 것이라고 할 수 있다. 즉 남의 '고통'은 '이해하기 어렵다'는 것을 인정해 간다는 것이다.(다카하시, 앞의 논문, 362~368쪽)

다카하시 씨가 말하는 '자기부정'이란 자신의 내면에 있는 '가해자성'만을 응시하여 그러한 가해자로서의 자신을 부정하는 것을 가리키고 있다. 일본의 머조리티 중에는 일본의 체제가 추진하는 국가주의(내셔널리즘)적인 제 정책(일장기・기미가요의 학교에서의 강제 등), 즉 일본의 균질화에 대해 반대할 때, 재일조선인 등과 같은 마이너리티의 처지에서 마치 '이전 전쟁에 의한 피해자인 조선인에 대한 속죄'라도 하려는 것처럼(혹은 실제로 그런 말을 하면서) 아시아 각국에 대해 일본은 말도 안 되는 짓을 했다며 '일본인으로서의 자기부정'을 하는 경향이 있다.

이러한 경향은 언뜻 '양심적'인 사고방식으로 비칠 수 있고, 물론 반성하는 것이 나쁜 것은 아니지만, 그 안에 내포되어 있는 '자기부정'은 '사죄함으로써 자신은 일본의 지배적인 사회와 거리를 두거나 혹은 초월한다'는 면죄부의 기능이 숨어 있는 것은 아닐까. 앞에서 언급한 다카하시 씨의 논문을 참고로 생각해 보면 그와 같은 태도는 당사자를 편하게 해줄지언정 실은 별다른 의미를 갖지 못한다. 아니, 그뿐만 아니라 유해하기도 하다는 것을 알 수 있다. 그들은 '자기부정'을 통하여 자신이 초월적인 위치에 있다는 '면죄부'를 받고 있거나 혹은 받으려 하고 있기 때문이다. 그보다도 오히려 자신의 내면에 있는 "'가해자성'과 '피해자성'을 함께 받아들이고, 타자와 이해가 불가능함을 인식하면서, 그래도 더 많은 대화를 시도하고, 나의 이야기에 귀를 기울이는 타자가 존재한다면 자신과 타자가 충돌하면서도 당연히 무언가 공통의 척도, 즉 사회성이 생겨날 가능성이 존재한다"라고 다카하시 씨는 말한다(다카하시, 앞의 논문, 363쪽). 그는 이와 같은 '피해자성'과 '가해자성'을 함께 받아들이려는 태도를 '자기긍정'이라 부르고 있다.

이러한 상황은 역逆 또한 참이 된다고 표현할 수 있을 것이다. 마이너리티의 일부가 스스로의 체험(경험의 균열)을 '최상의 것'이라 여기며 가해자인 머조리티를 앞에 두고 '자기 합리화'해 버리는 태도에 대하여 생각해 보자. 마이너리티가 자신의 내면에 있는 '가해자성'을 무시한 채 자신을 완전한 피해자로 생각하는 것, 그리고 머조리티의 내면에도 '피해자성'이 있다는 것을 무시한 채 '상대(타자)의 전부정全否定'을 시도하는 것도 안이한 태도일 뿐 별다른 의미가 없다고 할 수 있을 것이다. 이런 경우를 생각해 보자. 예를 들면 필자도 재일조선인으로 '타칭他稱되는' 에스닉 그룹에 소속되어 있다. 자의와 관계없이 그렇게 되었지만, 필자 자신은 남성이고, 대학원을 나온 고학력자이며, 대학교 교원이라는 안정되고 또한 나름의 '권위와 권력'을 가진 직업에 종사하고 있다. 이와 같이 모든 인간에게는 머조리티의 부분과 마이너리티의 부분이 혼재한다고 하겠는데, 이러한 복잡함을 생략한 채 스스로를 '마이너리티'로서 일원화하여 완전한 '피해자' 처지에서 바라보거나, '피해자'='약자'라는 처지에서 자신을 안이하게 구제하려는 태도는 삼가야 한다. 이는 대부분의 경우에 해당되는 것으로, 마이너리티 중에서도 모든 면에서 '마이너리티'라는 인물은 아마도 거의 없을 것이다.

이와 마찬가지로 일본 사회에서 머조리티로 분류되는 사람, 이른바 '일본인' 중에도 저소득층은 있으며, 저학력자도 있고, 비적출자非嫡出子도 있다. 역시 머조리티 중에도 '피해자성'은 상당히 많이 내재되어 있는 것이다.

이렇게 말하면 다음과 같은 대답을 들을지도 모른다. "어떤 의미에서는 모두가 약자다. 그러므로 마이너리티의 차별 문제 같은 것을 고민해봤자 의미가 없다"라고. 그러나 이것은 몹시 졸렬한 사고라고 단언하겠다. 그러한 사고방식은 모든 사람의 폭력을 인정하고,

폭력을 행사하는 쪽을 구제할 뿐이기 때문이다. 그렇다. 복잡한 구조를 가진 마이너리티와 머조리티의 관계이기 때문에 더욱 그곳에 내재되어 있는 차별과 균질화라고 하는 '폭력'을 문제 삼아야 한다고 필자는 믿고 있다.

본래의 이야기로 돌아가겠다. 머조리티의 '자기부정'에는 그래도 '정의正義 같은 것(정의와 닮은 무언가)'이 깃들어 있다. 거기에는 마이너리티에 대한 반성이라는 분위기가 있기 때문이다. 그와 마찬가지로 '자신은 약자이며 자신의 고발은 정당하다'는 마이너리티의 주장에도 역시 '정의 같은 것'이 따라다니게 마련이다. 좀 더 구체적으로 말하자면 마이너리티에 의해 부정된 머조리티도 마이너리티의 태도를 촉매로 삼아 '자기 합리화' 할 수 있는 기회를 얻게 됨으로써 '정의 같은 것'이 싹트는 것은 아닐까. "(재일조선인 등의) 마이너리티에게 되는 대로 욕을 먹고 있는 일본인이여, 이대로 괜찮은가!"라는 식으로. 그러나 여기서 제창되는 것은 어디까지나 '정의 같은 것'일 뿐 '정의'는 아니다. 머조리티가 '자기부정'(다카하시 준)을 통해서 마이너리티의 운동에 찬동하는 것이나 마이너리티가 이에 동조하여 '자기 합리화'와 운동을 계속하는 것, 그리고 마이너리티 운동의 공격을 받은 머조리티가 마이너리티 운동에 대한 반발로 '자기 합리화'를 하는 등의 모든 것은 사회변혁을 지향한다기보다 오히려 머조리티와 마이너리티의 이항대립적인 관계를 고정시킨다는 의미를 가질 뿐이다.

앞의 인용에서 다카하시 씨가 말했듯이 자신의 '가해자성'과 '피해자성' 모두를 인정해 간다는 복잡한 시각에 비로소 '정의'가 있는 것은 아닐까. 이러한 시각에서는 '절대적'인 것은 생성되지 않을 테니까. 이에 비해 이미 살펴본 '정의 같은 것'에는 '절대적'인 가치관이 생성될 여지가 있다. "선주민에 대해 일본이 취해 온 행정은 100퍼센트 잘못되었다", "재일조선인의 처지는 일본 사회에서 절대적인 피해자의 위치에 있다" 등등. 이들에게서 공통적으로 볼 수 있는 것은 마이너리티의 '저항 내셔널리즘'이라는 말에 의해, 혹은 이를 전면적으로 지지하는 머조리티의 '자기부정'에 의해 안이하게 자신을 구제하고 있는 모습이다. 필자는 이와 같은 '정의'가 아닌 '정의 같은 것'=스스로의 '절대화'를 '반反권력의 권력'으로 부르고자 한다.

오해가 없도록 말해 두겠는데, 앞 절에서 언급한 것처럼 '머조리티의 권력'의 문제는 지금도 여전히 큰 문제다. 필자는 이에 대한 비판을 전개해 나갈 각오가 되어 있다. 그러나 한편으로 마이너리티 운동에 내재된 이 '반권력의 권력'에 대해서는 그동안 거의 지적이 없었다는 점을 감안할 때 역시 긴요한 문제라 하겠다.

이미 언급한 것처럼 마이너리티 운동 중에서도 에스닉 마이너리티 운동의 경우 '저항 내셔널리즘'이라는 '정의 같은 것'을 꺼내드는 경우도 있다. 그러나 이 '저항 내셔널리즘'도 결코 비판할 수 없는 것이 아니라는 것은 앞의 분석을 통해 분명히 밝혀졌다. 여기에는 '정의 같은 것'에 의한 스스로의 '절대화'라는 문제와 에스닉 마이너리티에 내재되어 있는 '가해자성'과 '피해자성'의 충돌을 고려하지 않고 '피해자'로 일원화 · 단순화하고 있다는 문제가 잠재되어 있기 때문이다. 그리고 거기에다 '반권력의 권력'이라는 또 하나의 문제를 배태하고 있는 것이다.

필자는 자신이 재일조선인으로 '타칭되고' 있다고 말했다. 그렇다. 이 명칭은 필자 자신이 원한 것이 아니라 '타인에 의해 그렇게 불리는' 것에 불과하다. 이에 대해 조금 더 살펴보자. 미타 무네스케 씨의 논문 「시선의 지옥」(『현대사회의 사회의식』, 1979년)은 도시론都市論의 고전으로 불리고 있다. 이 논문은 나가야마 노리오永山則夫 사건(1968년부터 1969년에 걸쳐 연속 살인 사건을 일으킨 범인. 옥중에서 작가로 데뷔. 1997년에 사형 집행)을 배경으로 1970년대에 쓰였으며 N · N(나가야마 노리오)의 인생 역정을 통하여 현대사회의 문제를 파헤치려는 목표를 지니고 있다. 미타 씨는 이 논문에서 다음과 같이 언급하고 있다.

> 〈**연기의 함정**〉에 대해서 우리들은 이미 살펴본 바 있다. 사람은 자신을 당해의 표상성表相性에 의해 규정해 버리는 시선 앞에서 스스로의 표상성을 자발적으로 연기함으로써 타자의 시선을 역으로 조작하려는 시도를 한다. 〔중략〕

그런데 이 〈연기〉야말로 다름 아닌 **자유로운 의지 바로 그것을 통해서** 도시가 한 사람의 인간을 그에 걸맞은 형태의 인간으로 만들어내고 성형成形해 버리는 메커니즘이다. 인간이라는 존재는 구체적인 타자와의 관계 속에서만 존재할 수 있기 때문에 바로 이와 같은 방법을 통해서 자신이 속한 혐오스러운 도시의 모습에 근사하도록 스스로를 정용整容해 버리고 만다. 타자들의 시선을 역으로 조작하려는 주체적인 시도 속에서 자신도 모르는 사이에 도시가 요구하는 다양한 의상을 난잡하게 걸친 기묘한 피에로로 자신을 성형한다. N・N의 이야기가 아니다. 우리들의 이야기다. (미타, 앞의 논문, 43쪽)

머조리티와 마이너리티의 관계에 대한 지금까지의 논의를 통해서 이 양자가 '가해자'와 '피해자'로 구분되어 이를테면 고정된 위치관계를 유지해 왔다고 이미 지적했다. 그리고 예를 들어 머조리티가 '재일조선인'이라는 호칭을 가진 에스닉 그룹을 부를 경우, '타칭'된 '재일조선인'은 스스로의 아이덴티티를 둘러싸고 심각한 난문難問에 빠질 수 있다는 것은 비교적 쉽게 이해했을 것이다. 그런데 미타 씨의 논문을 읽으면 좀 더 깊숙이 발을 들여놓아야 한다는 것을 알게 된다. 즉 마이너리티에게 호칭을 부여하는 쪽의 머조리티도 '타자들의 시선을 역으로 조작하려는 주체적인 시도 속에서 자신도 모르는 사이에 도시가 요구하는 다양한 의상을 난잡하게 걸친 기묘한 피에로(pierrot)로 자신을 성형한다', 즉 '자신도 모르는 사이에 내부를 지배당한 우리'가 보이게 된다. 흡사 타자를 성형하는 쪽에 있는 것처럼 보이는 머조리티도 실은 내부의 성형을 요구하는 지배구조에 의해서 이른바 '타칭되는 머조리티', 예를 들면 '일본인'과 한국에서의 '한국인'이 만들어지고 있다는 것이다. 게다가 이 머조리티 쪽의 문제는 자신들이 '타칭되는' 존재로 성형되고 있다는 인식을 갖기 어려울 만큼 복잡하다고 할 수 있다. '타칭'된 머조리티와 마이너리티는 그야말로 서로 닮은꼴이라 할 수 있으며, 혹은 맞거울에 비친 [뒷]모습과 같은 것일지도 모른다.

이미 필자는 마이너리티가 스스로의 '가해자성'에 눈을 돌리지 않고 '스스로의 전긍정全肯定'에 빠지고 마는 것을 '정의 같은 것'이라 부르고 거기에 '권력'이 내재되어 있음을 지적했다. 그런데 미타 씨의 논문을 참고로 하면 이러한 현상은 머조리티에도 적용된다는 것을 알 수 있다. 앞에서 다카하시 씨의 논문에 대한 소개와 함께 언급했듯이 머조리티가 스스로의 '피해자성'을 외면한 채 '자기부정'을 시도하는 메커니즘은 스스로의 '절대화'를 창출하게 된다. 즉 이 때에 이른바 '권력'이 발생하는 것이다. 이런 입장에서 생각하면 '권력'과 '반권력'이 서로 긴밀한 관계인 듯 보이는 연유가 여기에 있음을 알 수 있을 것이다. 여하튼 '권력'이 없으면 '반권력' 같은 것은 성립하지 않을 테니 말이다.

이와 같은 현상은 재일조선인이 한국에서 '재일교포'라는 말로

'타칭'될 때도 똑같이 적용된다. 그들은 '재일교포'를 인식하고 그 명칭을 의식화함으로써 '한국인'이라는 '타칭된 머조리티'의 자리에 쉽게 올라선다. 그 자리가 권력 또는 지배체제에 의해 만들어진 것임을 깨닫지 못하고 있거나, 혹은 그 사실이 은폐되어 있는 것이다. 권력과 지배구조에서 빠져나오기란 참으로 힘든 일이다.

그런데 필자는 지금까지 민족이라는 말을 사용할 때 따옴표를 사용했다. 그 이유는 아래와 같다. 앞에서 마이너리티는 머조리티에 의해 절취切取되는[1] 존재라는 점과, 그 맞거울[에 비친 다른 면]로서의 머조리티도 이른바 '비非마이너리티'로서의 자신을 확인할 수밖에 없는 존재라는 것을 말했다. 즉 '일본인'이나 '한국인', '재일조선인'이나 '재한화교'도 모두 거울에 비친 상像인 까닭에 실체를 가질 수 없는 존재인 것이다.

그럼에도 불구하고 '민족'이라는 말은 계속해서 사용되고 있으며 얼마간의 정당성을 얻기에 이르렀다. 사람들의 '무의식' 속에는 이러한 '민족'이 스며들어 있고, 그러한 '민족'이라는 측면에서 대부분의 경우 '선의'라고 믿고 있는 행동을 하게 되는 현상이 두드러지고 있다. 이것이 논리화되기 이전의 무의식 영역에 잠재된 '무의식적인 선의의 내셔널리즘'의 정체이다. 물론 이러한 '민족'이 허구라

---

1) 절취切取: 잘라 낸, 잘려 나간 등으로 순화할 수 있는 말이지만 저자가 전하고자 하는 의미를 충분히 담아내기 어렵다고 생각하여 원문 그대로 번역하였다. — 옮긴이 주.

는 것은 꽤 많은 사람들이 깨닫고 있을지도 모르고, '민족'의 입장에 설 것을 표명하는(의식적인 '민족주의') 사람들 중에는 그것이 허구이기 때문에 더욱 소중히 해야 한다고 생각하는 경우도 있다. 이렇게 다양한 시각의 존재가 몹시 어려운 점이라 할 수 있는데, 필자가 설령 따옴표로 묶어 허구라는 것을 의식적으로 표명했다 할지라도, 이 '민족'이라는 개념에는 문제가 있다고 생각한다. 그러므로 굳이 '민족'이라고 묶는 방식에 반대하고 싶다. '무의식적인 선의의 내셔널리즘' 속에서 심각한 아이덴티티의 위기에 노출되어 있는 인간이 있는 이상 소리를 높일 필요가 있기 때문이다.

4. 본론으로 들어가기 위해서
—마이너리티는 어떻게 만들어지는가

이미 언급한 것처럼 마이너리티는 머조리티의 맞거울[에 비친 다른 면]과 같은 존재로 그 실체는 없다. 즉 머조리티의 무의식에 의해 무언가의 형태로 '마이너리티'가 설정되어 버린 것을 깨닫는 경우가 있다. 실제 이와 같은 일은 수시로 일어나고 있다.

〔14대인〕 심수관沈壽官 씨는 나에시로가와苗代川 소학교[이하 초등학교라 함]를 졸업하고 육십 리나 떨어진 가고시마鹿兒島 시내에 있는 구제舊制 2중에 입학했다.

입학하자마자 교실로 상급생 몇 명이 들어오더니,

"이 반에 조선인이 있다던데. 손 들어봐!"

라고 소리를 질렀다. 심 소년이 손을 들지 않았던 것은 자신이 일본인이 아니라고는 꿈에도 생각한 적이 없었기 때문이다. 그가 졸업한 마을의 작은 초등학교 학생은 모두 마을 사람들의 자제였으며, 교육 역시 일본의 다른 초등학교와 별 차이가 없었는데, 없었다는 정도가 아니라 이 마을의 나에시로가와 초등학교 아동들의 평균 학력은 현에서 제일 높았고, "우리 학교는 작기는 하지만 일본 제일의 초등학교"라고 아동들을 가르쳐 왔다. 게다가 마을의 대부분은 사족士族(무사계급의 가문)이었으므로, 전쟁이 종료될 때까지 사족이 권위를 유지해 온 〔가고시마〕 현에서는 나에시로가와 출신이라는 것이 오히려 선민選民으로서의 자긍심을 갖게 하였다.

〔중략〕

그렇지만 불행하게도 그들을 옹호하고 예우했던 사쓰마 번薩摩藩은 이미 먼 옛날에 소멸해 버리고 말았다. 메이지 이후의 정부는 그들을 보통의 일본인으로 취급했다. 단지 성姓과 혈통만 특이한 것으로 남아 있었는데, 그 특이함이 세간의 이목을 끌었다. 이미 가고시마 시내에서도 나에시로가와에 대해 알고 있는 사람은 많지 않았다. 교실에 들어온 한 학년 상급일 뿐인 소년들이 그것을 알고 있을 리 없었고, 다만 신입생 명부에 한국의 성을 가진 소년이 있다는 것을 알았을 뿐이다.

심 소년이 자진하여 손을 들지 않은 것에 대해 소년들은 몹시 흥분했다. 정신을 차리게 해주겠다고 악을 쓰면서 심 소년을 교실 밖으로 끌어내 옥상으로 끌고 가서는 열 명 정도가 달려들어 구타

했다. 소년은 때때로 거의 정신을 잃기도 했지만 울지 않으려고 혼신의 노력을 기울였다. 일본인은 강하다고 했다. 울면 일본인이 될 수 없을 것 같았다. 그러나 이렇게 얻어맞고 있는 것을 보면 자신의 성과 가계家系가 그렇듯 자기가 일본인이 아닐지 모른다는 생각이 드는 순간 넘어지면서 후두부를 부딪치는 바람에 정신을 잃었다. 오늘 처음 입은 교복이 코피로 피투성이가 되어 있었다. 이윽고 소년은 혼자서 눈을 떴다.(시바 료타로, 『고향은 잊기 어렵습니다』, 2004년, 45~46쪽)

참으로 안타까운 일화이다. 나에시로가와에 도공이 끌려온 것은 히데요시秀吉의 조선 출병 때의 일이므로, 14대인 심수관 씨가 태어난 메이지 시대는 이미 그로부터 수백 년이나 지나 있었다. 성이 조선풍이라는 이유로 '일본인' 대접을 못 받게 될 줄은 꿈에도 생각하지 못했을 것이다. 그러나 그와 같은 사정을 전혀 묻지 않는 상급생들에게 '일본인이 아니'라고 절취당한 뒤, '조선인'으로 취급받게 된 것이다. 뿐만 아니라 당사자인 그마저도 '일본인이 아닌 것은 아닐까'라는 생각을 갖기에 이른다.

이 이야기를 통해서 머조리티가 무의식적으로 '특이한 것'을 '발견'하고 그것을 절취해 '조선인'으로 명명함으로써, '조선인'이 아닌 우리='일본인'을 상상=창조해 가는 과정을 뚜렷이 확인해 볼 수 있다. 심 소년의 경우는 성이 특징적이었기 때문에 절취되기 쉬운 면이 있었을지도 모른다. 그렇다면 '특이한' 성이나 제2대 가이라쿠테이 부락쿠 씨를 비롯한 아메라지안과 같은 '특이한' 풍모를 지니지 않은 경우는 절취되지 않는 것일까. 이에 대해서도 필자는 회의적이다.

새로운 학교에 리더는 없었다. 그 대신 모두의 마음에 같은 모양의 검고 큰 구멍이 뚫려 있었다. 그 사이로 찬바람이 지나간다. 눈에 보이지 않는 족쇄 소리가 귀를 기울인 자에게는 들려왔다. 나에게 그 소리는 잘 들렸다. 묶으려 해도 절대로 묶을 수 없는 공집합이었다. 통일되는 것을 싫어하는 개인이 균형을 유지하며 만들어낸 사회가 교실 안에 있었다. 모두 저마다의 지우개를 가지고 자신들의 존재와 파장이 맞지 않는 사람을 모조리 지워 나갔다. 모두 안테나를 곧추세우고 집단 속의 자신을 항상 자유롭게 했다. 어떤 특정의 무리나 조직에 들어가는 일은 없었다. 그룹은 변덕스럽고 언제 최하위로 전락할지 알 수 없기 때문이다.

항상 학급의 파장에 신경을 집중시키고 있었다. 아침에 교실에 들어간 순간부터 그날의 분위기를 놓치지 않도록 하는 것이 힘들었다. 전날의 텔레비전이나 만화 따위의 화제는 흥미가 있고 없고 간에 알아 두지 않으면 분위기를 탈 수 없었다. 그 대신 분위기만 맞춰주면 괴롭힘(이지메)을 당하거나 무시당하는 일도 없었다. 그들의 마음에 뚫린 검은 구멍은 규칙에 대한 배려나 불안에 의해

> 생긴 것인지도 모른다. 그리고 그 작은 집단은 서로를 먹이로 삼아 성장해 갔다. 파장에서 벗어난 자를 희생양으로 삼으며 리더 없는 통일국가를 만들고 있었다. 신형의 전체주의가 전후 40년을 거친 뒤 작금의 우리들 세대에 이르러 확실하게 둥지를 틀고 있었다.
>
> 나는 지금 그러한 미지의 집합 속에 있지만 나의 파장은 그들의 부신符信과 일치하지 않는 것 같았다. 어설픈 녀석은 집단 속에서 살아갈 수 없었다. 전체주의는 항상 유태인을 찾고 있었다. (쓰지 히토나리, 『피아니시모』, 1992년, 26~27쪽)

이후에 주인공은 집단 괴롭힘의 대상이 되는데, 그가 괴롭힘을 당하기까지 '마루타(학급 전원의 괴롭힘의 표적)'였던 소년에게 학급의 모두가 폭력을 행사하는 장면이 삽입된다.

물론 이것은 소설 속의 이야기다. 그러나 '전후 40년' 무렵에 고교 시절을 보낸 필자의 감각과 현재 대학이라는 교육기관의 교단에 선 자의 실감으로서 일종의 리얼리티를 느낄 수 있는 묘사다. 물론 현실에서는 이렇게 극적으로 전개되지는 않겠지만, 이와 유사한 상황이 벌어지고 있는 교실은 드물지 않을 것이다.

예를 들어 우에무라 다카시 씨의 보고에 의하면 고등학교 등의 교육 현장에서 다음과 같은 말들이 채집된다고 한다. 여기에는 괴롭힘을 당하지 않기 위해서는 주변의 분위기에 맞추어 갈 수밖에 없는 학급 내의 긴장감이 배어 있다.

중학교 시절까지 괴롭힘을 당하고 있었기 때문에 고등학교 친구와는 더욱 사이좋게 지내고 싶다는 학생도 있었다. 그러나 교우 관계를 전면적으로 긍정하는 학생만 있는 것은 아니다. 친구가 있기 때문에 보다 즐거운 고교 생활을 보낼 수 있지만, 교우 관계가 악화되면 당장 고통스러운 학교생활이 찾아온다. 이러한 불안을 안고 있는 학생도 있었다.

○ 친구와 보조를 맞추지 않으면 외톨이가 될 것 같아 두렵다.

○ 앞으로도 교우 관계를 원만히 이끌어 갈 수 있을지 불안해 죽겠어요. 친구의 태도가 매일매일 달라지니까 알 수 없어요.

이와 같은 교우 관계에 대한 불안은 그들 자신의 자기평가와 관련지을 때 새로운 의미를 가지게 된다.(우에무라 다카시, 「무력감으로부터의 탈피—장기적인 에고이스트의 육성을 목표로」, 『교육곤란학교와 규범의식—교육 프로그램 구축을 위한 윤리학적 분석』, 오치 미쓰구 편, 2007년, 13~14쪽)

이 보고서는 응용논리학이라는 입장에서 교사와 학생 쌍방을 대상으로 학교에 도사린 '무력감'에 대해 분석하여 귀속감(자리)을 부여하는 일종의 대처법에 관하여 언급하고 있다. 역으로 말하면, 그 정도로 고교생에게는 설자리가 없다는 것이며, 그러므로 자신을 친구에 맞추어 배제당하지 않도록 더욱 세심한 주의를 기울인다는 것이다. 그리고 누군가가 표적이 되면 자신도 그 분위기를 따라가기 위해 괴롭힘에 동참하는 것이다. 앞에서 예로 든 소설이 현실의 교실과 유사하다는 것을 알 수 있을 것이다.

앞에 나온 소설보다 가벼운 터치로 그려진 작품 『노부타를 프로듀스』(시라이와 겐, 2004년)도 학급에서 인기 있는 슈지가 다른 학생들과 도저히 맞지 않을 것 같은 남자 전학생을 인기 있는 학생으로 만들어간다는 이야기인데, 도중에 아주 조금 단추를 잘못 채움으로써 슈지 자신이 괴롭힘의 대상으로 전락하고 만다. 이와 같이 언제 어떤 이유로 괴롭힘을 당할지 모르는 현재의 중고생이 안고 있는 '검은 구멍'은 바로 쓰지 씨가 말하는 '신형의 전체주의'를 창출해 낸다. 그리고 이러한 현상은 어른 사회의 축소판으로서 거기에 존재하고 있는 것에 다름없다.

예를 들면 직장이나 지역사회에서도 다수와 함께 행동하지 않는 인물은 '외톨이'가 될 것이다. 그리고 '신형의 전체주의', 필자의 말로 하자면 '무의식적인 선의의 내셔널리즘'에 의해 어느 날 갑자기 자의적으로 절취되어 특이한 존재로 전락하고 만다. 아직도 기억에 새로운 일로, 1990년대 후반에 '20대 무직자'가 일으키는 범죄가 많이 발생하자 20대 무직자, 그중에서도 특히 남성을 이상한 눈으로

쳐다보던 때가 있었다. 당시의 필자는 대학에 취직하기 이전으로 학원에서 아르바이트를 하고 있었는데, 역시 의심스러운 눈길을 받고 있었던지 가족으로부터 주의를 들은 적이 있다.

대중 언론 매체가 선택한 대상은 '17세'였다가, '신종교'였다가, '니트족'였다가, '불량배'였다가, '전에 괴롭힘을 당한 사람'이었다가 하는데, 한국에서는 '친일파 자손'이 되기도 하는 등 그야말로 일일이 셀 수 없을 정도로 많으며, 무슨 계기만 생겼다 하면 이를 놓칠세라, 그래도 역시 자의적으로, 생각지도 못하던 사회 구성원의 일부를 절취하고 명칭을 붙인다. 그리고 '보통의 사람들'은 '그들이 아닌 우리들'이라는 위치에 안주한다. 역으로 말하면, 스스로가 '선량한 보통의 일본인'이라는 것을 확보하기 위해 특정의 집합을 절취하고 있는 셈이다.

이처럼 생각한다면 앞에서 살펴본 바와 같은 상황에서 도망칠 수 있는 인간은 없다고 해도 좋다. 예를 들어 나가야마 노리오는 '아바시리의 번지 없는 땅'에서 태어났다는 이유로 차별을 받았다고 말하고, 히가시노 게이고 씨의 소설 『편지』(2006년)에 나오는 것처럼, 친척 중에 범죄자가 있으면 그것을 감추지 않으면 안 되는 '무의식적인 선의의 내셔널리즘'의 폭력에 노출될 것이다.

> 나오키는 고개를 들었다. 히라노 사장의 목소리에 조금 전까지의 웃음이 배어 있지 않았기 때문이다. 사실 사장은 웃고 있지

않았다. 진지한 시선으로 갓 입사한 창고담당을 바라보고 있었다.

"지금까지도 이런 일은 있지 않았나? 부당한 취급을 당하는 일 말이야."

나오키는 천천히 고개를 끄덕였다. "있었습니다. 여러 가지로."

"그랬겠지. 그때마다 자네는 괴로웠겠군. 차별에 대해서 화도 났을 테고."

긍정하는 대신 나오키는 입을 다물고 눈을 껌뻑거렸다.

"차별은 말이야, 당연한 거야." 히라노 사장은 조용히 말했다.

나오키는 놀라 눈을 크게 떴다. 차별해서는 안 된다는 말을 들을 줄 알았기 때문이다.

"당연……합니까?"

"당연하지." 사장은 말했다. "대부분의 인간은 범죄로부터 멀리 떨어진 곳에 몸을 두고 싶어 하는 법이거든. 범죄자, 특히 강도나 살인 같은 흉악범죄를 저지른 인간과는 간접적일지라도 관계하고 싶지 않은 법이지. 대수롭지 않은 관계일지라도 이상한 일에 휘말리지 말라는 법도 없으니까. 범죄자나 그에 가까운 인간을 배제하는 것은 지극히 정당한 행위란 말이야. 자기방어 본능이라고나 할까."

"그럼, 저처럼 가족 중에 범죄자가 있는 경우는 어떻게 하면 됩니까?"

"어쩔 도리가 없다고밖에 달리 할 말이 없겠지." (같은 책, 317쪽)

"(……) 자네 형은 이를테면 자살을 한 거나 마찬가지야. 사회적인 죽음을 선택한 셈이지. 그러나 그로 인해 남겨진 자네가 얼마나 괴로워할지는 생각하지 못했다고 해야겠지. 충동적인 방식으로는 해결이 안 되네. 자네가 지금 받고 있는 고난도 모두 다 자네 형이 저지른 죗값이야."

"차별받았다고 화를 낼 거면 형을 미워하라는 말씀이군요."

"자네가 형을 증오하든 말든 그것은 자유야. 다만 우리를 증오하는 것은 번지수가 틀렸다는 말을 하고 있을 뿐이지. **좀 더 구체적으로 얘기하자면 우리는 자네를 차별하지 않을 수 없다는 거야.** 내가 죄를 범하면 가족도 고통 받는다. 모든 범죄자가 그것을 깨달을 수 있도록 하기 위해서라도 말이야."

담담하게 말하는 히라노의 얼굴을 나오키는 다시 한 번 쳐다보았다. 지금까지도 부당한 취급을 받아왔지만 그것을 정당화하는 말을 들은 것은 이번이 처음이었다.(강조는 인용자. 같은 책, 319~320쪽)

혹시나 해서 말해 두겠는데, 이것은 작자인 히가시노 게이고 씨의 의견이 아니라 어디까지나 소설의 등장인물인 히라노 사장의 말이다. '범죄자나 그에 가까운 인간을 차별하는 것이 당연'하다는 말은 재일조선인으로 불리는 사람들이 국민건강보험에도 가입하지 못하던 시대에 정규직으로 채용되지 못하고, 하는 수 없이 파칭코(슬롯머신) 업자나 산업폐기물업자가 되었다가 그 직업이 위법에 가까웠던 탓에 다시 차별받을 수밖에 없었던 일을 상기시키기 때문에 솔직히 말해 그다지 유쾌한 정의는 아니다. 당시의 재일조선인은 고용되는 것(프롤레타리아가 되는 것)조차 불가능하여 어쩔 수 없이 자영업자가 되었기 때문에.

그러나 히라노 사장의 논리는 매우 명쾌하기도 하다. '자기방어본능'과 범죄 억제력을 위해 범죄자 가족을 차별한다는 등의 주장은 온갖 고생으로 세상 물정에 훤한 사장이 할 법한 말이기는 하지만, 이것을 필자의 말로 표현한다면 '무의식적인 선의의 내셔널리즘'에 의한 절취의 실천이라고 할 수 있다. 우리는 매일같이 이와 같은 배제를 무의식적으로 행하고/당하고 있는 것이다.

이 외에도 필자가 교통사고 등을 당해서 휠체어 생활을 하는 신세가 된다면 '장애를 가진 사람'이 될 것이고, 어느 날 갑자기 난치병에 걸리는 일도 있을 것이다. 그것이 전염병이라면 정말로 격리=절취가 노골적으로 행해질 수도 있는 것이다. 그러므로 마이너리티의 문제는 특별한 누군가의 이야기가 아니라 이 책을 읽고 있는 당신 자신의 문제라는 것을 깨닫기 바란다.

이미 언급한 내용이지만 중요하므로 반복하고자 한다. 우리 모두는 어떤 의미로든 마이너리티성을 안고 있다. 그리고 어느 날 갑자기 마이너리티로서 절취당하는 일도 있을 수 있다. 절취하는 쪽은 머조리티 속에 잠재되어 있는 '무의식적인 선의의 내셔널리즘'이며, 머조리티란 마이너리티의 절취에 의해서만 존립할 수 있는 것이다.

그렇지만 모두가 마이너리티의 한 부분을 가지고 있으므로 차별에 관해 고민해 보았자 별 의미가 없다는 식으로 생각이 미쳐서는 안 된다. 마이너리티는 끊임없이 존재하며 폭력에 노출되어 있다. 그리고 그 마이너리티를 자의적으로 절취하고 있는 것은 머조리티라 하겠는데, 하물며 그 머조리티 자체가 마이너리티를 절취함으로써만 존립할 수 있는 '상像'에 불과하다면 마이너리티를 창출해내는 풍토를 비판하고 그릇됨을 깨닫게 하는 과정이 필요하다고 생각하기 때문이다. 필자가 '무의식적인 선의의 내셔널리즘'을 비판하는 근거는 여기에 있다.

이 책은 한국과 일본의 내셔널리즘 모두를 비판하는 방법을 취했다. 먼저 제1장에서는 일본의 '내지內地'라는 말에 깃든 정치성에 대해 실례를 들어 서술한 뒤 '무의식적인 선의의 내셔널리즘'에 관해 상세히 논하고자 한다.

그리고 제2장에서는 일본의 '내지'라는 사고방식과 대비를 이루는 것으로 한국의 '고지故地'[2] 의식을 분석하고자 한다. 그리고 이와

---

2) 고지故地: 옛 영토라는 의미를 포함하여 '연고지'라는 보다 넓은 의미로 사용되기 때문에 원문대로 번역하였다. 여기서는 만주, 대마도를 가리킨다. — 옮긴이 주.

함께 한국의 내셔널리즘 및 내셔널리즘 비판의 흐름과 그 본연의 모습을 찾아가도록 하겠다.

이후의 제3장에서는 한국과 일본 쌍방을 통해서 마이너리티의 문제를 생각해 보고자 한다. 처음에는 화교문제를 다루어 보겠다. 한국의 화교는 대부분이 중국 산둥山東 성 출신임에도 불구하고 국적은 '중화민국(타이완)'을 선택했다. 이 문제를 일본 야에야마의 타이완계 이민과 대조해서 생각해 보기로 하겠다. 또한 한국과 일본의 사회적인 마이너리티를 고찰함에 있어, 우선은 한국과 일본 양쪽에서 병이나 장애라는 표징表徵이 붙어 배제된 사람들에 대해 살펴보도록 하겠다. 이때 선천적이거나 혹은 후천적으로 병이나 장애를 짊어진 사람들에 대해 '감동'이라는 말로 소비되고 있는 현상에 대해서도 그 언사의 정치성을 포함하여 비판하고자 한다.

그리고 이 책의 결말로서의 종장에서는 마이너리티 전반에 걸친 문제라 할 수 있는 이름과 아이덴티티에 대해서 생각해 보고자 한다.

제1장

일본의 '내지內地'라는 정치

1. 나이챠[내지놈]라는 말을 생각한다

현재 '내지內地'라는 말을 일상적으로 사용하는 사람은 다른 곳은 몰라도 도쿄나 오사카 등에는 많지 않을 것이다. 그 이유는 패전 이후의 일본이 식민지와 같은 '외지外地'를 상실했기 때문에 '외지'라든지 '내지'라는 형태로 영토를 나누는 시각이 없어졌거나, 혹은 표면상으로라도 그런 식으로 보지 않으려는 의식에 의한 것이라고 생각한다. 그러나 아직까지 '내지'라는 말이 일반적인 용어로 쓰이는 지역도 있다. 예를 들어 다음의 좌담회를 잠깐 살펴보기 바란다.

사회 우치난추(오키나와 사람)와 같이 어울리며 지내는 나이챠가 있습니까? [좌담회 참석자들은 모두 오키나와 사람들이다.]

치라가 오시로 우리 회사는 나이챠가 많기 때문에 자주 마시러 가기도 하고, 토 · 일요일도 가족 동반으로 어울리고 있어요.

이라부차 가와미쓰 난 없어요. 학생 때 친구는 있지만, 사회인이 되고 나서는 없어요.

탄무 시마부쿠로 저도 없어요. 친해지고 싶은 생각도 별로 없고.

시부이 긴죠 생각해 보니 일로 알고 지내는 정도네요. 사적인 경우는 없어요.

사회 일부를 제외하고는 그렇게 깊이 사귀지 않는 무슨 이유가 있나요?

시부이 긴죠 오키나와 사람은 따뜻하다고들 하지만 꽤 차가워요(웃음).

탄무 시마부쿠로 게다가 섬나라 근성이 강해서 말이죠.

〔중략〕

치라가 오시로 나이챠는 조금 전에 한 음식 얘기처럼 무신경하거나, 오키나와를 얕보는 식의 발언을 하는데, 오키나와에 대해 정말로 잘 알고 있다니까요. 가이드북을 통째로 외우기도 하고요. 꼭 그런 사람들이 불평을 하죠. "너 사실은 오키나와 좋아하지?"라는 말을 해주고 싶어요.

전원 맞아요(웃음).

탄무 시마부쿠로 하지만 역시 '로마에 가면 로마법을 따르라'는 말도 있으니까요. 도쿄나 오사카 식을 강요한다 해도 이쪽이 알 바 아니라니까요.

전원 박수~ (웃음).

시부이 긴조 오키나와에 온 이상 오키나와 문화에 경의를 표했으면 해요. 나이차라고 불리는 것도 마음에 들지 않을지 모르지만 이건 보통의 호칭이고요. 싫은 녀석에게는 "썩을 나이차"라고 하니까요 (웃음).(「우치난추 복면좌담회 이런 나이차는 싫어요!」, 『주민츄 오키나와』 8호, 2007년, 12~13쪽)

소탈한 분위기의 좌담회인 까닭에 오히려 더 많은 것을 알 수 있게 된다. 그중 제일 중요한 문제는 '나이차'라는 말로 대표되는 '본토 인간'의 표상일 것이다. '나이차'라는 말을 통해 알 수 있듯이, 일본 '본토' 사람은 이 좌담회에서 단순화되고, 어이가 없거나 어울리기 힘들다는 지적을 받기도 한다. 이러한 현상은 참석자들이 적절한 표현으로 이야기하고 있듯이 '본토' 사람과의 교류가 별로 없기 때문에 오히려 그와 같은 이미지의 단순화가 진행되는 것일지도 모른다. 오키나와에 대해 다른 부현府県이 대치되면서 본토의 그들을 '도쿄나 오사카'라는 대도시로 대표시켜 인식하고 있다는 점에서 이러한 현실을 여실히 드러내고 있다. 그러나 여기에서 주목하고 싶은 것은 그런 것이 아니다.

앞의 인용문에서 여러 차례 등장하는 '나이차'라는 말은 오키나와 사람이 다른 부나 현 사람을 가리키는 말이다. 이것은 '내지'라는 말에 '~의 놈(녀석)'이라는 의미의 비칭卑稱인 오키나와 방언의 '아-'

가 합쳐진 것으로, 본래의 의미는 '내지놈'이 된다. 그럼에도 불구하고 요즘의 오키나와에서는 이 말이 '보통'의 어감으로 인식되고 있는 것 같다. '본토' 사람에 대한 비칭은 '나이챠'에서 좀 더 파생된 '썩을 나이챠'라거나 '지겨운 나이챠'라고도 하는데, 이 '나이챠'라는 말 자체에는 악의가 담겨있지 않음을 나타내고 있는 것 같다.

그러나 주의 깊은 사람이라면 알고 있을 것으로 생각되는데, 오키나와 말에는 본토 사람을 나타내는 말로 '야마토운추'라는 것이 있으므로 일부러 '나이챠'라는 말을 사용할 필요는 없었다. 물론 이러한 현상은 오키나와 사람일지라도 오키나와 방언과 점차 소원해짐으로써 일어나는 일이다. 실제로 오키나와 방언을 정말 잘 알고 있는 사람은 본토 사람에게 '나이챠' 같은 말을 하지 않는다.

그런데 여기서 말하는 '내지'란 도대체 무엇을 가리키는 말일까. '내지'의 반대말은 '외지'이다. 그렇다면 오키나와는 '외지'라는 것일까. 참고로 '내지'를 법적으로 규정한 것은 1918년의 '공통법'(1918년 법률 제39호, 동년 4월 17일 시행, 1923년 개정)이다.

> 제1조
>
> 본법에 있어서 지역이라 칭함은 내지, 조선, 타이완臺灣, 관동주關東州 또는 남양제도南洋諸島를 말한다.(1923년 법률 제25호로서 본조 개정)
>
> 전항의 내지에는 가라후토樺太(사할린)를 포함한다(『신안조선

6법』, 노무라 초타로 편저, 1933년, 13쪽)

동법 제1조에서 조선, 타이완, 관동주, 남양제도를 제외한 홋카이도北海道, 혼슈本州, 시코쿠四國, 규슈九州, 그리고 오키나와가 '내지'로 규정되어 있으며, 또한 '미나미가라후토南樺太(남사할린)'가 '내지'에 포함된다고 명기되어 있다. 이 '내지'에 속하지 않는 일본 영토는 모두 '외지'가 되는데, 조차지租借地인 관동주와 위임통치령인 남양제도와 같은 일본국의 정식 영토가 아닌 곳도 일반적으로 '외지'라 불리게 된다. 이 '외지'라는 것은 1895년의 시모노세키 조약에 의해 청나라로부터 타이완을 할양받은 것이 시발점이 되었으며, 다시 말해 식민지를 의미한다.

이 법률은 일본국의 통치권이 미치는 범위 내에서 법령의 적용범위를 확정하고 통일하는 것을 목적으로 삼고 있었다. 실은 여기서부터 주장이 갈리는 내용인데, '내지'란 대일본제국의 헌법 이하 각종의 법률이 통용되는 범위이며, '외지'인 타이완과 조선은 헌법은 적용되지만 법률은 당해지의 실정을 감안하여 각각의 총독이 내리는 명령(타이완은 법령, 조선은 제령)이라는 형태로 입법권이 위임되었다는 것이 정부의 견해이다(단 식민지에는 헌법이 적용되지 않았다는 주장도 있었다). 그리고 남양제도와 관동주 등의 위임통치령과 조차지를 '외지'에 포함시킬지의 여부에 대한 결말이 나기 전에 패전으로 이들을 상실했다.

그러나 실제로 오키나와에는 일본 '본토'를 표현하는 말로서 '내지'라는 단어가 존재하고 있다. 이런 일들이 '내지'에 의한 시선, 즉 오키나와는 '내지'가 아니라는 '절취(폭력)'에 의해 성립된다는 것은 자명하다.

역으로 말하면, '내지'는 '외지' 혹은 비非'내지'를 규정하고 그것을 거울삼아 〈진정한 일본〉을 이미지화한 것에 불과하다는 것을 알 수 있다. 이미 언급한 것처럼 〈외지〉는 〈내지〉에 의해 절취당함으로써 성립된 '상像'이며, 그러한 〈외지〉 이외의 것으로서 〈내지, 혹은 '본토' '야마토'〉라는 '상'이 만들어지는 것이다. 〈외지〉라는 것이 이미지로만 존재하는 까닭에, 〈내지〉에서 발하는 차별의 시선은 보다 심각하고, 이에 대해 오키나와 사람들은 끊임없이 불쾌감을 느끼고 있다고 할 수 있다.

〔전 오키나와 현청 참사參事 이리오모테 손쇼〕 그 무렵〔일본 복귀 이전〕에는 도쿄에 가면 '오키나와 사람이 왔다'는 것만으로 사람들이 신기해하며 보러 왔었죠. "오키나와 사람은 어디 말을 쓰나요?"라는 질문을 하기도 하고, 일본어로 아무렇지 않게 이야기를 하면 "역시 도쿄로 연수 오는 사람은 일본어를 잘하네요"라는 말을 하더군요. 그 정도로 오키나와에 대해서 아무것도 모르고 있었던 거죠.

〔20대 여성 다카코〕 저도 본토에 몇 년 있었지만, 모두가 "오

키나와 말로 뭔가 말해봐"라고 조르는 바람에 할 수 없이 텔레비전에서 본 평소에는 쓴 적도 없는 오키나와 방언을 흉내 냈더니, 다들 "대단해! 외국어 같아" 하며 놀라는데, '나는 일본인이 아니란 말인가'라는 생각을 했어요.(고바야시 요시노리, 『오키나와론』, 2005년, 55쪽)

필자는 고바야시 씨와 반드시 일치된 생각을 가지고 있는 것은 아니지만, 이상과 같은 내용은 의미 있는 지적이라 할 수 있을 것이다. 그리고 이는 앞의 좌담회에서 이루어진 논의와도 중첩되고 있는데, 오키나와의 비〈내지〉 이미지가 오키나와 사람들의 아이덴티티를 복잡하게 만들고 있음을 알 수 있다.

오키나와 말은 확실히 특수하게 들린다. 예를 들면 '우치난추'라는 오키나와 사람을 가리키는 말도 가타카나로 표기하는 경우가 많고, 그래서 그런지 일본어와는 별개의 언어라는 인상을 주는 일도 있을 것이다. 그러나 역시 오키나와 말은 일본어의 방언이라고 할 수 있다.

예를 들면 본래의 오키나와 방언에는 단모음인 e(에)와 o(오)는 존재하지 않는다(물론 장모음 '에—', '오—'는 존재한다). 따라서 '에'로 발음해야 할 곳은 '이'로, '오'로 발음해야 할 곳은 '우'로 발음된다. '아, 이, 우, 에, 오'는 원래의 오키나와 방언에서는 '아, 이, 우, 이, 우'로 되고 마는 것이다.

또 자음인 k와 t음도 모음 i가 연결되면 ch음으로 변한다. 오키나와 본도本島에 '北谷'라 쓰고 '차탄'으로 발음하는 지명이 있는데, 이것을 일본 '본토'식으로 읽으면 '기타타니(Kita · tani)'가 될 것이다. 이 'kit'가 'chi'로 음편변화音便變化해서 'ch(i)a · tan(i)'로 된 것이다.

이러한 현상을 '우치난추'라는 말을 통해 살펴보도록 하자. '우치나–'라는 것은 모두가 알고 있듯이 '오키나와(o · ki · na · wa)'를 말하는데, 이 '오'라는 모음을 '우'로, 'ki'라는 음을 'ch'로 바꿔 넣어 보자. 'u · chi · na · (w)a', 즉 '우치나—'와 같이 되지 않는가(w음과 h음은 탈락하기 쉽다).

그리고 '추'라는 귀에 익은 음도 '히토(hi · to: 사람)'라는 '표준'어의 오키나와 방언인 'hwi · tu'가 음편변화한 것으로, 첫머리의 h음과 w음이 탈락하고 i음과 t음이 중첩되면서 ch음으로 변했을 뿐, 참으로 '일본어'적인 단어라는 것을 알 수 있다.

이와 같은 음편변화는 결코 오키나와에만 있는 것은 아니다. 도쿄에서도 '하이요!'라는 말이 입에서 튀어나올 때 '아이요!'로 되는 경우가 가끔 있다. 이것은 첫머리의 '하(ha)'라는 음의 h음이 떨어져 나간 것이다(h탈락). 또 '이야니 낫테 시마우(싫증나다)'라는 말은 '이얀낫치마우'가 되는 경우도 드물지 않다. 이 '낫치마우'라는 음은 '낫테 시마우(nat · te · shi · ma · u)'의 '테(te)'의 e음이 탈락하고, 또 't'음과 'sh'음이 겹쳐져 'ch'음으로 변함으로써 성립한다. 이와 같이 음의 변화는 진기한 것이 아니며, 오키나와의 음편변화가 그다지 특수한 것도 아니다.

그러나 그렇다 하더라도 오키나와의 음은 몹시 특수하게 들린다고 말하는 사람이 있을지도 모른다. 하지만 그것은 당신이 지금까지 살아오면서 오키나와 말을 접할 기회가 너무나 적었고 또 일본 '본토'가 여러 면에서 오키나와를 '특수'한, 일본 '본토'와 다른, 그야말로 비'내지'로서 표상함으로써 이미 '특수'하게 들릴 준비가 되어 있었기 때문임에 틀림없다. 머조리티로서의 일본 '본토'는 사회적 마이너리티로서의 '오키나와'를 무시할 수 있어도, '오키나와'는 일본 '본토'를 무시하고 살아갈 수는 없다. 그리고 머조리티는 자주 마이너리티='특수'에 대해 너그럽지 못한 경향이 있다. 일본 정부로서도 오키나와는 일본의 행정단위 '현'으로서 다른 부현(홋카이도는 역시 '특수'할 것이다)과 동등하다고 주장하고 있다. 그것은 '본토'와 같은 교육프로그램에 의해 사실상 오키나와 방언을 없애왔다는 '정책'을 통해서도 엿볼 수 있다. 실제로 오키나와 현민은 일본 '국민'을 구성하는 일원으로서 도쿄 도東京都나 히로시마 현廣島縣 등과 마찬가지로 '균질의 국민'일 것을 요구당하고 또 그것이 실천되고 있다.

그러나 이에 대해 생각해 볼 필요가 있다. '본토'는 역시 '오키나와'를 특수한 위치에 놓고 있다. 지난 세계대전에서 오키나와를 희생양으로 삼아 지상전을 전개했던 일, 패전 이후에 미군 통치를 받게 된 일, 그리고 반환된 뒤에도 미군 기지의 대부분이 오키나와에 집중되어 있는 일 등이 이에 해당한다. 그리고 류큐琉球 왕조 이래의 역사와 아열대의 자연 등은 다른 부현에는 없는 특수한 것으로서 관광개발로도 이용되고 있다. 즉 '오키나와'는 균질한 '일본'의 일부이면서 '특수'한 비'내지'라는 입장을 '짊어지고 있는' 것이며, '끌어안으며 절취한다'(후술)는 말이 꼭 들어맞는 이상한 상황에 놓여 있음을 알 수 있다. 그러면서도 철없는 '무의식적인 선의의 내셔널리즘'을 내포한 일본 '본토'의 인간은 오키나와 사람에게 "오키나와 말로 뭔가 말해봐"와 같은 말을 던지고 만다. 이와 같이 '지금은 완전한 일본(인)이지만 이전에는 〈일본(인)〉과 거리가 있었다'는 느낌으로 '오키나와'를 접하는 '본토(야마토)'의 태도는 오히려 선주민과 대치할 때의 모습과 닮은꼴이라 할 수 있다. 오키나와 문제가 경우에 따라 '민족' 문제로 여겨지는 것은 바로 이 때문일 것이다.

이와 관련된 이야기는 몹시 중요하므로 조금 더 깊이 천착하여 생각해 보고자 한다. 이하 역사적 사실에 관해서는 미야오쿠 가즈시 씨의 「종전 이후의 히로시마와 관련된 조선인의 귀환 · 송환에 대해서―1945년 8월부터 1946년 12월까지」(2005년)의 제3장 「연합국총사령부(GHQ)에 의한 조선인 송환과 히로시마」에 의거한다.

일본의 패전 직후, 오키나와가 어떠한 위치에 있었는지 그 일단을 보여주는 사상事象으로서 GHQ에 의한 '비일본인' 송환사업을 들 수 있다. GHQ는 1946년 2월 17일자 지령인 '조선인, 중국인, 류큐인 및 타이완인의 등록'(미야오쿠, 앞의 논문, 42쪽)을 통해 귀환 희망자의 등록을 행함으로써 편의를 봐주려는 의도를 보이고 있다. 이후 여러 차례에 걸쳐 '비일본인'의 귀환 의사 확인을 명하고 있다. 이때의 지령을 근거로 동년 3월 13일에 후생 · 외무 · 내무 · 사법성령 제1호 '비일본인등록령'이 히로시마 현에 하달되었는데, 이때의 송환대상이 '조선인, 중국인, 본도인(타이완인)'만이 아니라, '본적을 북위 30도 이남(구치노에라부지마口之永良部島를 포함한다)의 가고시마 현 및 오키나와 현에 있는 자'까지 대상으로 삼고 있다(앞의 논문, 50쪽). 이 법령이 나중에 '외국인등록법'으로 계승되는데 이에 대해서는 여기에서 논하지 않겠다. 그보다도 아마미 제도구奄美諸島區와 오키나와 본도 이남이 '비일본'으로서 GHQ의 지령에 포함되어 있었다는 사실에 주목할 필요가 있다. 그리고 동년 5월 3일자로 히로시마 현 사에키佐伯 지방사무소에 하달된 '비일본인에 관한 건'에서는 '북위 30도 이남의 가고시마 현 및 오키나와 현을 제외한다'로 되어 있었는데, 이때부터 '오키나와'는 송환 대상에서 빠지게 된다.

이것은 필시 미군이 대對동아시아 전략상 중요하다고 인식하고 있던 오키나와의 통치에 있어 일본의 영향을 배제하려 했을 가능성을 시사하고 있는 것으로 보인다. 그리고 5월 이후에 오키나와 현민이 '비일본인'에서 삭제되는 것은 당시의 보수적인 정부와 관료의 '전후의 전쟁'에 의한 교섭의 결과일 것으로 생각된다. 때마침 패전 후의 신헌법에서 벌였던 정부의 '전쟁'도 이것과 궤를 같이하고 있다. 당시의 정부가 신헌법의 수용에 있어 그 전문前文을 '악문惡文'으로 번역함으로써 '국체에 반한 민주적인 헌법'의 교부에 단도직입적으로 저항했다고 한다면, 오키나와가 '일본'의 영토라며 물밑에서 GHQ와 다툰 것은 당시의 일본 '국체'를 유지하려던 정부의 마지막 오기였다고 생각하는 것도 가능할 것이다. 그리고 이때에 패전국 일본의 뒤틀림이 배태되는 것이다.

요컨대 일본과 미국의 정치에 농락당하면서 '오키나와'는 끊임없이 '절취되는' 불안과 싸우지 않으면 안 되는 위치에 있었던 것이다. 스즈키 사다미 씨는 제국 일본의 아시아 진출에 의한 상호 마찰을 '끌어안고 차별하기'라는 말로 표현하고 있는데(「서평 『조선근대문학과 내셔널리즘』 가해/피해의 도식을 뛰어넘는 검토」, 도쿄 신문 · 쥬니치 신문, 2007년 10월 21일), 이를 본떠서 다음과 같이 말할 수 있을 것이다. 이와 같은 '거래의 무대'로서의 역사적 사실이 '끌어안기면서 절취당하는' 오키나와의 위치(포지셔널리티)를 구축해 버렸다라고. 오키나와 현민의 안타까운 심정은 상상하고도 남음이 있다.

앞의 좌담회를 통해 살펴본 것처럼, 일본 '본토'의 인간(야마토운추)을 '나이챠'로 표현하여 그 이미지를 단순화하거나 불평을 말하는 경향은 일본 '본토'의 '끌어안고 절취'하는 '무의식적인 선의의 내셔널리즘'에 의한 폭력에 노출되어 온 굴절이 만들어낸 행위이며, 그와 같은 상황으로 몰고 간 일본 '본토'의 책임이라고 해도 좋을 것이다. '오키나와'를 향해 피해자 의식에서 탈피하라고 '위에서 내려다

보듯이' 말하는 것은 쉽지만, 이때 '오키나와'가 필요 이상으로 단순화된 이미지를 강요받고 있다는 점, 또 그 화자가 일본 '본토'라는 고정된 위치에서 발화發話하고 있다는 점을 고려하지 않으면 안 된다.

이와 같이 말하면 다음과 같은 의문의 소리가 들려온다. 그것은 필자가 재일조선인이라는 '절취된' 존재이기 때문에 '오키나와'와 연대해서 일본 '본토'를 공격하려는 것이 아닌가. 아무래도 필자는 자신의 마이너리티성에 치우쳐 서술하기 쉬운 것이 아닌가라고.

이에 대해 필자는 명확하게 노(NO)라고 대답할 수 있다. 이미 말한 바와 같이 '오키나와'는 본토의 폭력에 의해 선주민과 유사한 입장에 놓여 있기는 하지만, 역시 에스닉 마이너리티는 아니라고 생각한다. 일본 '본토'에서 보면 오키나와는 '끌어안고 절취할' 존재인 바, 외국인으로서 '절취되는' 재일조선인과는 위상이 다르다. 그러므로 '마이너리티'라는 점만을 강조하여 '오키나와'와 재일조선인을 한데 묶어 생각할 수는 없다. 또 재일조선인은 일본과 조선이라는 '복수複數의 아이덴티티를 가진 자'이고, 한편으로 예를 들면 필자는 도쿄 태생으로 현재 히로시마에 살고 있는 이상, 역시 일본 '본토'와 친화성이 있다. 실제로 필자는 어렸을 때 '오키나와'에 대해서는 아무것도 모른 채 살아왔다. 그렇다. 모르고서도 살 수 있는 입장에 있었던 것이다. 다시 말해서 머조리티는 마이너리티에 대해 모르고도 살아갈 수 있지만, 마이너리티는 머조리티와 관계를 맺지 않고는 살아갈 수 없다. 그렇다면 필자는 일본 사회의 마이너리티임과 동시에

'오키나와'에 대해서는 역시 일본 '본토'의 위치(머조리티)에 서게 되는 것이다. 필자는 이런 사실을 은폐한 채 '오키나와'를 마주 대하는 것이 불가능하다. 고작 같은 마이너리티라는 것만으로 일방적인 친근감을 느낀다는 것은 보다 위험하고 안이한 발상에 지나지 않는다고 필자는 생각한다.

물론 '오키나와' 쪽에도 문제가 없다고는 생각하지 않는다. 예를 들면 오키나와 본도와 야에야마 사이에는 복잡한 갈등이 있을 것이고, 오키나와 본도나 야에야마 제도에 속하지 않는 미야코시마宮古島에 대한 차별 문제가 있다. 또 오키나와 안에서 볼 수 있는 아메라지안을 필두로 한 '복수의 아이덴티티를 가진 자'에 대한 뿌리 깊은 차별과 같이 '오키나와' 자신이 일본 '본토'와는 또 다른 '절취'를 행하고 있다. 오해가 없도록 말해 두는데 여기서 필자가 오키나와를 고발하려는 것이 아니다. 모든 면에서 마이너리티이다는 것은 있을 리 만무하고, 누구나가 어디에선가는 마이너리티이며, 누구나가 어디에선가는 머조리티라는 것을 말하고 싶을 뿐이다. 그리고 서장에서도 언급한 바와 같이 그렇기 때문에 더욱 '절취'라는 행위, 즉 머조리티가 마이너리티를 만들어내는 행위를 언어화하여 비판하는 것이 필요하다고 말하고 싶은 것이다.

그러고 보니 상당히 에둘러 왔는데 이제 슬슬 본제로 돌아가겠다. 이처럼 '내지'라는 말은 현재의 일본에 아직 살아 있다. 이 말이 가장 절실하게 다가오는 곳은 오키나와이자 홋카이도일 것이다. 이제 다음 절부터는 일본에서의 '내지'라는 말과 그 '정치'성에 대해 논해 보고자 한다.

2. '내지內地'라는 무의식 속에 담긴 차별의 정치

그런데 '오키나와'에 관한 이야기를 조금 더 해야 할 것 같다. 당신은 '오키나와 현'이 존재하는 이상 '오키나와인'이라는 실체가 존재할 것 같은 기분이 들지 않는가. 그러나 이러한 생각 역시 이상하다. 예를 들면 야에야마 제도 사람들은 '야에야마는 오키나와 본도와는 별개'라는 의식을 가지고 있는가 하면, 국회의원이자 음악가인 기나 쇼키치喜納昌吉 씨처럼 아마미 제도구도 오키나와라고 주장하는 경우도 있다. 실제로 앞 절에서 언급한 '비일본인' 송환에 관한 이야기 속에도 아마미 제도구가 포함되어 있었다. 이처럼 생각하면 무엇을 기준으로 '오키나와 · 오키나와인'이라 할 것인지의 문제도 결코 단순하지 않음을 알 수 있다.

야에야마 이야기가 나온 김에 영화로 만들어져 화제가 된 소설

『사우스바운드』(오쿠다 히데오, 2005년)에 대해 소개하고자 한다. 주인공은 이전에 과격파였던 아버지의 아들인 초등학교 6학년 소년이다. 그는 아버지 우에하라 이치로가 사사건건 학교나 지역사회와 대립하는 것에 진절머리가 났지만, 아버지의 동지로 아직도 과격파에서 활동하고 있는 나카무라 아키라는 신뢰한다. 그러나 아키라가 과격파 내부 분쟁에 휘말려 살인을 저지르는 바람에 우에하라 일가는 도쿄에서 살 수 없게 된다. 새로운 정착지는 부친의 선조들이 살던 '오키나와이지만 오키나와가 아닌' 야에야마였다. 이시가키 섬石垣島(야에야마 열도 중의 하나)에서는 부친의 조부이자 전설 속의 투사인 우에하라 간진에게 신세를 졌다는 산라에게 융숭히 대접받고 이리오모테지마西表島의 폐가를 빌리게 된다. 그러나 이 폐가 주변은 도쿄에 있는 리조트개발회사의 소유물로, 부친은 현지의 토목건축업 사장이자 초町 의회 의원이기도 한 자마와 대립각을 세우게 된다. 결국 철거가 시작되었고 부친은 상해 및 공무집행방해죄로 체포되지만, 그날 밤 모친과 함께 탈주하여 전설의 낙원인 파이파티로마南波照間(〈파이파티루마〉를 의미한다. 실제로는 존재하지 않는 전설의 섬)로 향한다.

우에하라 이치로의 조상으로 설정되어 있는 '오야케 아카하치'의 전설을 모티프로 삼은 소설로, 아카하치가 야에야마를 침략한 류큐 왕조와 싸웠듯이 부친은 권력에 맞서 싸웠던 것이다.

좋은 작품이지만 한 가지 신경 쓰이는 것은 부친인 우에하라

이치로에 대해서 '짙은 눈썹과 큰 눈, 붉은 빛을 띤 곱슬머리'(11쪽)와 같이 흡사 '오키나와 사람'을 연상시키는 표상으로 묘사하고 있다는 점이다. 다른 곳에서는 '눈썹이 짙은 오키나와 용모'(417쪽)라는 표현마저 쓰고 있다. 만약 얼굴 생김새와 관련하여 유전자 정보에 의해 '○○인'이라고 말할 수 있게 된다면 '인종'이라는 개념, 더 나아가 '민족'이라는 개념도 실체를 가질 수 있게 된다. 그렇게 되면 인종차별을 뒷받침하는 사상으로 발전될 위험성을 배제하기 어렵다.

그것은 차치하고 여기에서 살펴보고 싶은 것은 우에하라 이치로가 이리오모테지마의 폐가에서 나가라는 요청을 받은 후 시민단체가 그를 찾아오는 대목이다.

> ……아버지가 몸을 일으켜 한쪽 무릎을 꿇었다. "난 당신네 같은 운동가에게는 더 이상 공감을 느끼지 않소. 좌익운동이 쇠퇴하자 활로로 찾아낸 것이 환경과 인권이지. 결국 운동을 위한 운동이지요. 냉전 이후의 미국이 필사적으로 적을 찾고 있는 것과 같은 모양새 아니겠소."
>
> "아니 어떻게 미국과 똑같이 취급할 수 있어요?" 여자 한 명이 놀라서 눈을 크게 떴다.
>
> "무엇보다도 환경과 인권이 중요하지 않습니까?" 나나에七惠의 아주머니가 말했다. "누군가가 들고 일어서지 않으면 오키나와는 점점 도쿄의 자본에 유린당하고 말거라고요."

"너무 심한 말은 하고 싶지 않소이다만, 오키나와 출신이라면 몰라도 내지 사람이 멋대로 남쪽 섬을 동경해서는 자기만족을 위해 환경보호운동을 하는 것은 달갑지 않은 얘기올시다."(같은 책, 433~434쪽)

오키나와 출신이 아니면 오키나와 환경보호운동을 해서는 안 된다는 것은 극단적인 말이지만 한편으로 진리와 상통하는 면이 없지 않다. 예를 들면 홋카이도의 니부타니二風谷에 댐이 생긴다고 했을 때, 전국에서 환경보호 지원자가 모여들어 대규모 반대 시위를 벌였다. 그렇지만 댐이 완성된 이후에도 계속해서 니부타니를 찾는 '운동가'들이 얼마나 되는지 궁금하다. 실은 이번에 다시 니부타니에 제2의 댐이 건설된다고 하는데 그 '운동가'들은 큰 반대 운동을 하지 않고 있다. 그야말로 축제가 끝난 뒤의 풍경처럼 한산했었다. 확실히 '자기만족을 위해 환경보호운동을 하는 것'은 긴 안목으로 볼 때 '달갑지 않은 이야기'인 것이다. 아이누에 대해 알려고 하는 의지가 그렇게 강하지도 않으면서 니부타니 운동에 참가한 일본 '본토'의 지식인들은 운동이 실패로 끝나자 결국 깨끗이 물러나고 만다. 이는 이시가키 섬의 공항건설 반대 운동이나 미군 기지의 나고 시名護市 이전 반대 운동과도 비슷한 상황이라 할 수 있다.

'운동'만이 아니라 '연구'에서도 마찬가지 현상이 일어나고 있는데, 근대 일본의 '제국帝國' 비판으로서 '아이누 문제'와 '오키나와 문제', 그리고 '재일조선인 문제' 등이 일종의 유행 테마처럼 되었다. 그리고 많은 연구자는 한결같이 비인간적인 그 수탈을 비판하고 있다. 그러나 여기서 잠시 짚고 넘어갈 필요가 있다. 연구자들이 그 정도의 '정치'적인 테마를 다루기 위해서는 당연히 '아이누'와 '조선', 그리고 '오키나와'에 대해서도 공부하지 않으면 안 될 것이다. '정치'에는 끝이 없다. 소설『사우스바운드』의 우에하라 이치로가 과격파 운동에서 손을 떼었음에도 불구하고 자신의 몸을 내던져 권력과 싸웠듯이, 표면상으로 ○○에 속해 있다는 것은 이 경우에 큰 의미를 갖지 못한다. 여기에서 필요한 것은 많은 희생이 따르겠지만 일생을 바쳐서라도 투쟁해가겠다는 의지이며, 칭찬받을 일도 없고 오히려 정신적으로 견디기 힘든 일이 헤아릴 수 없이 많이 기다리고 있다는 것을 알고 있으면서도 싸우겠다는 각오라 할 것이다.

예를 들면 '아이누'에 대해서 공부하지 않고 근대 일본이 저지른 '아이누'에 대한 비인도적 정책 등을 들춰내 보았자 그것은 일본 '국가어'=국어(즉 '내지'에 일원화된 가치관)로 이루어지는 것이며, '제국'과 '권력'의 무리가 지금까지 자행해 온 것과 비교해도 '양심적'이라는 것 말고는 큰 차이가 없을 것이다. 그러나 그들은 그와 같은 자신들의 운동과 학문이 '권력과의 싸움'이라고 믿고 있기 때문에 스스로가 '양심적 제국주의자'로 취급받기 쉽다는 사실을 알아차리지 못하고 있을지도 모른다.

이에 대해서는 더 이상 언급하지 않겠지만, 확실히 사회운동에는 자아실현이라는 측면이 있다. 여성운동가가 '나'를 말하고 싶어하는 것이나, 혁명가의 수기가 '자신'을 이야기하는 것 등이 이것을 여실히 증명하고 있다(다카하시 준). 물론 그것이 나쁜 것도 아니고 보다 높은 동기를 부여할 수 있다는 점에서 필요한 것이라 할 수 있을지도 모른다. 그러나 그와 같은 '자기만족'의 연장선에서 '내지'의 인간이 '홋카이도'나 '오키나와'의 운동에 참여한다면 역시 그 인물은 스스로가 속한/소속된 '내지'의 '정치'를 짊어진 채 움직이고 있다는 자각이 필요하다. '정치'에 의해 막다른 곳으로 내몰리고 있는 것은 '오키나와'나 '아이누', '재일在日' 등의 마이너리티뿐만 아니라 '내지'의 머조리티도 마찬가지다. 단 서장에서도 말한 바와 같이 머조리티가 속한 '내지'의 정치성은 스스로가 머조리티인 만큼 잘 보이지도 않고, 그 '정치'를 알아차릴 기회도 적다. 게다가 가해자적인 입장에서 '정치'의 장으로 내던져지기 때문에 곤혹스럽지만 '반성'하지 않으면 안 되는 난처한 처지이기도 하다.

오키나와를 다룬 또 다른 소설로 고도코로 세이지 씨의 『접근』(2003년)이 있다. 시대적 배경은 제2차 세계대전 말기의 오키나와 지상전이 한창일 때이다. 일본계 2세가 스파이로 잠입하지만 그것이 누구인지 마지막까지 알 수 없도록 구성되어 있어 미스터리로서 읽을 만한 작품이다.

오늘도 포탄 폭격의 하루가 시작된다.

사카노는 소년으로부터 눈을 돌려 이승에서 마지막이라고 생각했던 짙푸른 숲을 되돌아보았다. 함정의 포탄과 항공기의 폭탄이 쏟아져 내리기 전에 용무를 마치려는 사람들이 관측기가 사라진 하늘 아래에서 다시금 분주하게 움직이기 시작했다. 개화의 절정기가 훌쩍 지나 화려함을 잃은 히칸자쿠라緋寒桜(야생벚꽃)가 그런 사람들을 상징하듯이 무기력한 정취로 군집해 있었다.

벚꽃이 필 무렵.

제32군의 고급 참모가 와카和歌로 읊은 구句라고 한다. 오키나와의 건아들도 슬로건이나 되는 것처럼 입에 달고 살았던 모양인데, 오키나와 사람들에게 가장 친숙한 벚꽃이라고 하면 히칸자쿠라이고 1월 하순에는 개화를 시작한다. 3월 하순 ― 일본인에게 가장 친숙한 소메이요시노染井吉野(왕벚나무)가 일본 본토에서 개화를 시작할 무렵에 오키나와에서 전투가 시작되었다는 사실은 아이러니하게도 오키나와 현민과 제32군의 인식 차이를 상징하고 있었다.(같은 책, 174~175쪽)

지금도 '벚꽃이 필 무렵에는……'이라는 말이 관공서 등에서 자주 사용되고 있는데, 이 말은 전시 중에 오키나와 지상전을 예측할 때에 일본군이 사용했었다고 한다. 오키나와의 지상전은 3월에 자마미座間見에서 시작된 뒤 4월에 본도本島 상륙이 이루어졌기 때문에

이 '벚꽃'은 틀림없이 소메이요시노를 가리키고 있을 것이다. 고도코로 씨의 소설에 보이는 바와 같이 오키나와의 벚꽃은 소메이요시노가 아니다. 오키나와에서 벚꽃이라고 하면 1월 말에 피는 '히칸자쿠라'를 가리키는 것이 분명할 터인데, 이러한 점에서도 일본군은 '내지'의 감각을 밀어붙였던 것이다.

같은 말이라도 오키나와와 '내지'는 받아들이는 방식에 차이를 보이는 경우가 가끔 있다. 기후와 문화적 배경이 다르니 당연한 일이겠지만, 이를 '자꾸만 잊어버리게 만드는' 것이 '내지의 정치력'이다. 그리고 오키나와 사람이라면 '거무스레한 피부'와 '오키나와 용모'를 떠올리며 '내지'와는 다른 사람으로 인식하기도 한다. 이런 실상을 필자의 말로 정리하면 다음과 같다.

'내지'의 인간은 무의식중에 '오키나와'를 '내지'의 연장선상에 있다고 생각하지만, 거기에 사는 사람들에 대해서는 '내지'와는 다른 규격을 가진 것으로 인식하고 있다. '오키나와'가 비록 '내지'의 가장자리에 있기는 해도 거기에 사는 사람들은 '내지인'과는 다르다고 생각하고 있다. 즉 '오키나와인'을 '내지인'의 규격에 결손이 있거나 혹은 결여된 존재로 보고 있는 셈이다. '내지'의 인간이 '오키나와'를 아무 생각 없이 일본의 '원풍경原風景(옛 모습)'으로 보고 싶어 한다면 그야말로 '오키나와'를 '대등하게 진화되지 못한 사회', '정체되어 있는 사회'로 보고 있는 것이나 다름없다. 무의식적으로, 그리고 선의에서 말이다. 이것이야말로 '무의식적인 선의의 내셔널리즘'에 의해 오키나와를 '끌어안으며 절취'하는 상황이라 하겠다.

이러한 현상은 오키나와에서만 일어나는 것이 아니다. 앞 절에서도 조금 언급하였듯이 홋카이도도 이와 상황은 다르지만 역시 '내지'와는 다른 존재로서 자기규정 할 수밖에 없는 처지에 놓여 있다.

2006년 3월에 『애한 · 한애사전愛韓 · 韓愛辭典』(홋카이도교육대학 아사히카와旭川교 아이누 · 한국 가교프로젝트)의 편찬을 돕기 위해 아사히카와를 방문했다. 아사히카와는 아이누어로 ciu-pet라고 하는데, 아사히카와로 흘러드는 강의 이름에서 유래한다. ciu는 '동東'이라는 의미이고, pet은 '강'을 뜻한다. 아사히카와라는 '일본명'은 이 아이누어의 의미에서 의역意譯된 것이다. 또 아사히카와로 흘러드는 강은 '추베쓰가와忠別川'라 하며 아이누어 발음을 그대로 살려 한자를 붙였다.

홋카이도교육대학 아사히카와교는 '치카부미近文'라는 아이누 · 코탄(마을: 아이누어)에 인접해 있다. 이 '치카부미'라는 지명은 새 · 있는 · 곳(cikap-un-i)이라는 의미로, 이것도 아이누어의 음을 한자로 모뜬 형태이다. 도시 지역에 아이누 · 코탄이 있는 경우는 드물지만 이와 같은 환경이 홋카이도교육대학 아사히키와교에서 추진하는 아이누어 연구에 영향을 미치고 있다. 예를 들면 '아이누어 라디오 강좌(아사히카와방언)'(2004년, STV라디오, 오타 미쓰르 강사)와 그 텍스트를 발전시킨 『기초 아이누어』(이즈쓰 가쓰노부 · 데즈카 요리타카, 2006년)는 이러한 환경에 의해 태어난 것이라 해도 과언이 아니다.

실은 그때 이 '텍스트'를 한국어로 번역하기 위한 프로젝트를 필자가 지원했던 것인데 여러 사정으로 '사전'만 간행되었다. 이와 관련된 사정은 본제로부터 벗어나기 때문에 생략하겠지만 번역 과정에서 느꼈던 하나의 큰 위화감은 언급해 둘 필요가 있다. 그것은 '내지'나 '와징和人・倭人'과 같은 말을 번역할 한국어가 없다는 점에 대한 곤혹스러움이었으며, 작업을 통해서 느껴지는 근대 일본 '국가'의 뒤틀림과 그 표출에 의한 위화감이었다.

텍스트는 홋카이도에 거주하고 있는 독자를 염두에 둔 예문이 만들어졌다. 그러므로 '아이누'에 대비되는 말로서 '와징', 그리고 홋카이도에서 일본 '본토'를 볼 때는 '내지'라는 말을 사용하고 있다. 그랬다, 역시 홋카이도에도 '내지'라는 말은 살아 있었고, 홋카이도는 그 '내지'에 포함되지 않는 것으로 자기규정 되어 있는 것이다.

번역 이야기로 되돌아가면, 이러한 단어에 대해서는 단순하게 한자를 그대로 한글로 독음하는 **방법**도 있을 것이다. 그러나 그래가지고는 '번역'을 했다고 할 수 없을 것이다. 그러면 '와징'이라는 말을 '일본인'으로 번역해 버린다면 어떻게 될까. 아이누도 일본 '국민'이며, 일본 '국적'이라는 사실에는 변함이 없다. 그렇다면 '와징'을 '일본인'으로 번역하는 것에 문제가 없다고 말하기는 어렵다. 더구나 '내지'라는 말은 단순히 '혼슈本州'를 의미하는 것이 아니기 때문에 단순히 한마디로 번역할 수는 없다.

홋카이도에서는 지금도 '내지'라는 말을 사용하는데, 그 의미는 (주요 네 섬 중에) 홋카이도 이외의 세 섬을 가리키는 것 같다. 또한 오키나와에서의 '내지'는 '다른 부현'을 가리키는 말이라는 것은 쉽게 상상할 수 있다. 그런데 정작 일본 '본토'의 사람들은 오키나와와 홋카이도에서 이처럼 자기/타자의 상像을 구축하고 있다는 사실을 전혀 눈치채지 못하고 있다. 머조리티는 마이너리티에 대해 신경을 쓰지 않고도 살아갈 수 있지만, 마이너리티는 머조리티를 무시하고는 살아갈 수 없다는 양상이 여기에도 나타난다.

전후의 일본에서는 '내지'와 '외지'라는 구분이 표면상으로는 없어졌다. '외지'란 타이완이나 조선과 같이 1895년 이후에 획득한 식민지를 가리킨다는 '정의'를 그대로 사용하자면, 패전 후에 식민지를 포기함으로써 표면적으로 '외지'는 존재하지 않게 되었기 때문이라는 설명이 가능할 것이다. 그러나 이런 설명으로는 오키나와와 홋카이도가 패전 이전부터 현재에 이르기까지 '내지'로서 인식되지 않고 있었다는 측면이 은폐되고 만다. 따라서 이 '내지'란 무엇인가를 다시 한 번 되묻지 않으면 안 되는 것이다.

1895년 이후에 획득한 식민지='외지'에는 예를 들면 타이완, 조선 등이 있다. 남사할린도 앞에서 살펴본 '공통법'에서는 '내지'에 포함되어 있지만, 역시 일반적으로는 '외지'라 불리고 있다. 관동주 등의 조차지, 남양청 등의 위임통지령은 엄밀히 말하면 '식민지'는 아니었지만 통상적으로 '외지'라 불리고 있었다 한다. 이들을 제외한 현재의 47도도부현都道府縣이 '정의' 상으로는 거의 '내지'와 일치한다. 그런데 홋카이도와 오키나와는 '외지'는 아니지만 그렇다고 '내지'도 아닌 미묘한 위치에 있음을 알 수 있다. 홋카이도와 오키나와에서는 '혼슈'와 '규슈', 그리고 '시코쿠'를 확실히 '내지'로 여기고 있다.

그런데 '시코쿠'와 '규슈' 역시 언제나 분명한 '내지'로 존재해 왔는지 의문이 드는데, 실은 그렇지는 않다. 특히 '시코쿠' 같은 경우는 '혼슈'와 연결하는 다리가 생겨서 이미 육지로 이어져 있다고 할 수 있지만, 아직도 '혼슈'='내지(본토)'와 대치되는 이도離島의 측면을 가지고 있다. 이러한 간극은 '내지'와 '외지'의 원근법이 여전히 유효하다는 사실을 웅변해 주고 있다.

패전 전의 일이다. 1936년에 부임한 조선총독 미나미 지로는 '천황의 행차를 맞이하겠다'는 목표로 '조선을 규슈나 시코쿠와 다름없는 내지의 한 지방'(『미나미 지로』, 미나미 지로 전기간행회 편, 1957년, 473쪽)으로서 취급해야만 한다는 의견을 가지고 있었다. 여기에 조선과 대응하는 것으로 제시된 곳이 '규슈나 시코쿠'라는 점은 중요하다. '추고쿠中國 지방이나 도카이東海 지방'도 아니고 '도호쿠東北나 호쿠리쿠北陸'도 아닌 '규슈나 시코쿠'. 이러한 점에서 당시의 '규슈나 시코쿠'는 '준準내지'라 할 만한 위치에 있었다 하겠는데, 역시 '혼슈'에서 떨어져 있다는 점이 이들 지역의 상대적인 입장을 저하시키고 있었음을 유추해 볼 수 있다.

반복해서 말하지만, 이러한 일들은 '내지'의 정치성에 의해 이루어지는 것이다. '내지'라고 하면 어쩐지 내륙과 같은 인상을 주지만 어차피 섬이다. 그러므로 시대에 따라서 '내지'는 주위 섬을 받아들여 늘기도 하고 줄기도 한다. 전쟁 전에 터널을 파서 '혼슈'와 연결된 '규슈'는 지금 '완전한 내지'가 되었고, '시코쿠'는 향후 '완전한 내지'가 될 가능성을 지닌 지역이라 할 수 있지만, '홋카이도'와 '오키나와'는 여전히 '내지'가 될 수 없는 상태에 머물고 있다. '내'란 '외'를 상상=창조함으로써 비로소 성립되는 것이며, '내'(머조리티)의 안정과 안심은 '외'(마이너리티)의 배제 위에 성립되는 것이다. 그렇다면 식민지를 상실한 일본의 '내지'에 있어서, 그 안정을 지탱하고 있는 유일한 안전판은 '홋카이도'와 '오키나와'의 존재라 할 수 있으며, 그런 까닭에 '홋카이도'와 '오키나와'는 비'내지'로서 기능할 수밖에 없는 것이다. 덧붙여 말하자면 요즘 세간에 오르내리고 있는 도주제道州制 도입 시안에 '홋카이도'와 '오키나와'만 현재의 행정구획 그대로 '단독의 도道 · 주州'로 남거나, 혹은 '단독의 도 · 주'를 지향하고 있는 것도 이러한 사정과 맥락을 같이하는 것이라 하겠다.

3. 홋카이도北海道의 처지, 재일在日의 처지

도쓰카와十津川 온천(나라 현)에 갈 기회가 있어서 시바 료타로의 『가도街道를 가다 12 도쓰카와 가도』(1983년)를 읽어보니 몇 군데 신경 쓰이는 기술이 있었다.

시바에 의하면 이 도쓰카와 향鄕은 다이코겐치太閤檢地(도요토미 히데요시가 조세 징수를 위해 1582~1598년 사이에 실시한 토지 조사) 이후에도 조세를 면제받아 왔는데, 그 이유는 세금을 징수할 수 없을 정도로 가난했기 때문이라고 한다. 권력자에게는 가난한 이 지역을 다스릴 만한 가치가 없었으므로 '일촌합의一村合議'[3]라는 일종의 공화국과 같은 양상을 띠고 있었다 한다.

---

3) 촌村(한국의 면面 단위 정도의 크기) 구성원의 합의에 의한 자치의 실행. 여기서는 도쓰카와 향의 특수한 형태로 이루어진 자치를 가리킨다. — 옮긴이 주.

지킨다고 해도 외계外界로부터 지켜낼 만한 부富가 있는 것은 아니다. 오히려 반대로 가난함貧을 — 빼앗으러 오는 세력도 없었지만 — 외계로부터 열심히 지켜왔다고 하는 것이 정확할 것이다.

메이지까지의 도쓰카와 향의 역사는 외계에 대정변이 있을 때마다 승자와 접촉하고, 그 **증표**로서 전투자의 피를 제공함으로써 도쓰카와 식의 자치와 무세無税의 전통을 보장받기 위해 노력해 온 역사라 해도 좋다.(같은 책, 111쪽)

초슈長州(현재의 야마구치 현의 서부)의 군대가 무장 상경해서 이른바 하마구리고몬의 변蛤御門ノ變(1864)이라는 소동을 일으켰지만, 도쓰카와 향의 무사 200명은 제번諸藩의 정략과는 관계없이 오로지 성문을 지키는 일에만 열중했다.

"오늘 밤은 도쓰카와 사람들이 문을 지키고 있으니 안심하고 잘 수 있겠다"는 고메이 천황孝明天皇의 혼잣말이 도쓰카와에 전해 내려오고 있다. 고메이 천황은 **존왕**尊王을 내건 초슈에 공격당했으며, 나중에 막부幕府 타도를 결의한 사쓰마 번의 무력을 배경으로 삼은 궁정귀족 이와쿠라 도모미岩倉具視에 의해 독살되었다고 전해진다. 이러한 정세 속에서 그저 '안도安堵'만을 기원하며 상경한 산촌의 순박한 병사가 문을 지켜주니 분명 안심이 되었을 것이다.(같은 책, 115쪽)

삿초도히薩長土肥(일본의 개혁을 주도한 사쓰마 번, 초슈 번, 도사 번土佐藩, 히젠 번肥前藩)의 **연줄**로 신정부의 관원이 된 자도 없었다. 이 점은 칭찬할 만한 일이다.

단 도쿄로 천도한 이후 아마도 메이지 10년(1877)대 무렵까지 치요다 성千代田城 성문의 경호를 맡은 경관(황궁경찰관)의 채용은 삿초도 번 출신자로 제한되어 있었는데, 여기에 도쓰카와 향 출신 자들도 끼어 있었다. 막부 말기에 황궁 경비를 맡았던 인연이 이때까지 이어졌지만, 이 정도를 가지고 혁명에 가담한 대가였다고 말하기는 어려울 것 같다.

요컨대 도쓰카와 향민은 막부 말기의 무진전쟁戊辰戰爭(1868)에 출정했다가 메이지유신 이후 향촌으로 돌아와 본래의 생활을 이어가게 된다.(같은 책, 116쪽)

이러한 내용은 사실일 것이다. 하지만 메이지 시대 이후의 도쓰카와가 단순히 '순박'했다는 생각에는 찬성하기 어렵다. 1889년 8월 18일부터 3일간 도쓰카와에 집중호우가 쏟아져 168명의 사망자와 2,600명의 이재민이 발생했다. 이때의 이재민 2,600명이 마을을 버리고 홋카이도의 '황무지'에 신新 도쓰카와 촌을 건설했는데, 이에 대해 시바는 다음과 같이 설명한다.

〔사쓰마 출신의〕 나가야마 다케시로永山武四郎는 메이지 18년

(1885) 둔전병屯田兵(메이지 초기에 홋카이도의 개척과 경비를 위해 두었던 병사) 최고 지휘관인 육군 소장에 임명되면서 둔전병 본부장에 취임한 뒤, 메이지 21년(1888)에는 신제도에 의해 만들어진 홋카이도 청 장관이 되었다.

도쓰카와의 수해는 그 이듬해에 일어났는데, 나가야마는 때마침 도쿄에 출장 중이었다.

마에다 마사유키前田正之가 나가야마를 찾아가 도쓰카와의 수해와 관련된 일처리를 부탁하여 그 즉시 양해를 얻을 수 있었던 것은 나가야마가 무진전쟁을 통해 마에다를 이미 알고 있었다는 점과 막부 말기의 도쓰카와 향의 활동에 대해서도 관심을 가지고 있었기 때문일 것이다.

마에다가 일처리를 부탁한 것은 9월 7일인데, 도쓰카와의 이주자들이 고베 항神戸港을 출발한 것은 그다음 달 10월 24일이다. 이렇게 빠른 조치는 나가야마의 적극적인 노력의 결과라 할 수도 있고, 또 한편으로는 막부 말기 이래로 도쓰카와 향의 무사가 열심히 해온 것에 대한 **보답**으로 취해진 조치가 고작 이주의 신속한 결정 정도에 머물렀다고 할 수 있을지도 모른다.(같은 책, 149쪽)

마에다는 막부 말기 이후의 도쓰카와 향을 대표하는 인물로서 '황궁경찰의 경부 등으로 근무하다가 40대에 그만둔 뒤 도쿄에서 은거하며 지냈다'고 한다. 그를 비롯한 도쓰카와 향민이 출세하지 못한 이유에 대해 도쓰카와 향에서는 '학문이 없었기 때문'이라는 말을 자주 한다고 한다(같은 책, 145쪽).

그러나 많은 인원을 수용하기 위한 신속한 대응을 비롯하여, 도쓰카와 향민이 전입한 땅은 결코 단순한 '황무지'가 아니라 많은 아이누가 살고 있던 토지였다는 점을 생각하면 그들을 '순박'한 산촌 사람으로만 보는 것은 단면적이라는 생각이 든다.

그들이 이전한 곳은 '소라치空知' 일대였다. so-rapci-pet라는 강 유역으로, 의미는 '폭포가 · 거세게 쏟아져 내리는 · 강'이다. 당연히 아이누의 땅이었다. 그곳에 도쓰카와의 사람들을 보낸 것이다. 물론 이것이 직접적으로 아이누 차별로 이어진다고 말할 생각은 없지만, 이와 같은 일화는 메이지 정부에 의해서 '임자 없는 땅'이자 일본의 '고유의 영토'(즉 이른바 '외지'는 아니다)라는 인식하에 선주민인 아이누로부터 빼앗는 형태로 추진된 '개척'이, 역시 '내지'를 떠나지 않을 수 없었던 사람들에 의해 이루어졌다는 것을 말해주고 있다. 결론부터 말하자면 나중에 만주로 '개척'이민을 보내게 되는데, 이때의 도쓰카와 향의 홋카이도 이민이야말로 그 원형으로 생각해 볼 수 있을 것이다. 분명히 나중에 있을 식민지 경영의 예행연습으로서 홋카이도 경영은 시작되었고, 도쓰카와 향은 메이지 정부의 의도에 딱 맞아떨어지는 형태로 이주하게 된 것이다.

이러한 '신 도쓰카와 촌'의 건설에 얽힌 이야기는 『북으로 가는 나그네들—신 도쓰카와 이야기』(가와무라 다카시, 1977년)라는 소설

로 출간된 바 있다. 이 소설은 '로보노이시路傍の石문학상', '일본아동문학자협회상', '산케이産經아동출판문화상' 등을 수상했다. 내용은 후키라는 도쓰카와의 여자아이가 9살 때에 겪은 큰 수해로 말미암아 홋카이도의 '신 도쓰카와 촌'에서 성장해 가는 모습을 그린 것으로, '비극의 도쓰카와' 출신임에도 불구하고 역경에 굴하지 않고 열심히 노력하는 사람들을 그린 작품이다. 그러나 이 작품은 선주민인 아이누에 대해서는 직접적으로 언급하지 않고 있다.

아마도 앞에 나왔던 마에다 마사유키 역시 마을을 대표하여 유신정부를 추종해 갔을 것이다. 그러나 권모술수가 난무하는 '정치'세계를 좇아가는 것도 벅차서 '황궁경찰의 경부' 정도밖에 되지 못했던 것은 아닐까. 그러나 삿초 측에 붙어서 쌓아온 '정치적 자원資源'은 도쓰카와가 큰 수해를 입고 나서야 비로소 활용된다. 마침내 홋카이도에서 '살 수 있는' 땅이 준비된 것이다.

필자는 여기에서 도쓰카와 촌을 책망하거나 혹은 시바 료타로를 비판하려는 것이 아니다. 다만 사실이라는 것은 피해자와 가해자 양쪽의 주장을 다 들어본 뒤에야 비로소 의미를 가진다는 말을 하고 싶은 것이다. 설사 비옥한 아이누의 토지를 제공받았다 하더라도 신 도쓰카와로 이민 간 사람들의 고생은 막심했을 것이다. 그러나 그 이상의 고통을 아이누 사람들에게 강요했다는 점에 문제가 있지 않은가. 그렇다고 시바 료타로가 일방적인 견해를 가지고 있었다든지,

사실을 단면적으로만 파악하고 있었다는 비판을 하고 있는 것은 아니다. 오히려 그가 '와징和人 · 倭人'이라는 일본 '국민국가'의 틀 안에서밖에 사고할 수 없는 '한계'를 드러내고 있음을 지적하는 것이야말로 보다 중요한 일이라고 필자는 생각한다.

두서없는 이야기가 되고 말았는데, 홋카이도는 이렇게 해서 비'내지'로서 모습을 드러내게 된다. 그것은 '임자 없는 땅'이자 자립할 수 없는 '내지'의 농민들에게 주어진 '개척지'였으며, 다가올 아시아 진출의 예행연습지기도 하였다. 이러한 관점에서 볼 때 홋카이도와 아이누는 역시 일본 메이지 정부의 희생양이었다 해도 좋을 것이다.

> "초센, 초센, 빠까스루나"[4)]라며 요란하게 떠드는 사람들은 자기 자신의 문제는 깨닫지 못하고 우월자로서의 '일본인' 의식을 자연스레 강화해 갔는데, [패전 전] 당시 많은 '일본인 민중'은 멸시당하는 사람들이 있음으로써 비로소 자신들이 '우월자'가 될 수 있다는 '불행'을 짊어지고 있었던 것이다. 이 경우의 '불행'이란 타인을 멸시함으로써 자신의 존재감을 찾고 그러한 자신이 절대적으로

---

4) '조선인을 바보 취급 하지 마라'라는 말은 일본어로 원래 '초센징오 바카니 스루나(朝鮮人をバカにするな)'라고 해야 하지만, 일본에 정착한 제1세대 재일조선인들의 일부는 일본어 발음에 익숙하지 못하여 '초센 빠카 스루나'라고 하는 경우가 있었다. 본문에서는 이를 일본인들이 역으로 흉내 내며 놀리는 정황을 말하고 있다.— 옮긴이 주.

'우월자'라는 기만에 몸을 맡기는 것이다.(하라지리 히데키, 『'재일'로서의 코리언』, 1998년, 16~17쪽)

이와 같이 '멸시'에 의해 '자신의 존재감'을 발견한다는 과정은 일본 '본토' 즉 '내지'의 사람들이 홋카이도와 아이누를 '멸시'했던 일에서 시작되고 있음을 알 수 있다. '내지'와 '홋카이도' 사이에서 전개된 이 같은 시선은 마침내 '내지'와 '외지'라는 이항대립으로 발전하는 것이다. 그러므로 아시아에서 전개된 '차별'은 일본 국내의 문제라 할 수 있으며, 실제로도 그렇다.

이상과 같이 홋카이도는 '임자 없는 땅'으로서 '일본 고유의 영토'에 편입되는 한편으로 비'내지'로서 아시아 침략의 원형이 된다. 이는 홋카이도가 일본이면서도 이른바 '일본(내지)'이 아니라는 모순된 지위를 강요하는 순간이기도 하다. 이처럼 '끌어안고 절취한다'는 점에서 오키나와와 비슷한 구조가 성립된다.

그러나 여기에는 오키나와와는 다르게 단순히 '와징(내지 사람)' 대 아이누라는 도식만이 아니라, 홋카이도에 개척이민으로 들어온 사람 및 그 자손들도 홋카이도=비'내지' 사람으로 토착화되어 '내지'와 대립하는 위치에 놓이게 되었다는 복잡한 사정을 내포하고 있다. 그리고 그 복잡한 사정의 여파는 최종적으로는 아이누를 향한다. 아이누는 '와징'과 대치對置될 뿐만 아니라, '내지'로부터 비'내지' 취급을 당하는 이중의 정치역학을 받을 수밖에 없기 때문이다.

이처럼 '내지'에 의해 '절취된' 비'내지'는 '본토'라는 구획 이외의 장소와 그 장소에 정착한 사람들을 에워싸고 있을 뿐만 아니라, 자의적으로 '(개척)이민'까지 '절취'하는 일조차 발생하는 것이다. 그런데 이로써 비'내지'에 의해 담보된 '내지'도 자의적인 존재, 즉 자의적인 비'내지'라는 거울에 비친 상(이미지)에 불과하다는 것을 알 수 있게 된다.

그럼에도 불구하고, 아니 그래서 더욱 '내지'는 비'내지'를 '절취'하고 배제하여 '우월자'로서의 위치를 확보하는 기만에 빠지게 된다. 그리고 그렇게 함으로써 '자신의 존재감'=상像으로서의 〈진정한 일본='내지'(인)〉라는 이미지를 획득하고 내면화하는 것이다. 이와 같은 구조가 패전 후의 일본 사회에서 결코 없어진 것이 아니다. 물론 이때까지의 '눈에 보이는 차별'('초센, 초센, 빠까니스루나'라는 비웃음)에서 오히려 '눈에 보이지 않는' 심리적인 차별로 변했다고 할 수 있을 것이다. 그리고 그 심리적 차별이라는 것도 지금은 의식적인 것이 아니라 무의식적이며 배제시키고 있다는 자각조차도 없는 (그러므로 선의적인) 것('무의식적인 선의의 내셔널리즘')으로 변화하고 있다.

예를 들면 재일조선인과 같은 마이너리티 운동에는 반드시라고 해도 좋을 정도로 시민운동 등의 지원자가 나타난다. 픽션이기는 하지만 제2절에서 살펴본 『사우스바운드』의 시민운동가가 그 좋은 예다. 그러나 이들 시민운동가들은 때때로 재일조선인을 중심으로 받

들면서 그 후방을 지원하는 운동 형태에 의문을 가지지 않음으로써, 자칫 재일조선인을 위해 움직이고 있는 것인지, 아니면 재일조선인을 움직임으로써 자신의 주장을 사회에 호소하고 있는 것인지 모를 때가 있다.

그 예로서 재일조선인 정치학자인 강상중 씨는 자서전『재일在日』(2004년)에 다음과 같이 기술하고 있다.

> 지문날인 거부로부터 1년, 나는 시의 고발 없이 체포된 이상호李相鎬 씨와 같은 역경에 굳이 몸을 맡길 것인지, 아니면 그것을 회피할 것인지 그 딜레마에 빠지게 되었다.
>
> 체포를 각오한다면 나의 저항은 보다 큰 반향을 불러일으키고 지원자의 폭도 넓어질 것이며 '거부운동'도 탄력을 받을 게 틀림없다. 또 개인적으로도 그럴싸한 '영웅' 취급을 받게 될 것이다. 무엇보다도 그렇게 함으로써 나의 저항은 일관성을 지닐 수 있게 된다.
>
> 하지만 정규직을 얻지 못하여 생계를 꾸려가기도 힘든 연구자의 신분으로 과연 그런 '위험'을 감내해 낼 수 있을까.
>
> 아니 애당초 내가 왜 이러한 역경을 감내해야만 하는가. 1세는 물론이고 2세까지도 지금까지 참으로 많은 피해를 겪지 않으면 안 되었다. '재일'에게 '희생'을 감수함으로써 지속되는 '운동' 따위가 도대체 무슨 소용이 있겠는가. 나는 마음속에서 번민하고 있었다.

내 마음속의 번민을 알아차렸는지 지원자들 사이에 동요가 확산되려는 조짐을 보였다. 선택의 날이 임박해 있었다. 나의 '결단'을 알릴 때가 왔다. 내 마음은 정해져 있었다. 날인이다. 미련은 남았지만 그렇게 할 수밖에 없다고 정해놓고 있었다.

하지만 내가 그 사실을 알리자 모여든 지원자들 사이에 무거운 공기가 퍼져나갔다.

어느 시의 공무원으로 일하는 지원자가 약간 실망한 기색으로 입을 열었다. "이 지문날인제도를 철폐하는 운동은 역시 당사자의 고발과 저항이 있어야 비로소 지속될 수 있지 않습니까. 강상중 씨가 열심히 하는 한 저도 최선을 다해 지원하겠다는 생각을 하고 있었습니다만……. 강 선생이 꺾이고 만다면……."(같은 책, 152~153쪽)

이에 대해 약간 부연 설명을 하겠다. 1980년대 일본 각지에서 재일조선인에 의한 '지문날인 거부' 운동이 일어났다. 강상중 씨는 사이타마 현埼玉縣에서 지문날인 거부 제1호가 되었다고 한다.

인용문 중에 등장하는 지원자는 사회정의를 위해서 운동하고 있다는 의식이 있으며, 필시 반권력적인 사고방식을 지녔다고 자임할 것임에 틀림없다. 그러나 재일조선인이라는 구舊 '외지' 출신자를 '당사자'로 규정하고, 자신은 후방지원으로 '사회선社會善'을 행하고 있다는 인식에 대해 역시 문제가 없다고는 말하기 어렵다. 앞에서도 언급한 바와 같이 〈내지〉는 비'내지' 혹은 '외지'를 배제함으로써 담보된 거울에 비친 이미지일 뿐이다. 그렇다면 그 재일조선인 문제도 '내지'의 문제이자 이를 만들어내는 무의식의 문제가 아니겠는가. 만약 그것을 알고 있었다면 이 지원자도 후방 지원이 아니라 바로 자신의 문제로서 싸웠을 것이 틀림없다. 그러나 강상중 씨에게 불만을 제기한 지원자는 스스로가 이와 같은 '무의식'에 의해 '재일조선인'과 '일본인'을 나누고 있음을 깨닫지 못했기 때문에, 자신은 '지원하는 것으로 할 일을 다했다'고 생각하는 것이다. 그렇다. 그는 불쌍한 재일조선인을 위해 일본인의 양심을 대표해서 지원했을 것이다. 그러나 그것이 '선의'에 의한 것일지라도 재일조선인을 일본 사회로부터 '절취하는' 점에 있어서는 체제 못지않게 배제에 가담하고 있는 것이다.

이와 같이 '내지'='진정한 일본'적인 구조가 지금도 살아 있는 것을 확인해 보았으니 이제는 그러한 구조로 인해 고통 받는 마이너리티의 전략에 대해 살펴보도록 하자. 여기에서는 앞에 나온 인용문의 저자이자 현대 일본의 가장 유명한 정치학자 중의 한 사람인 강상중 씨를 예로 들고자 한다.

강상중 씨는 베버의 연구자로, 1980년에 독일 유학에서 귀국한 뒤 궁색한 생활을 보냈지만 출판 제의가 들어오는 등 충실한 일면도 있었다는 취지의 말을 저서인 『재일』에서 하고 있다. 『내셔널리즘의 극복』(모리스 히로시 씨와의 공저, 2002년)에서 본인이 언급하고 있는 바와 같이, 그는 "1983년인지 84년쯤에" 8월 15일에 관련된 문제에 대하여 아사히 신문 논단에 투고했다. 그리고 아사히에 투고한 글이 발표되자 "이런저런 일들로 지문날인 문제가 발생했다. 1985년의 일입니다"와 같이 쓰고 있다(같은 책, 130~131쪽).

실제가 그랬다. 아사히 신문에 '8월 15일' 문제를 투고하였고, 지문날인 거부로 대중 언론 매체에 오르내렸으며, 오차노미즈쇼보お茶の水書房에서 연구서를 출판하였고(『막스 베버와 근대』, 1986년), 타고난 용모와 매력적인 목소리, 그리고 특유의 말투를 무기로 텔레비전의 토론 방송에서 활약하게 되었던 것이다. 실로 그는 전략적으로 행동하고 있었음에 틀림없다.

요코야마 겐조横山建城 씨는 강상중 씨가 텔레비전의 토론 방송에 나오기 시작했을 때의 일을 다음과 같이 회상하고 있다.

> 내가 강상중 씨를 처음 만난 것은 20세의 학생 때였다. 생각해 보면 그때의 강상중 씨는 바로 지금의 나와 같은 연령이었다. 기예한 베버 연구자로서 광채를 발하던 '대단한' 그 사람이 「아침까지 생방송(정치에 관련된 심야토론)」이라는 소란스러운 방송에 출연하고 있는 것을 심야 영업을 하던 직장의 텔레비전을 통해 확인하고, '도대체 어떻게 된 일이지?'라는 생각을 했던 것은 입사한 지 얼마 안 되었을 무렵의 일인데, 그것이 마치 어제 일만 같다. 이제야 당시의 강상중 씨도 어쩌면 지금의 나와 같은 초조감에 사로잡

혀 있었을지도 모르겠다는 생각을 해본다.(강상중/「아리에스」 편집부 편, 『강상중에게 물었다!』, 2005년, 194쪽)

물론 강상중 씨의 앞의 인용문에서 엿보이는 '역경에 처해 번민하는 순박한 청년'이라는 면을 전적으로 부정할 심산은 없거니와, 그에게 그와 같은 일면이 있었을 것으로 생각한다. 또 그가 토론 방송에 나왔을 때도 사회문제에 대해 발언해야 한다는 '초조감에 사로잡혀 있었을' 것으로도 생각한다. 그러나 그렇다 하더라도 그의 행동을 '어떻게 된 일이지?'라는 식으로 받아들일 수는 없다. 강상중 씨는 극히 전략적인 행동을 취하고 있었던 것으로 생각되기 때문이다.

이렇게 말하면 필자는 또 비판받을지도 모른다.

"너는 마이너리티의 전략을 비판할 참이냐?"라고.

먼저 말해 두고 싶다. 필자는 강상중 씨의 전략이 잘못되었다고는 생각하지 않고 있다. 다만 이러한 언설을 검증도 하지 않고 그야말로 순박하게 받아들이는 것은 지적태만이라는 비난을 면할 수 없다고 생각할 따름이다.

본디 순박해서는 견뎌낼 수 없는 '정치'를 '순박한 베버 연구자'라는 연출을 통해 파고들어 가는 마이너리티. 필자는 이것이 마이너리티 측의 문제라기보다는 오히려 머조리티 측의 문제가 아닐까 생각한다.

잠시 생각해 보자. 예를 들어 일본에 한정하여 생각한다 해도

90퍼센트(혹은 그 이상)가 '일본인'이라는 확신을 지니고 있는 사회에서, '국가'나 '권력 · 권위' 혹은 '만들어진 전통'과 싸우지 않으면 안되는 처지에 있다면, 게다가 그것이 도수공권徒手空拳의 마이너리티라고 한다면, 그 정도의 '정치'를 사용하지 않고는 승산이 없을 것이다. 하다못해 1980년이라는 시대적 배경을 고려한다면 수긍이 가고도 남는 일이다. 강상중 씨가 만약 '재일'이 아니라 '일본인'으로 태어났더라면 필시 이와 같은 역경에 처하는 일은 없었을 것이다. 그러한 의미에서 '왜 내가 이런 역경을 떠안고 싸워야만 하는가'라는 그의 고뇌는 사실이었음에 틀림없다. 그를 '정치가'답게 만든 것은 바로 머조리티 사회의 두터운 벽이라 할 수 있다.

'내지'라는 문제에서 다소 벗어나고 말았는데, 결국 현대의 일본에는 아직도 '내지'라는 말이 살아 있으며, 그에 의해 '절취당하는' 존재가 있다는 점, 그것이 식민지('외지') 지배와 직결된 문제를 내포하고 있는 점, 그리고 그 '내지'라는 정치가 예전과 같이 표면적인 것이 아니라 오히려 '무의식'과 '선의' 속으로까지 파고들어 있다는 점을 지적할 수 있다.

4. '내지內地'란 무엇인가

지금까지의 서술 내용을 읽고 '내지'가 이미지이며 실체가 없는 자의적인 것이라는 말에 약간 납득이 가지 않는 분들이 있을지도 모르겠다. '국토'를 대상으로 한 정치적인 말이 그렇게 애매하게밖에 규정될 수 없냐고. 하지만 필자는 이에 대해 그렇다고 대답할 수밖에 없다.

필자는 비교문학 · 비교문화 및 조선문학 · 조선문화의 연구자로 이를테면 인문학을 연구하고 있는 사람이다. 그러므로 독자의 눈에는 이미 살펴본 바와 같은 '내지'에 관한 분석도 상당히 **문학적**이며, 객관적이고 실증적인 뒷받침이 부족한 것처럼 비칠지도 모른다. 그러나 대답은 '아니오'이다. 실은 법적으로 보아도 '내지'라는 말은 매우 미묘한 것으로, 말하자면 상당히 어정쩡한 것이다.

이번 저작을 구상하던 중에 필자는 '내지'란 무엇인가를 묻는 연구를 찾아보았지만 이를 본격적으로 다룬 경우를 발견하지 못했다. 물론 필자의 얕은 식견에 의한 조사였기 때문에 어쩌면 간과한 것이 있을지도 모르겠지만, '외지'가 아닌 영토가 '내지'라는 논의는 있어도 '내지'론이나 '내지'란 무엇인가를 주제로 한 논문은 찾아볼 수 없었다. 그만큼 '내지'라는 것은 어설프게 이해하고 있으면서도 자명한 것처럼 처리되고 있는, 즉 사고정지思考停止 상태를 용이하게 유발시키는 말인 것 같다.

이미 제1절에서도 언급했듯이 '내지'와 '외지'는 '공통법'이라는 법률에 의해 규정되어 있었다. 그리고 이 '공통법'은 2008년 5월 현재까지 아직 폐기되지 않고 있다. 사실상 실효失效되었다는 견해를 지니고 있는 것인지, 정부는 이를 새삼스레 폐기할 의사가 없는 모양이다. 식민지였던 남사할린 등을 포기했음에도 불구하고 아직도 이러한 지역을 '내지'로 편입했다고 규정한 법률이 남아 있다. 그리고 그 '내지'라는 구분도 법률의 적용 문제와 관련하여 처리되고 있었지만, 그마저 논의가 엇갈린 채 결말이 나기도 전에 '식민지'를 상실한 일본. 따라서 그 정의는 매우 애매할 수밖에 없었음에도 불구하고 그 법률이 아직도 폐기되지 않고 있는 것이다.

또한 법적으로 살펴보면 패전 전까지의 '외지'라는 말은 일종의 관용구였지 법적으로 인증된 것이 아니었다. 그러던 것이 패전 후인 1946년에 '외지관서外地官署 소속직원의 신분에 관한 칙령'(칙령 제

287호)이 시행됨에 따라 '외지'가 어디를 가리키는지 확실히 명시되지는 않았지만, 타이완총독부, 조선총독부, 관동국, 사할린청, 남양청 등이 이에 해당되는 관서로 인식되었다. 역으로 말하면 '외지'라는 말도 '내지'만큼이나 애매한 것이다.

그런데 이미 살펴본 바와 같이 법률이 적용되는지 그렇지 않은지의 문제로 그 지역이 전적으로 일본 '본토'와 평등해지는 것이 아니라는 점을 생각하면, 일본에서의 '내지'란 무엇인지 다시 한 번 생각해 볼 필요도 있고, 그것은 이미 언급한 바와 같이 오히려 '문학'적이라 할 수 있는 애매한 규정이 될 수밖에 없을 것이다. 우리들이 '내지'라는 말에서 느끼는 뭐라 형용할 수 없는 일종의 '어정쩡함'은 이와 같은 애매함에서 배어 나오고 있는 것이라 할 수 있다.

지금까지 필자는 오키나와와 홋카이도라는 지역만을 대상으로 삼아 고찰해 보았다. 그러나 이렇게 하면 이 지역에서만 '내지'라는 말을 사용하고 있는 듯한 인상을 줄지도 모른다. 많은 독자가 상기하는 바와 같이 낙도에서는 일본 '본토'를 역시 '내지'라고 부른다. 오가사와라 제도小笠原諸島나 이즈시치 섬伊豆七島에서도 역시 다를 바 없다.

그럼에도 불구하고 이 글에서는 오키나와와 홋카이도만을 거론하였다. 왜냐하면 이 두 지역은 다른 섬과 달리(오가사와라는 다시 별도로 고찰해야 하겠지만) 에도 시대江戸時代 이전부터 각각 마츠마에 번松前藩과 시마즈 번島津藩의 간접 통치를 받는 '경계'의 위치에 있었다는 점이 문제를 복잡하게 만듦으로써, '내지'의 정치성이라는 이 장의 테마를 생각하기에 적절한 지역이었기 때문이다. '경계선'이란 주변부를 의미하므로 그만큼 중앙인 '내지'와 대비될 수밖에 없는 운명이었다고 해도 좋을 것이다.

어쩌면 그렇기 때문에 더욱 이처럼 애매하고 어정쩡한 관용어임에도 불구하고 그 지역에 사는 사람의 생활권과 사회적 위치까지 영향을 미치고 있는 이 '내지'와 '외지'라는 이분법이, 법적인 '내지' 중에서도 보다 지정학적으로 중심에 가까운 위치=진정한 '내지'를 요구하는 심리를 낳음으로써, 비'내지'라는 '멸시할 수 있는 사람들'을 '발견'하고 그들에 대해 '우월감'을 가짐으로써 '자신의 존재감'을 획득하게 만들었다고 말할 수 있을 것이다. 그것은 바로 '자의적인 절취' 그 자체라 하겠는데, 오키나와와 홋카이도는 그 지리적 주연성周緣性과 역사적 특수성(비중앙성)에 의해 비'내지'일 것을 강요당함으로써, 어처구니없게도 오키나와와 홋카이도의 사람들로 하여금 '내지' 사람과 자신들을 이분법으로 생각하게 만드는 사고를 심어 줄 정도로 고정화되어 버린 것이다.

물론 오키나와와 홋카이도를 비'내지'라는 이미지에 고정되어 있는 지역 및 거기에 사는 사람들이라는 틀 속에서만 생각하는 것은 위험하다. 이미 언급한 바와 같이 '오키나와'는 이와 같은 '내지'와 비'내지'의 이분법을 축소 재생산이라도 하듯이 야에야마 제도와 미야코 제도에 대한 차별, 그리고 아메라지안에 대한 차별 등의 여러 문제를 안고 있기 때문이다. 또 '홋카이도'에 있어서도 비'내지'로서의 홋카이도민이 역시 아이누를 '절취하고' 사회적인 고통을 안겨주는 상태가 아직 개선되었다고 보기는 어렵다.

역시 그랬다. 이와 같은 차별이 하부조직으로 위양되어 가는 체계를 지니고 있기 때문에 '내지'라는 개념은 계속 살아 있는 것이고, 악한 '절취'=차별을 계속하는 것이다. 결국 지정학적 '중심'에 의한 비'중심'의 '절취'와 그에 의해 담보되는 '자신의 존재감'의 확인이라는, 차별의 재생산이라 할 만한 상태를 지속시키는 역학으로 작용한다. '중앙'에서 나오는 차별의 시선은 대부분의 사람에게 피해자 의식을 가지도록 요구한다. 그러므로 '자신의 존재감'을 확립하기 위해 자기보다 '열등한' 것, '중앙'에서 멀리 있는 것을 끊임없이 찾아내는 것이다. 이처럼 지정학적인 '중앙'에 의해 비'중앙'이 연쇄적으로 '절취'되는 일이 '내지'와 비'내지' 사이에 고정화 내지는 항구화恒久化되고 마는 것인지도 모른다.

이리하여 패전 전에는 '혼슈'(그것도 아마 수도권과 간사이關西)만이 진정한 '내지'이고, '시코쿠'(혹은 '규슈')는 '준準내지'라고 할 만한 위치에 있었다. '오키나와'와 '홋카이도'는 '외지'는 아니지만 '내지'도 아닌 이른바 비'내지'라 할 수 있는 지역이고, 그 외에 식민지로서의 '외지'가 흡사 '내지'를 둘러싼 병풍처럼 포진하고 있다. 게다가 관동주와 같은 조차지, 남양청과 같은 위임통치령 등이 '외지'의 밖에 완전한 '외지'가 아닌 영토=비'외지'로서 존재하고 있다. 그 밖에는 '외국'이라기보다 〈미未'외지'〉라고나 해야 할 영토가 존재하고 있어서, 만족할 줄 모르는 진출 욕구의 구조가 처음부터 이 '내지'라는 '정치'에 깃들어 있음을 알 수 있다. 이와 같은 〈미'외지'〉라는 욕망의 시선을 상징하는 결정체가 '만주국'이라는 '국가 아닌 국가'='식민지 아닌 식민지'로서 현출現出하는 것은 당연한 귀결이라 하겠다.

마침내 대일본제국의 사람들은 '내지'의 일본인뿐만 아니라, 비'내지'의 일본인, 그리고 조선인과 타이완인이라는 '외지'의 인간까지 포함하여, 그 '내지'라는 정치적 시선에 떠밀리듯 '내지'를 중심에 둔 채 동심원으로 확산되는 진형陣形을 오히려 적극적으로 지탱해 온 것이다. 그야말로 무의식중에 뇌리에 새겨진 것처럼 말이다. 그것은 마치 패전 이전의 일본에 횡행한 '울트라 내셔널리즘'이 지녔던 '권위 · 권력의 위양'이라는 메커니즘(마루야마 마사오, 「초국가주의의 논리와 심리」, 『현대정치의 사상과 행동(증보판)』, 1964년, 25쪽)을 공간 이동시켜 놓은 듯한 것으로, 그 점에 있어서는 이 '내지'라는 말에 들어 있는 '정치'는 일본 사회에 잔존하는 보이지 않는 '제국의 장치'인지도 모른다.

조금 부연해서 설명하자면 그 동심원은 '외지'를 배제하는 것이 아니라 그야말로 '끌어안고 차별하는'(스즈키 사다미) 것이며, 동화정책에 의해 교화 가능한 것으로 인식하고 있음을 엿볼 수 있게 한다. 다음과 같은 일본의 '외지' 정책이 이를 뒷받침해준다.

……상대의 존재를 없애는 것='일시동인一視同仁'에 의해 지배 · 복종의 대립관계를 없애려는 것으로, 의식의 존재방식은 '지배의식이 없는 지배, 식민지 의식이 없는 식민지 경영'〔하타다 다카시, 『일본인의 조선관』, 1969년, 6~7쪽〕이었다.(가이호 미네오, 「아이누인 이름의 일본어화―'창씨개명'의 착수」, 『사관』 제100권, 1979년 3월, 37쪽)

현재의 일본에서도 만약 '아시아 사람들은 외국인이기는 하지만 외인外人(국외자 · 타인)은 아니다'라는 〈분위기〉(차별적이면서 그것이 차별이라고 인식조차 하지 않는 무의식 영역에서의 차별)가 있다고 한다면 그것은 '내지'라는 욕망에 의해 지탱해 온 '제국의 장치'가 아직 살아 있음을 증명하는 것인지도 모른다.

앞에서 지적했듯이 아직도 1918년에 시행된 '내지'를 규정하는 법률인 '공통법'이 폐기되지 않고 있다. 이는 '내지'라는 시선의 정치가 결코 사라지지 않았으며 청산할 수 없다는 것을 시사하고 있다. 그러므로 일본에서 말하는 국토가 이와 같은 서열에 의해서만 인식되는 것임을 좀 더 의식화하여 받아들임으로써, 오늘날 일본의 '내지'가 던지는 비'내지'를 향한 시선('무의식적인 선의의 내셔널리즘')을 상대화 · 객관화하여 그 시선의 폭력을 완화시킬 필요가 있는 것이다.

제2장

한국 내셔널리즘과 영토 의식

—민족주의와 내셔널리즘 사이에 있는 것

1. '반민족법'을 통해 바라본 한국

제1장에 등장했던 강상중 씨는 한국에서 2004년 3월에 제정된 '친일반민족[행위]진상규명법안'(이하 '반민족법')에 대한 의견으로서 다음과 같이 말하고 있다.

강 지금까지 폴란드는 나치스 독일과 스탈린주의의 피해자였습니다. 그런데 실제로는 마을 사람이 가해자가 되어 있었죠.
— 국가를 만들어낸 이론의 기반이 무너졌군요.
강 지금 폴란드에는 사회주의 정권 이후에 정부기관으로서 국가기억원國家記憶院(또는 국민기억원)이라는 것이 생겼습니다. 이 국가기억원 — 왠지 SF영화에 나올 법한 이름입니다 — 이 그것을 조사했습니다. 조사한 뒤 거의 명백하게 마을 사람이 직접 관여했다는 결론을 내렸습니다. 이로써 폴란드의 역사는 다시 쓰이게 되었습니다. 지금까지 폴란드는 국민 모두를 희생자로 생각하는 사실상의 국시國是를 가지고 있었습니다. 그런데 우리 중에도 가해자가 있다는 사실을 알게 된 것입니다.

이와 마찬가지로 지금의 '반일법안'이라는 것은 그러한 한국 내의 고통을 수반하는 법안인 것입니다. 그러므로 여러분이 이러한 사실을 접하고 아직도 반일의 잔재가 남아 있다니 믿을 수 없다는 식의 반응을 보인다면 이는 다소 단편적인 견해라 하겠습니다. 같은 한국 사회에 있는 사람들에게 있어서는 고통을 수반하는 법안인 것입니다. 즉 국가가 국민을 분열시키게 될지도 모를 일을 굳이 추진하려 한다는 말입니다. 이러한 시도가 지닌 의미를 여러분이 조금 더 이해해 주셨으면 합니다.(강상중/「아리에스」 편집부 편, 『강상중에게 물었다!』, 2005년, 164~166쪽)

강상중 씨는 여기에서 폴란드에서 일어난 것과 같은 자기비판, 즉 일본에 의한 조선의 식민지화 과정에서 일어난 친일 문제는 모든 국민과 관련된 것이며, 그야말로 '마을 사람' 같은 일반인들이 협력했던 사실이 밝혀지고 있다는 말을 하고 있다.

강상중 씨는 한국 정치의 전문가는 아니다. 그러한 강상중 씨에게 한국에 대한 해설을 듣고 싶어 하는 일본 대중 언론 매체의 '선의'에, 또 그 기대에 전략적으로 답하는 강상중 씨에게 필자는 위화감을 느낀다. 강상중 씨가 한국 국적을 짊어지고 있다는 이유만으로 왜 그에게 한국에 대해서만 묻고자 하는 것일까. 앞에 인용한 내용을 보더라도 분명히 폴란드에 관한 사정에는 밝으나, 유감스럽게도 한국에 대해서는 기대 이상의 말을 하지 못하고 있다.

이에 대해서는 차치하고, 그와 같은 '선의'의 요구에 응한 강상중 씨의 대답에 실은 결정적으로 잘못된 점이 있음을 알 수 있다. 그는 한국 사회가 자기비판 끝에 고통을 수반하는 법률을 받아들였다고 했다. 그야말로 국민 모두가 친일 행위를 하고 있었다는 형태로 '반일이라는 문제가 아니라 자신들의 내면의 문제로서 다루려하고 있다'며 노무현 정권의 '역사바로잡기'를 평가한다(같은 책, 163쪽).

노무현 전 대통령은 2008년 초에 5년간의 임기를 마치고 현재는 대통령의 공직에서 물러나 있다. 분명히 그는 많은 지지를 받았으며, 특히 30대부터 40대 계층의 압도적인 지지를 얻었지만 그렇다고 해서 한국의 보수파가 일소된 것은 아니다. 나중에 살펴보겠지만 보수파도 재편되고 있거니와, 1960년대부터 1970년대에 걸쳐 한국의 고도성장을 이끌었던 고故 박정희 전 대통령을 지지하는 젊은 세대의 움직임 역시 뿌리가 깊다. 그러므로 친일 문제와 함께 예전의 보수파=기득권층이 역사의 뒤안길로 사라질 것이라는 분석은 너무 단편적인 생각이다. 2007년 12월에 치러진 대통령선거에서는 보수파인 한나라당이 추대한 이명박 씨가 대통령에 당선되는 등, 보수파도 혁신파와 마찬가지로 변화해 갈 가능성이 높으며 매우 유동적이라 하겠다.

이러한 내용에 대해서는 나중에 자세히 살펴보겠다. 조금 전의 이야기로 다시 돌아가면, 강상중 씨의 지적은 분명히 합당한 일면도 있다. '반민족법'은 일본을 향한 것이 아니라 어디까지나 국내를 향한 법안이라는 점에서 '자기비판'적이라 할 수 있다. 그러나 그 의미하는 바에 있어서는 강상중 씨가 상상하는 것과는 역시 초점이 맞지 않는다.

한국의 현재 상황을 설명하기 위해 다소 길어지겠지만 일단 현무암 씨의 『한국의 디지털 데모크라시』를 참조하고자 한다. 결론부터 말하자면 현무암 씨의 주장은, 한국의 시민들은 해방 이후(1945년 8월 이후) 보수정권에 시달려 왔으며, 그 보수정권이란 구 친일파를 말하고, 이러한 기득권층이 아직도 사회의 주류로 남아 있기 때문에 완벽한 민주화가 실현되지 못하고 있다는 것이다. 그리고 그 '보수파'를 일소한다는 것이 이번에 제정된 '반민족법'의 핵심이라고 말한다.

역사의 청산은 각국의 다양한 '진실위원회'의 존재가 말해주고 있듯이, 언어와 표현의 차이는 있을지언정 전쟁과 학살, 내전과 폭력, 점령과 통치의 소용돌이에 휘말려온 국가나 지역이라면 어떤 사회가 되었든 해결하지 않을 수 없는 문제다. 그렇지만 그 대처

방법에 있어서는 과거에 일어난 사건이라는 점과 이에 대한 기억의 표출 방식에 의해 달라진다.

한국의 경우는 '친일파'의 문제가 해방 이후 60년이 지난 오늘날까지 청산되지 못하고 있다. 그리고 바로 이 '친일파'가 한국의 국가기구를 장악하고 독재 권력을 휘둘러왔던 것이다. 한국 국민은 이러한 독재 권력에 의해 '사법살인'과 '의문사' 같은 정치적 탄압을 당해 왔다. 궁극적으로는 권력 찬탈의 과정에서 다수의 시민이 무참히 학살되었다. 한국의 현대사에는 이러한 반공보수적인 정치권력의 일관된 흐름이 존재하고 있는 것이다.

한국에 있어서의 역사청산에는 분단과 냉전 구조에 의한 좌우 이데올로기의 대립이라는 문제도 얽혀 있다. 이러한 '친일파'로부터 오늘날의 기득권 세력에 이르는 지배층의 연속성은 겨우 본격화된 역사청산을 정치적 목적으로 복잡하게 만들었다. 즉 야당 측은 '친일파진상규명법'과 '과거청산법'이 노무현 정권의 정략적 수단으로 이용되고 있다고 주장하며 입법화에 반발해 온 것이다.

이런 이유로 역사청산을 위한 노력이 유보되어도 좋다는 말인가.

무엇보다 피해자의 입장을 생각한다면, 1948년에 제주도에서 발생한 4 · 3사건과 같이 이데올로기의 대립에 의해 학살당한 피해자에 대해서, 오랫동안 그 죽음을 애도하지 못하고 수십 년간 입밖에 내는 일조차 허용되지 않았던 사실과 마주하지 않으면 안 된다. 그들의 명예가 가까스로 회복되었다고는 할지라도 보상은커녕 그 깊은 상처는 아직도 치유되지 않은 채로 남아 있다.

친일과 냉전에 의해 왜곡된 한국의 현대사를 그 속박에서 해방시키는 일도 중요하다. 예를 들면 '종군위안부' 문제도 지금은 한국 측이 일본의 교과서에 기술하도록 요구하고 있지만, 군사정권 시절의 한국 국정교과서는 이런 내용을 제대로 다루지도 않았다. 〔중략〕

한국 사회의 역사바로잡기는 결코 새로운 일이 아니다. 작금의 이 작업이 지닌 의미는 기득권 세력을 물리친 개혁 세력이 주도권을 잡으면서 가까스로 역사청산에 착수할 수 있게 되었다는 점에 있다. 한국 현대사의 굴곡을 감싸고 있던 터부가 한 장씩 벗겨지고 있는 것이다.(현무암, 『한국의 디지털 데모크라시』, 2005년, 219~221쪽)

이 문장을 통해 여러 가지를 알 수 있을 것이다. 우선 첫째로 한국에서의 역사라는 것은 객관적인 것이 아니라 오히려 구축된 '정치'의 문제라는 점. 그리고 둘째로 한국에서는 당시의 보수 정권에 의해 시민들이 피해자의 위치에 서 있는 것으로 생각하고 있다는 점. 또한 노무현 정권은 꺼릴 것 없는 '개혁 세력'으로서 겨우 이들의 독재 정권=구 친일파를 청산할 수 있게 되었다고 생각한다는 점이다.

이와 같은 개략적인 틀을 파악한 후에 다시 한 번 인용문을 읽어 보면, 보수=친일파=기득권 세력 대 시민=노무현 정권=개혁 세력이라는 이분법이 당연한 듯이 성립되어 있고, '친일'의 문제는 모두 보수 기득권 세력의 문제로 간주되고 있음을 알 수 있다. 그러므로 한국에서는 강상중 씨가 기대를 품고 언급한 폴란드 국가기억원의 조사와 그 결과로서 얻을 수 있었던 '마을 사람까지 가담하고 있었다'는 사실 발굴과 같은 방향으로 진행되기는 어려울 것 같다.

그런데 현무암 씨도 말했듯이 『조선일보』와 『동아일보』라는 한국의 거대 신문은 당시의 정권과 유착한 '언론 권력'이다. 정권과 언론의 유착이 문제라는 것은 분명하다. 그러나 그것을 없애려고 하는 운동에도 위험성은 내포되어 있다. 적어도 그 운동가들의 사상에 의해 언론이 다시 지배당하는, 이른바 사상통제라 할 수 있는 상황이 나타날 가능성을 배제하기 어렵다. 실제로 노무현 대통령을 지지하는 '개혁 세력' 중에는 '안티조선(일보)'이라는 운동이 있고, '조선일보 없는 아름다운 세상을 만드는 시민모임'('조아세')이라는 단체까지 있다고 한다(같은 책, 84~85쪽).

그리고 강상중 씨의 기대와는 정반대로 노무현 정권을 지지하는 개혁 세력(시민)은 자신들에게는 잘못이 없고, 보수=구친일=기득권 세력이야말로 병소病巢라는 단순한 도식을 재생산하고 있는 것은 몹시 슬픈 일이다.

> 2002년 1월 30일에는 〈조선일보의 반민족·반민주행위에 대한 민간법정〉이 열렸다. 한국에서는 처음 열린 본격적인 민간법정으로, 식민지 시기의 반민족적인 언론행위, 독재 정권을 찬양하고 민주개혁을 말살한 반민주적 언론행위, 남북대결을 격화시켜 민족분열을 조장한 반통일적 언론행위의 기소사실에 대해 '조선일보'에 유죄가 선고되었다. 그리고 유죄로 인정된 보도기사에 대해 사죄하고 관계자의 책임을 물었으며, 재발 방지를 위해 조선일보사의 소유와 경영을 분리하는 편집권의 독립에 대한 조치를 취할 것을 권고하는 '권고판결'이 내려졌다.
>
> **이 법정에는 '조선일보'의 전 사주인 방응모의 장남이 증인으로 출정하여 부친의 친일행위에 대해 사죄했다.**(강조는 인용자. 현무암, 같은 책, 85쪽)

이래가지고는 앙갚음을 위한 공개적 비난과 다를 게 없다. 예전의 사주인 방응모가 한국에 살고 있고 그가 자주적으로 '반성'하는 것이라면 문제될 것이 없다. 또 현재의 경영진이 독재 정권과의 유착이나 기득권층과의 결탁에 대해 자주적으로 재판을 받는 것이라면 그것도 괜찮을 것이다. 그러나 어찌하여 일본의 식민지였을 무렵의 사주의 '장남'이 이와 같은 십자가를 져야만 하는 것일까. 이와 같은 행위가 폭력이라는 것조차 이 '법정'을 주최한 시민은 물론이고 저자인 현무암 씨도 모르는 것 같다.

물론 사주인 방응모의 장남은 '증인으로서 법정에 출두'했다고 하니까 스스로 충분히 납득하고 실행에 옮겼다는 반론도 있을 것이다. 그러나 '친일'이라는 미묘한 문제이고 보면 그렇게 하지 않을 수 없었던 분위기 혹은 무언의 압력이 민간법정을 둘러싸고 있었다고 이해하는 편이 보다 적절한 판단일지도 모른다.

다음 절에서 상세히 논하겠지만, 한국인의 의식 속에 재외 교포는 거의 '한국인'으로 간주되지 않는다. 필자와 같이 한국 국적을 가지고 있으면서 일본에서 태어난 재일조선인은 마치 비'한국인'인 것처럼 여겨지는 존재이자 바로 '절취된' 존재인 것이다. 조선일보사의 예전 사주의 장남이 '친일파 자손'으로서 '절취되어' 공개적인 비난을 받듯이, 외국 태생의 한국 국적자나 재한외국인이 공개적인 비난의 대상이 되지 않는다는 보장은 어디에도 없다. 그리고 비난하는 측은 그것이 잘못된 일이라고는 전혀 생각하지 않는다. 이것은 민주주의가 아니다.

애초에 개혁 세력(민주화 추진의 시민운동)이 재야였던 시절이라면 스스로를 '피해자'로 비정比定할 근거도 있거니와 그 전술적 의미도 있었을 것이다. 그러나 이미 정권을 탈취해 버린 이상 개혁 세력 스스로가 '피해자'로서 기득권 세력을 공격하는 입장에 설 수 있다고 생각하는 것은 납득하기 어렵다. 여기에는 자신은 나쁘지 않다, 나쁜 것은 '예전의 정부다'라고 하는 자기 합리화한 사고가 엿보이고 있다.

이와 같은 지적은 한국 내부에서도 이미 이루어지고 있다.

'친일진상규명'은 집단적 기억을 통한 집단적 치유治癒라는 고난도의 철학적, 인륜적 문제다. 자랑스럽지 않은 과거의 기억을 되살리는 것은 누구에게나 고통스러운 일이다. 고통스럽지만 직시할 수밖에 없는 자신의 추악한 과거, 그것과 이를 악물고 마주서려는 용기 없이 새로운 삶은 없다. 성숙한 인간이라면 그렇게 할 것이다. 그러나 친일 문제에 관해 지금까지 우리 사회가 보인 행동들은 성숙과는 너무나 거리가 먼 것이었다.

대체 '친일'이란 무엇인가? 이 가장 기초적이고도 원론적인 질문에 대해서조차 우리는 아무런 합의도 기준도 갖고 있지 않다. '친일'이란 무엇이며 그것을 어떻게 '청산'할 것이며 무엇을 위해서 그렇게 할 것인가. 요컨대 '친일'의 개념과 범주, '청산'의 방법과 목표 등에 관해서 어떤 논의나 합의의 노력조차 하지 않은 채, '무언가 딴소리를 하는 자'에 대한 무차별한 폭력과 저열한 인신공격만이 일상적으로 벌어지는 것이 현재의 한국 사회이다. 결국 '친일진상규명'은 누구도 함부로 딴소리를 못 하게 되었다는 의미에서 또 하나의 성역, 또 하나의 금기가 되었다. 그렇다면 다시 묻건대, 대체 누가 진상 규명을 가로막는가?(김철, 「누가 진상규명을 가로막는가」, 『'국민'이라는 노예』, 2005년, 43~44쪽)

한국의 상황에 대해 어느 정도는 이해했을 것이다. 김철 씨가 호소하고 있는 것은 현무암 씨가 말하는 '기득권층'으로부터의 반격이 아니라, 극히 제한된 인간과 조직에 '친일' 문제를 국한시킴으로써 개혁 세력이라 불리는 사람들이 자신을 구제하려는 모습에 대한 비판이며, 그 태도는 '자신의 추악한 과거, 그것과 이를 악물고 마주서려는 용기'를 갖고 있지 않은 '성숙과는 너무나 거리가 먼' 사회 풍조에 대한 경종인 것이다. 신기하게도 그는 강상중 씨가 기대한 바와 같은 '우리도 가해자'였다는 '진상'을 직시해야 한다는 의견을 공유하고 있으며, 그렇지 않으면 '친일 문제'는 극히 일부의 악인들에 의해 저질러진 것이고 시민은 피해자에 불과하다는 〈신화〉를 탄생시키는 '또 하나의 성역'이 완성될 것이라는 점을 우려하고 있다. 이와 같은 형태의 '친일진상규명'은 오히려 본질적인 의미에서의 '진상규명'을 가로막는 것이라는 매우 냉정한 주장을 펼치고 있음을 알 수 있다.

이와 같이 중층적으로 문제를 생각해 가다 보면 '한국의 여론은 개혁 세력에 의해 대표되고 있으며, 거기에는 식민지 시기 이래로 줄곧 피해자였던 시민의 의견이 광범하게 그리고 정당하게 받아들여지고 있다'는 식의 고정된 틀 안에서의 고찰은 역시 사회 전체에 대한 배려가 결여된 확신에 지나지 않는 것임을 알 수 있다. 기예한 사회학자인 다카하라 모토아키 씨도 한국의 최근의 동향에 관해서 다음과 같이 말하고 있다.

> 한국에서는 독재 정권에 대한 민주화 운동이 오랫동안 계속되었다. 이것이 한국의 '혁신파'이며, '민족주의'를 특히 중시해 온 것도 이쪽이다. 보수가 반공·반북인 데 반해 이쪽은 남북통일을 희구해 왔다.
>
> 근래 일본에 전해지는 정보는 이 '혁신' 쪽의 주장이 사회의 주류라는 전제(이른바 '한국의 좌경화') 하에 이루어지는 경우가 많다. 그러나 현실적으로는 '보수파' 진영도 엄연히 존재하고 있다. 현재의 한국 사회의 주류는 한나라당이지만 바로 최근까지만 해도 의회에서의 다수파는 혁신 쪽이었다.(다카하라 모토아키, 『불안형 내셔널리즘의 시대―한중일 인터넷세대가 서로 미워하는 진짜 이유』, 2006년, 146쪽)

냉정한 분석이다. 그러나 필자는 단순히 보수가 재편되면서 존재한다는 것뿐만 아니라, 혁신을 자임하는 사람들(개혁 세력)도 이미 살펴본 바와 같이 '진정한 의미의 친일문제규명'이라기보다는 기득권층=보수파에 대한 대항 조치라 할 만한 것들을 보다 전면에 내세우고 있다고 생각한다. 그리고 이러한 보혁保革의 논전 속에서는 보수파는 물론 혁신파도 '자신들의 무죄'를 주장하는 타성에 젖은 정국이 될 수밖에 없다는 문제점을 느낀다. 대부분의 '혁신파'(개혁 세력, 노무현 대통령을 지지하는 층)는 그와 같은 경지[진정한 의미의 친일문제규명]에 완전히 도달하지는 못했다고 생각되기 때문이다.

물론 앞에 나온 김철 씨를 비롯하여 나중에 소개할 박유하 씨 같은 경우는 나름의 정당한 의미에서의 내셔널리즘 비판을 전개하고 있다. 그러나 개혁 세력의 주장은 피해자라는 시각에서의 고발 영역을 완전히 벗어나지는 못하고 있다. 그러므로 '반민족법'을 둘러싼 논의에서는 '피해자라는 시각에서의 주장은 당치도 않다, 자신에게도 잘못이 있다'는 본질적인 깨달음과는 거리가 먼 '게임으로서의 논쟁'이 전개되고 있는 것도 사실이다. 이런 상태로는 '(자신의) 고통을 수반하는' 방향으로 나아가려는 노력을 저해하는 요인으로 작용할 수밖에 없을 것이다. 필자는 이러한 '혁신'의 모습에 오히려 회의를 느낀다.

그런데 지금까지의 이야기를 들어 온 당신은 이렇게 말할지도 모른다. 그렇다면 한국의 보수파로 불리는 사람들은 내셔널리즘과는 무관한가, 지금까지 한국에서 과격한 내셔널리즘을 느껴왔는데 그것은 국가가 아니라 시민 쪽의 책임인가, 라고. 그래서 다음 절에서는 한국의 개략적인 정치적 흐름을 확인한 뒤, 한국의 '내셔널리즘'과 '민족주의'가 서로 겹치면서도 미묘하게 다른 성질에 대해 정리해 보고자 한다.

2. 한국의 내셔널리즘과 민족주의

한국 사정에 어두운 사람은 지금 한국에서 문제가 되고 있는 정치적인 거래 등에 대해 이해하기 어렵겠지만, 한국의 개혁 세력이 하려는 것은 강상중 씨가 말하는 '고통을 수반하는' 개혁과는 성질이 다르다는 것을 지금까지의 논의를 통해 알 수 있었을 것이다. 노무현 정권을 지지하는 대표적인 지지층으로 '386세대'를 거론하곤 한다. '386세대'란 80년대에 대학에 입학한 60년대 생으로 [1990년대] 당시의 30대를 총칭하는 말로서, 1987년의 민주화 투쟁에서 전두환 정권에 대항하여 '민주화선언'을 쟁취한 세대를 가리킨다. 민주화 투쟁이 있고 난 다음 해에는 '서울 올림픽'이 때마침 개최됨으로써, 한국에서 가장 '순수한 민족주의'를 공유하고 있는 세대이기도 하다(후술). 1969년생인 현무암 씨는 바로 이 세대에 속한다.

물론 민주화를 요구하는 움직임은 당연한 일이고 이를 쟁취한 한국의 시민운동에는 경의를 표한다. 그러나 무엇보다 먼저 '386세대'라는 말에 '대학에 입학한'이라는 조건이 들어 있는 점에서 필자는 위화감을 넘어서 분노마저 느낀다. 당연한 이야기지만 대학생인지 아닌지의 여부와 민주화와는 전혀 다른 차원의 이야기며, 별생각 없이 '386세대'라는 말을 사용하는 심리의 이면에는 저학력자를 차별하는 '선민의식選民意識'이 있다는 것을 의심하지 않을 수 없다. 다소 심한 표현을 빌리자면 이와 같은 차별적인 말을 무비판적으로 사용하는 인간에게는 민주화를 말할 자격 따위는 없다. 그렇기 때문에 필자는 이 말을 함부로 사용할 생각이 없으며, 그저 '노무현 정권 성립 당시의 삼사십 대 지지층'이라는 의미로 '노무현 정권의 지지자인 87년 민주화 투쟁 세대'라는 표현을 쓰겠다. 다소 미적지근한 표현이지만 표어라는 것은 문제를 단순화하고 본질을 흐려놓는 경우가 많기 때문에 가능하면 이를 피해보자는 의도이니 오해 없기 바란다.

그러면 여기에서 한국의 민주화 흐름을 간단히 정리해 보고자 한다(이하의 기술은 모리야마 시게노리 씨의 『한국현대정치』를 비롯하여 앞에 나오는 현무암 씨 및 다카하라 모토아키 씨의 저작에 많은 근거를 두고 있다).

1948년 8월, 많은 반대에도 불구하고 38도선 남쪽만의 소위 '단독선거'를 실시하여 독립을 이뤄낸 대한민국에서는 전 상해임시정부의 대통령이었던 이승만이 미국의 지지를 배경으로 초대 대통령에 취임하였다(제1공화국). 다음 달에는 역시 38도선의 이북에서 김일성을 수반으로 하는 조선민주주의인민공화국이 성립되어 분단이 고착화되기 시작했다. 그리고 이승만은 한국민주당을 탈당한 뒤 자유당을 창설하여 그 리더가 된다. 실제로 그는 철저한 반일 · 반공주의자로 그가 집권하던 시기에 이른바 '일민주의一民主義(반일 · 반공 이데올로기에 의한 민족주의)'가 성립되었다(이러한 이승만 정권의 문화적인 지배와 한국의 '반일 내셔널리즘'의 성립과정에 대해서는 졸저 「한국 '건국이념'의 문학적 전개―'남한' 문단의 이데올로기 통일과 김동리」, 『조선근대문학과 내셔널리즘―'저항 내셔널리즘' 비판』 제4장, 2007년 참조). 좌파에 대한 강한 탄압과 야당이 된 민주당(시민) 대 자유당(집권 정당)의 대립 구도는 이때 시작되었다고 할 수 있다. 그러나 1960년 4월에 '부정선거'를 둘러싸고 전국적으로 데모가 일어나자(이른바 '4 · 19혁명') 마침내 이승만은 국외로 추방당하고 만다.

이 때문에 실시된 선거에서 민주당의 장면이 책임내각제에 의한 정부의 수반이 되자(대통령은 같은 민주당 윤보선. 제2공화국), 대북화평과 외화도입을 위한 일본에의 접근이 시도되었으나, 반일 · 반공 이데올로기와 여러 가지 알력만 양산하였다. 실제로 이 정권은 겨우 9개월 만에 막을 내린다. 박정희의 군사 쿠데타에 의해 붕괴되고 말았기 때문이다.

박정희는 1961년 5월에 쿠데타를 일으켜 '국가재건위원회 위원장'이라는 명목으로 사실상 한국의 리더가 되었다. 1963년에는 직접 선거에 의한 대통령 선거를 실시하여 정식으로 대통령에 취임했다(제3공화국). 박정희는 일본의 경제 원조를 얻어내기 위한 한일기본조약을 성립시킨 뒤 한국의 산업 기반 시설의 정비에 힘쓴 덕분에 '근대화의 아버지'로 불린다. 한편으로는 자신의 정권에 거역하는 자를 탄압한 독재 정권이라는 측면도 지니고 있었고, 현재 한국 경제의 중심에 있는 현대나 삼성과 같은 각 재벌은 이 정권에 의해 많은 특혜를 받았다고 할 수 있다. 또 『조선일보』나 『동아일보』와 같이 식민지 시대부터 발간되던 신문은 박정희 정권과 결탁함으로써 언론의 권력유착 문제가 보다 심각해졌다.

1971년 4월, 상당한 선거 간섭이 있었다고 알려진 대통령 선거에서 김대중 씨를 근소한 차이로 누르고 3선을 달성한 박정희는 증폭되는 위기감으로 같은 해 10월에 비상계엄령을 선포하고 국회를 해산하였으며, 12월에는 '유신헌법'을 공포하여 사실상 영구적인 대통령으로 취임했다(제4공화국). 국회 의석의 3분의 1을 차지하는 '대통령추천 원내교섭단체(=유신정우회)'를 지지 모체로 삼음으로써 여당인 민주공화당은 상대적으로 권력이 약화되기도 하였다.

그러나 이와 같은 체제는 오래 가지 못하고 1979년에 마산 등지에서 격렬한 반독재 항쟁이 일어나자 그 소용돌이 속에서 박정희가 암살당하는 사건이 발생한다. 이로써 제4공화국이 종말을 고하자

대통령 선거를 목표로 구 여당인 공화당에서는 김종필 씨, 야당 신민당에서는 김대중 씨와 김영삼 씨라는 나중에 '3김시대'로 불리게 되는 3명이 입후보에 나섰다. 그러나 1979년 12월에 전두환 씨가 군부를 장악하여('12 · 12 군사 쿠데타') 잠정적으로 대통령이 된 최규하를 밀어내고 실권을 장악한 뒤 저항하는 광주 시민에 대해 군을 파견해서 탄압하는 힘에 의한 제압을 강행했다(광주사건[공식명칭은 5 · 18광주민주화운동이다]). 그리고 대통령 임기 7년과 재선 불가라는 문언을 담은 제5공화국 헌법을 채택하고 대통령에 취임한다.

박정희에 관해서는 여러 가지로 평가가 엇갈리고 있다. 독재자라는 이미지 외에 '근대화의 아버지'라는 극히 높은 평가를 받고 있는 것도 사실이다. 실제로 노무현 전 대통령을 지지하는 사람들 중에도 박정희를 높이 평가하는 경우도 있어 한마디로 정의하기 어려운 실정이다.

박정희를 비판하는 경우에도 그가 만주의 육군학교를 나온 일본육군 소위 '다카키 마사오高木正雄'였다는 점, 즉 그가 친일파였다는 것과 독재 정권을 이용하여 언론 및 재벌과 유착했다는 측면을 비판하는 것이 최근 경향이다. 친일파이자 '기득권층'을 양성한 인간으로서 그야말로 '반민족법'의 대상자로 비판받고 있음을 알 수 있다(예를 들면 『만화 박정희』(1 · 2권, 백무현 저, 박순찬 그림, 2005년)는 그의 친일활동에 대한 폭로와 정권 장악 이후의 언론 및 재벌과의 유착을 담고 있어 "이와 같은 친일파가 대통령이 된 것은 부끄러운 일이다"

라고 말하고 있다).

또 다카하라 모토아키 씨는 이와 같은 정치적인 흐름에 경제적 요인이 그다지 중요시되지 않았던 점을 지적하면서 다음과 같이 말한다.

> 역사적인 경위를 대강 언급하자면 다음과 같다. 박정희는 1962년에 제1차 5개년계획을 개시하고 '자립경제발전'이라는 국내의 자율적인 발전을 목표로 삼았다. 그러나 이 정책은 실패로 끝날 확률이 점차 높아지고 있었다. 쿠데타에 의해 수립된 박 정권의 정통성은 원래 위태로운 것이었는데, 이를 보완하기 위해 시작한 제1차 5개년계획이라는 슬로건마저 북한의 급속한 성장에 뒤처지고 있던 위험스런 상황이었다.
>
> 이러한 배경 속에서 민중의 강한 반대 운동에도 불구하고 일본으로부터 무상원조를 받아내기 위한 한일기본조약을 체결하였다. 이러한 조약의 체결은 결코 양국민의 화해와 환영 속에서 이루어진 것이 아니라, 오히려 양국 국내의 반대를 무릅쓴 결단이었다.
>
> 박정희는 '자립경제발전'이라는 전략의 실패를 인식하고 외자를 이용한 '수출지향 공업화'로의 전환을 모색하고 있었으며, 이를 위해서는 미국과 일본이라는 자유자본주의 국가와의 연대 강화가 필요했다. 그리고 실제로 이 전환의 노력이 성공함으로써 시작된

것이 한국의 고도성장이었다.(다카하라 모토아키, 『불안형 내셔널리즘의 시대』, 151~152쪽)

이와 같이 박정희 정권에 의해 마련된 토대를 발판으로 이룩한 것이 한국의 고도 경제성장이며, 이것을 지지하는 보수파=기득권층, 즉 구세대 내셔널리즘을 '고도성장의 내셔널리즘'(다카하라 모토아키)으로 규정해도 좋을 것이다. 그리고 이 노선을 넘겨받은 것은 역시 '군사 쿠데타'에 의해 정권을 장악한 전두환 씨였다.

정통성이 약했던 전두환 정권은 언론기관 및 재벌과의 유착에 대한 시민의 지속적인 비판에도 불구하고 독재 정권으로서 강력한 리더십을 발휘한다. 그러나 고도 경제성장에 의해 증대된 중간층의 민주화 요구의 움직임을 막아내지 못하면서, 1987년의 차기 대통령 선거를 둘러싸고 민주화 투쟁은 격화되었다. 다급한 상황에 직면한 여당인 민주정의당은 '[6 · 29]민주화선언'(노태우, 당시의 여당 대통령 후보)을 함으로써 사태를 수습하지 않을 수 없었다. 민주화 투쟁이 민주화를 쟁취하는 순간이었다. 그리고 투표에 의한 대통령 선거 결과 야당의 분열(3김시대)로 여당 후보였던 노태우 씨가 당선되어 단임의 대통령 임기 5년이라는 조항을 담은 제6공화국 헌법을 채택하고 대통령에 취임했다.

그 후 노태우 정권은 야당인 신민주공화당의 김종필, 통일민주당의 김영삼을 끌어들여 민주자유당(1990년)을 창설함으로써 강대한 보수기반을 구축했다. 그러나 노대통령 자신의 정치자금과 관련된 부정이 발각되자 급속히 지도력을 상실했으며, 1992년의 대통령 선거에서는 민주자유당 창설 이래의 최고위원인 김영삼 씨를 후계자로 지명하지 않을 수 없었다.

김영삼 최고위원은 1992년의 선거에서 대통령으로 당선되었지만 그 지지기반은 보수파로 불리는 이른바 '기득권층'이었다. 그러나 민주화와 정보공개에 대한 요구를 막아내지 못하고 1995년에는 1980년에 일어난 '광주사건'의 '진상규명'을 실시하여 전두환, 노태우 전직 대통령에게 유죄를 선고하기에 이른다. 이때 진상규명에서 활약했던 인물이 인권 변호사이자 나중에 대통령이 되는 노무현 씨였다.

그것은 그렇다 치고 김영삼 대통령 역시 정권 말기에는 정치자금에 대한 불신감으로 지도력을 상실하여 후계 대통령 후보를 선택할 능력조차 잃게 된다. 여당 내의 대통령 후보 선출을 위한 선거 결과 신한국당(민주자유당에서 1995년에 개칭) 후보로 이회창 씨가 선출되었지만, 1997년에 이루어진 국민의 심판에서는 야당인 김대중 후보(새정치국민회의, 후에 새천년민주당)를 선택했다. 이것은 한국에서 처음으로 달성된 선거에 의한 정권교체였지만, 사회의 기간이라 할 수 있는 언론과 경제계 등은 모두 보수파=기득권층이 장악하고 있었으므로, '집권야당'으로 불린 만한 상황이었다.

당시의 한국 경제는 정부와 재벌의 유착이라는 개발체제에 의

한 불합리성으로 말미암아 대외채무초과라는 문제를 안고 있었다. 그것은 마침내 1997년 12월에 타이의 바트화 폭락에서 시작된 아시아통화위기에 의해 표면화되고, 결국은 사실상 국가파산상태(대외채무불이행)로 발전했다. 따라서 '한국은 경제적인 국가의 독립성을 포기하면서까지 국제통화기금(IMF)에 구제융자를 신청할 수밖에 없었다'(다카하라 모토아키, 같은 책, 160쪽). 그러나 이 경제 위기는 오히려 한국에 큰 변화를 초래하게 된다.

> 아이러니한 것은 김대중 정권 시절에 추진한 이 'IMF개혁'은 바로 국내의 후기 민주화 운동의 표적이었던 정부-재벌의 유착으로 이루어진 한국의 개발체제를 정부 측에서 솔선해서 타파하려는 움직임을 보이게 된 것이다.
>
> 재벌개혁은 과거에도 여러 차례 한국의 좌우대립이라는 충돌의 중심점에 있었던 과제이며, '혁신'은 항상 개혁의 지체를 지탄하고 있었다. 그러나 IMF개혁은 노골적인 외압에 의해 그 개혁을 간단하게 추진해 나갔다.
>
> 문어발식 경영으로 여러 업종에 걸쳐 사업을 전개하고 한국경제 중심에 눌러앉아 있던 재벌과 그 계열기업은 속속 해체되었고, 예전의 명문 계열기업이 차례차례로 외자에 매수되어 갔다.
>
> 이것은 재벌 측만의 일방적인 해체였던 것이 아니라, 지금까지 줄곧 기업과 적대적인 운동을 펼쳐온 노조 측도 고통을 공유하

지 않을 수 없었다. 그리고 1998년 2월에는 노조의 반대를 무릅쓰고 그때까지 위법이었던 '정리해고제'가 도입되었다. IMF는 노동시장의 자유화까지도 융자조건에 넣고 있었기 때문이다.

이 무렵의 한국은 '국난'의 시기로 간주하고 좌우와 지역과 계급차이를 초월한 국가적 단결을 외치고 있었다.

이 과정은 1987년의 [6 · 29]민주화선언='6월혁명'을 통해 본격적으로 시작되었다고 하는 한국의 '중간층 시대'가 종말을 고한 때이기도 하다. 재벌 지배체제에 크게 의존하고 있던 견고한 기업조직의 해체는 그것을 전제로 하고 있던 개인의 생활방식과 가족관계도 크게 변화시켰다. 이것이 한국의 '신자유주의'였다. (다카하라 모토아키, 같은 책, 160~161쪽)

다카하라 씨는 일본, 한국, 중국이라는 동아시아 3국에서 공통적으로 일어나고 있는 '사회 유동화', 즉 '고도성장의 내셔널리즘'에서 벗어난 이후의 고용불안 등을 떠안게 된 시대의 새로운 사회 유동화 현상을 예리하게 분석하고 있는데, 여기에서는 더 이상 깊이 들어가지 않겠다. 그 대신 한국의 젊은 세대에 의한 유동화 현상이 1997년 이후에 시작되었다는 점에 특히 주목하여 생각해 보고자 한다.

예를 들면 간노 도모코 씨는 『좋아해서는 안 되는 나라—한국발! 일본을 향한 시선』(2005년)에서 한국의 젊은 세대(당시 20대)의 일본에 대한 시선이 확실히 변해 있음을 지적하고 있다. 그리고 그녀가 인터뷰한 한국의 평론가 김지룡 씨의 "개발도상국 출생의 선진국형 성장"(같은 책, 160쪽)이라는 말로 설명되는 20대가 그때까지의 한국인과 달리 사장이 되는 등의 사회적 지위 상승을 '성공'으로 생각하지 않고 오히려 좋아하는 일을 하며 살아가고 싶다는 생각을 갖게 되었다고 말한다. 이것은 분명히 앞에서 언급한 다카하라 씨의 논의와 상통되는 것으로, 그때까지 한국에서 통용되고 있던 생활방식이 크게 변했다는 것을 의미하고 있다. 그리고 이 세대는 일본을 평범한 외국 중 하나로 보는 시선을 지니고 있으며, 자니즈 사무소(일본연예프로덕션)의 탤런트나 오타쿠(특정 분야나 사물에만 관심이 있는 사람) 등의 현대 일본 문화에 끌리고 있다는 것이다. 이러한 현상은 1980년대까지 상식처럼 생각하고 있던 '일본은 싫지만 일본을 이기기 위해서 일본어를 배운다'는 감각과는 동떨어져 있다. 그리고 김지룡 씨는 이 세대가 사회의 중심이 되었을 때 비로소 한국이 변할 것이라고 전망한다.

화제가 본론에서 조금 벗어났는데, 이와 관련된 이야기는 뒤에 다시 나오기 때문에 그때 논하기로 하고 일단 한국 정치사로 되돌아가겠다.

김대중 정권의 종반에 있었던 차기 대통령 선거 여당 후보의 결정에서는 시민운동이 큰 영향을 미쳤다. 그때까지 젊은이들의 지지는 있었으나 그다지 국제적 지명도가 높지 않았던 노무현 후보가

시민들의 자발적인 네트워크 만들기 등을 통하여 강력한 지지를 받으면서 여당 후보가 되었고 2002년에는 마침내 대통령에 당선되었다.

그는 해방 후(일본의 패전 후)에 출생한 대통령으로, 젊은 지지층은 그의 '순수한 저항 민족주의'에 큰 매력을 느끼고 있었다고 할 수 있다. 앞서 말한 바와 같이 그는 '광주사건의 진상규명'에서 크게 활약한 인권 변호사이자 지역 간 대립을 해소하겠다는 신념을 관철시키기 위해 굳이 소속정당(혁신)의 기반이 약한 경상도에서 입후보했다. 이처럼 그야말로 한결같이 순수한 '저항 민족주의'는 앞에서 말한 '87년 민주화 투쟁 세대'의 공감을 가장 많이 모았다 해도 좋을 것이다. 그의 타협하지 않는 국회 운영은 보수계의 야당뿐 아니라 자신의 지지 기반인 민주당 수구파까지도 적으로 돌리고 말았는데, 그럼에도 불구하고 그를 지지하는 운동은 더욱 고조되었고, 그를 중심으로 나중에 사실상의 여당이 되는 '열린우리당'이 결성되는 등 낡은 시대와의 결별이라는 이미지는 강했다(현재는 탈당). 이때에 앞에서도 언급했던 당시 삼사십 대의 '87년 민주화 투쟁 세대'가 폭력에 의하지 않고 인터넷이라는 언론에 의해 지원을 계속했던 모습은 현무암 씨가 말한 대로 어떤 의미에서는 감동적이기까지 하다(이 '감동'이라는 말에도 정치성이 있다고 생각한다. 다음 장에서 자세히 언급하겠다).

노무현 당시 후보의 지지자는 대부분이 자주적으로 참가하였고, 또 인터넷이라는 '쌍방향적인' 도구를 활용하여 소통이 잘 되는 정권으로서 '로그인'된 대통령이다(현무암). 필자도 당시의 지지자들의 움직임에 대해서는 높이 평가한다. 하지만 무조건 좋게 평가하려는 자세는 바람직하지 않다. 그 이유를 설명하기 위해 방금 나온 '저항 민족주의'라는 말에 대해 생각해보고자 한다.

> 본서의 관점에서 볼 때 중요한 것은 민주화 투쟁에 있어서 반독재와 반'대일예속' 및 반'신식민지'가 밀접하고 불가분한 것처럼 파악되고 있다는 점이다. 미국과 일본을 중심으로 하는 국외에 대한 반발과 국내의 독재 권력 비판이 완전히 하나처럼 이어져 있는 것이었다.
>
> 〔중략〕
>
> 여기에서 알 수 있는 것은 일본에서 자칫 '반일反日'과 결부되기 일쑤인 '저항 민족주의'는 무엇보다도 먼저 자국의 개발 독재에 대한 이의를 제기하기 위한 것이었다는 점, 그런 의미에서 한국의 고도성장의 자긍심을 중시하는 '한국의 내셔널리즘'과는 대립 관계가 계속되어 왔다는 점, 그리고 그러한 국내의 정치적 대립과 대일·대미 관계에 대한 인식은 구분하기 어렵게 이어져 왔다는 점이다.(다카하라 모토아키, 앞의 책, 155~156쪽)

이상과 같이 현재의 한국 내셔널리즘은 크게 둘로 나뉜다. 다카하라 씨가 '고도성장의 내셔널리즘'이라고 칭한 것으로 보수파의 입장에 보다 가깝고, 대한민국이라는 국가를 개발하고 윤택하게 만든다는 인식에 토대를 둔 반공=반북한의 내셔널리즘이 그 하나이다. 그리고 이러한 독재 정권에 대항하는 민주화 운동에서 시작된 남북의 '민족'(한민족 · 조선민족)을 주체로 한 '저항 민족주의'가 있다. 이들은 마치 전혀 다른 것처럼 보이지만 독재 정권이 만들어낸 청사진과 이에 대한 반발로 깊어진 민주화 투쟁의 사상으로서, 서로가 거울에 비친 '상'임을 알 수 있다. 그리고 이 '민족'이라는 말은 그야말로 독재 정권에 대항하기 위해 만들어진 테제라는 의미가 있으며, 주로 '민족'은 '저항 민족주의'에 의해 유지되어 왔다는 사실을 확인해 두지 않으면 안 된다.

이 '저항 민족주의'가 완전한 의미에서 승리한(정권을 탈취한) 것은 2002년 대통령 선거에서의 노무현 후보의 당선과 이후의 노무현 지지운동이었다 해도 좋을 것이다. 그러므로 노무현 지지층은 예전의 독재 정권의 흐름을 이어받은 기득권층에 대해 매우 냉엄하다. '반민족법' 등이 그 대표적인 것이라 하겠으나, 역시 필자는 이에 대해 덮어놓고 기뻐할 수만은 없다.

앞에서도 언급했지만 일단 정권을 쟁취함으로써 '저항 민족주의'가 한국의 주류가 된 이상은 지금까지와 같은 '반독재', '반대일예속', '반신식민지주의(반미)' 등을 내거는 것도 물론 어느 정도의 의미가 있다고 할 수는 있으나, 모든 문제는 "'저항 민족주의' 외부에 있다"는 사고의 연장선상에 있기 때문에 역시 성숙함이 결여되어 있다고 말하지 않을 수 없다.

본래는 이와 같은 문제를 생각하는 데 있어, 강상중 씨가 기대하고 김철 씨가 우려했던 바와 같이 '자신의 내면에 있는 문제', 즉 '자신의 추악한 과거, 그것과 이를 악물고 마주하려는 용기'를 가지고 문제가 타자(구 친일파, 독재 정권, 기득권층)에만 있는 것이 아님을 깨닫지 않으면 안 될 것이다. 그것이야말로 성숙한 '민주화 투쟁의 적자嫡子'로서의 '민주 한국'이라고 필자는 믿고 있다.

유감스럽게도 지금으로서는 이와 같은 사고방식이 대세를 이루지는 못하고 있다. 2007년 말에 치러진 대통령 선거에서도 여전히 '저항 민족주의'의 구조에 대한 반성이나 변화가 있었다고는 말하기 어려운데, 그러한 의미에서는 '자기 자신을 직시'하지 않는 태만한 사상이라 하겠다. 한마디로 말하면 아직도 한국은 '저항 민족주의'에서 '졸업'하지 못하고 있는 것이다.

한편 이러한 흐름과는 별도로 한국 경제상황의 변화와 함께 최근 10년간 지금까지의 '고도성장의 내셔널리즘'이나 '저항 민족주의'와는 다른 '유동화 사회'를 살아가는 20대가 서서히 사회에 침투하기 시작했다. 그들이 도대체 어떤 사상을 키워가고 있는지 아직 알 수 없지만, 적어도 앞에서 보아온 두 유형의 내셔널리즘과는 거리가 있는 것이 확실한 것 같다.

그러면 이와 같은 정치 · 경제적 상황의 흐름과 현재 한국 사회의 주류를 이루고 있는 '87년 민주화 투쟁 세대'의 무의식에 대해 생각해 보고자 한다. 앞에서 언급한 '고도성장의 내셔널리즘'과 '저항 민족주의'가 일반적으로 어떻게 받아들여지고 있는지 궁금하다.

> 또 이전에 한 · 중 · 일 내셔널리스트와 대학교수가 모여 내셔널리즘을 둘러싼 심포지엄을 열었을 때도 마지막에 한국의 대학교수로부터 갑작스러운 발언이 있었다.
>
> "일본인과 한국인은 내셔널리즘을 받아들이는 방식이 다르다고 생각합니다. 한국인에게 있어서 내셔널리즘, 즉 국가주의는 안 되지만 민족주의는 중요한 것입니다."
>
> 그녀가 말하고 싶었던 것은 한국인에게 있어서는 '한국이라는 국가'와 '북한과 해외 동포까지 포함한 민족'은 별개라는 것이다. '일본이라는 국가'와 '일본인이라는 민족'의 범위가 거의 일정하게 정해져 있는 일본인과는 다르다는 말이다. 게다가 내셔널리즘이란 Nation state(국민국가)에 대해 사용하는 말로서, 민족주의는 거기에 포함되어 있지 않다는 것이다.(이토 준코, 『더 이상 일본을 의식하지 않게 된 한국인』, 215쪽)

이토 씨 스스로가 밝히고 있듯이 이것은 특별히 한국을 대표하는 의견은 아니다. 그러나 어떤 의미에서는 한국에 두 가지 내셔널리즘이 있다는 것을 알기 쉽게 나타내주는 말이기도 하다. 필자가 지금까지의 논의에서 사용한 말로 하자면 이 대학교수가 말하는 '국가주의'란 보수파에 의한 '고도성장의 내셔널리즘'이며, '민족주의'란 '저항 민족주의'가 될 것이다.

실제로 한국에서는 1990년대 말부터 내셔널리즘에 대한 비판이 활발하게 이루어지고 있었다. 그러나 이 책을 읽고 있는 당신은 다케시마(한국에서의 명칭은 독도)문제 등을 통해 느끼는 바와 같이 한국의 내셔널리즘이 고조되는 것을 보고 도저히 '내셔널리즘 비판'이 이루어지고 있다는 생각이 들지 않을 것이다. 이와 같은 불가사의는 한국의 내셔널리즘을 두 가지로 나누어 생각함으로써 해소될 수 있다. 즉 '대한민국이라는 국가를 주체로 한 고도성장의 내셔널리즘'은 사회구조의 변화와 함께 크게 비판받고 있다. 그러나 이를 대신한 '87년 민주화 투쟁 세대의 저항 민족주의'는 오히려 '순수하고 북한과 재외 동포를 끌어안는 좋은 내셔널리즘'으로서 칭찬받고 있다는 식으로 말이다. 실제로 한국에서는 후자의 입장을 '열린 내셔널리즘'이라는 말로 설명하는 경우가 많고, 앞으로 한국의 내셔널리즘이 나아갈 방향으로서 평가받는다. 그러나 내셔널리즘이라는 사상은 '열리는' 것이 가능한 것일까.

> 민족주의 비판에 대해 **열린** 내셔널리즘이 주장되는 경우도 있지만, 열린 민족주의란 근원적으로 존재할 수가 없다. '민족'을 실

체화하는 일 자체가 타자와 나 자신을 구별하고자 하는 욕망의 표출이며 그러한 '차이'의 발견은 필연적으로 차별과 배타성을 낳게 하는 것이기 때문이다. 민족의식은 국가를 유지하는 데 필수적인 것으로 여겨졌지만 다른 한편에서 민족주의는 폭력과 전쟁을 정당화한다.(박유하, 『반일 민족주의를 넘어서—한국인의 반일 감정을 풀어본다』, 안우식 역, 2005년, 217쪽)

필자도 이러한 의견에 동감한다. '열린 내셔널리즘'과 같은 '선의의 내셔널리즘'으로 해외 동포에게까지 손을 뻗치고 있지만, 좀 더 깊이 파고들어 생각해 보면 그러한 것이 반대로 해외 동포에게 인내를 강요하는 것이 아닐까 하는 위구심마저 든다. 이 위구심에 대해 다음 절에서 언급하고자 한다.

3. 한국인이란 누구를 말하는가
―'열린 내셔널리즘'에서 '큰 내셔널리즘'으로

2007년 3월의 일이다. 필자는 한국에서 재외연구를 진행 중에 있었는데, 어느 연구회에 초청받아 흔쾌히 참석했다.

자세한 내용은 생략하겠지만, 필자는 여기에서 믿을 수 없는 말을 듣게 된다. 서울 시내의 대학에서 철학을 가르치고 있는 어느 교수가 한국에 있는 외국인 노동자 문제에 대해 이런 발언을 했다.

> "아마 부족한 점도 있을 테고, 그들 입장에서 보면 차별이라고 느낄 수도 있겠지만, 이것은 한국인이 외국 사정을 잘 몰라서 그런 거니까 초들어 문제 삼을 만한 일은 아니라고 생각합니다."

필자는 그 연구회의 멤버도 아니고 또 말이 길어질 것 같아서

다 끝나고 한잔하러 갔을 때 이에 대해 조금 더 이야기해 보려는 생각으로 그 자리는 그냥 넘어갔다. 그리고 한잔하는 자리에서 조금 전의 논의를 계속해 보려고 질문을 했다.

> "모른다는 것은 역시 차별을 낳는 토양이 아닐까요? 물론 모든 점을 배려하는 것은 불가능하겠지만 반성적인 시점이 필요하지 않을까요?"

그런데 그 교수는 다음과 같이 대답하였다.

> "그렇지 않습니다. 모른다는 것은 차별하려고 하는 의사에 기인된 것이 아니므로 차별은 아닙니다. 첫째 우리가 그들을 모르는 것처럼 그들도 우리를 모를 것입니다. 서로 모른다는 것은 서로 다른 커뮤니티에 살고 있었다는 것을 의미하며 그것은 평화로운 것입니다."

독자 여러분은 이 말을 듣고 어떻게 생각할지 궁금하다. 분명 일본(인)이나 한국(인)이나 외국인 노동자의 커뮤니티에 관여하며 살고 있는 사람은 그렇게 많지는 않을 것이다. 그러므로 교수의 이야기도 어떤 의미에서는 다수의 의견을 대변하고 있는 것인지도 모른다. 그러나 서로가 다른 커뮤니티에 살고 있다 해도 머조리티의 부담 정도와 마이너리티의 부담 정도의 무게는 동일하지 않을 것이다.

서장에서도 논했지만 역시 중요하기 때문에 다시 언급하고자 한다. 예를 들면 독자 여러분이 '보통의 일본인'이다 치고 생각해 보자. 여러분에게는 재일외국인 친구가 있는지 궁금하다. 그 사람이 일본 국적을 취득한 재일조선인이었을 경우, 본인이 그것을 말하지 않으면 알아차리지 못할 가능성도 있지만, 그건 그렇다 치더라도 재일외국인과 사귄 적이 없다는 사람도 있을지 모른다. 만약에 여러분 주변에 있는 재일외국인이 권리운동 등을 전개하는 '정치적'인 사람이라면 당신은 그 교류를 부담스럽게 생각할지도 모르고 혹은 멀리할 수도 있다. 즉 여러분은 재일외국인 친구를 만들 것인지 말 것인지 선택할 자유가 있다. 그리고 가령 재일외국인 친구를 만들었다 하더라도 인사 정도 하는 사이로 할지, 그렇지 않으면 같이 놀러가거나 할 정도의 관계로 할지, 혹은 좀 더 깊은 우정을 맺고 서로의 사고방식 등을 비교하면서 공통점을 찾아낼 수 있을 정도로까지 발전시킬 것인지 그 단계 역시 선택이 가능하다.

이에 비해 재일외국인은 머조리티(일본인)를 무시할 수 없다. 무시하며 살아간다는 것 자체가 불가능하다. 일본 정부는 '일본인'의 것으로 일본 국적을 취득하지 않는 한 재일외국인에게는 참정권도 없다. 그 정도로 '일본은 일본인의 것'이라는 사고방식이 무의식 속에 만연되어 있다. 그런 환경에서 일본인을 무시하고 살아가라는 것은 무리한 발상이다. 일을 찾으려 하거나 학교에 들어갈 때도, 심지어 물건을 사거나 무슨 재해를 입었을 때도 일본인과 교류하며 일본인으로부터 정보를 얻지 않으면 아무것도 할 수 없을 것이다.

그런데 실제로는 이와 같은 일상의 정보를 얻을 수 있는 일본인 친구를 갖지 못한 재일외국인도 있다. 이런 경우 먼저 일본에 입국하여 이미 생활 기반을 잡은 같은 나라 출신자를 의지하게 될 것이다. 그러면 먼저 입국한 사람은 그 신참에게 달리 정보를 제공할 곳이 없다는 점을 노리고 이를 착취하는 사건이 끊임없이 발생한다. 그렇다. 재일외국인에게 있어서 일본인을 '무시'하고(실은 제외당하고) 사는 것은 결코 평화로운 결과를 초래하지 않는다.

이처럼 재일외국인에 국한해서 생각해 보더라도 마이너리티란 몹시 약한 존재이다. 그리고 머조리티는 일부러 이를 모르는 척한다. 혹은 솔선해서 '무시'하려는 사람이 있을지도 모른다. 필자도 '불만 있으면 당신네 나라로 돌아가라'는 말을 몇 번 들었는지 모른다.

일본에 대해서는 이미 논했기 때문에 여기에서는 한국에 대해 생각해 보기로 하자. 앞에 나왔던 철학교수가 말하고 싶었던 것은 무엇이었을까. 필자 나름대로 다음과 같이 정리해 보았다.

> "우리 한국인은 재한외국인에게도 너그러운 우수한 민족이다. 그러나 지금까지는 서로 모르는 부분이 많아 오해도 있었다. 이것은 특별히 한국인만의 책임이 아니라 외국인에게도 문제가 없지

않다. 그러므로 이제부터 조금만 있으면 한국은 외국인에게 매우 친절한 나라가 될 것이 틀림없다."

물론 이것은 필자의 상상을 정리해 본 것이다. 실제로 그는 자신보다 나이 어린 필자와 대등하게 논의하는 것이 싫었던지 상당히 고압적인 자세로 나왔다. 그래서 필자가 가지고 있던 여권(한국 국적이기 때문에 물론 한국 여권)을 보여주자 갑자기 분위기가 무거워졌고 예의 철학교수도 입을 다물고 말았다. 필시 그는 한국인과 똑같이 한국어를 구사하지 못하는, 아무리 봐도 '외국인 말투'가 배어 있는 필자를 한국인이라고는 생각하지 못했을 것이다. 그것은 머리로는 이해했어도 몸으로는 이해하지 못했다는 것인지도 모른다. 그럼에도 불구하고 필자는 한국 국적자인 것이다. 틀림없이 이 철학교수는 외국인으로 생각하고 있던 눈앞의 인물이 한국 국적이라는 사실에 당황했고, 그 인물에게 너그럽게 대하지 못했던 것을 깨달은 뒤 입을 다물고 말았을 것이다.

그러나 이와 같은 말로 상처 입는 것은 항상 '절취당하는' 쪽이지 '절취하는' 쪽은 아니다. 그렇다면 이 '절취'하는 쪽인 '한국인'이란 도대체 누구를 말하는 것인지 알아 볼 필요가 있다.

여기에 한국 정치학자인 강원택 씨가 쓴 「한국인의 국가정체성과 민족정체성—대한민국 민족주의」(『한국인의 국가정체성과 한국정치』, 2007년)라는 논문이 있다. 이 논문은 무엇을 가지고 한국인으로 간주하는가에 대해 여러 관점에서 설문 조사하고 분석한 것이다. 설문 조사 결과에서는 무엇을 가지고 한국인으로 여기는가에 대한 조건으로서, 첫 번째로는 '한국 국적'을 들었고(전체의 88.2%), 두 번째로 '한국어 사용'(87.0%), 나머지는 '전통과 관습의 준수'(82.1%), '대한민국에서 출생'(81.9%), '한국인 혈통'(80.9%), '한국의 정치제도와 법의 준수'(77.5%), '인생의 대부분을 한국에서 거주'(64.6%)의 순으로 나왔다(같은 책, 21쪽). 강원택 씨는 이와 같은 결과를 분석하면서 다음과 같이 말한다.

> 흥미로운 점은 '대한민국에서 출생해야 한다', '한국인의 혈통을 가져야만 한다'거나, '평생의 대부분을 대한민국에서 거주해야 한다'는 응답보다 국적 유지, 공동의 언어에 대한 중요성이 높게 나타났다는 점이다. 즉 혈연 공동체에 대한 강조나 한반도라는 지리적 연고 중심의 정체성 인식보다 대한민국이라는 정치 공동체의 소속감, 그리고 언어, 전통 · 관습 등의 문화적 요인에 대한 중요성의 인식이 더욱 높다는 점은 매우 주목할 만한 특성이다. 단순화의 위험이 있기는 하지만 이러한 결과는 혈연, 지연보다 소속감, 의식, 문화 요인이 한국인이라는 정체성을 규정하는 데 더욱 중요하게 작용하고 있음을 시사해 준다.(같은 책, 22쪽)

또한 어디까지를 '한국인'이라고 할지에 대한 설문에 관해서는 다음과 같은 결과가 나왔다고 한다. 한국에 사는 이른바 '한국인'은 설문자 자신도 스스로가 '한국인'이라는 것을 의심하지 않았기 때문에 선택지에서 생략한 것으로 보인다. 주변부의 '한국인'을 어디까지 인정할 것인가, 말하자면 상당히 거만한 의식을 바탕으로 이루어진 인터뷰라고 할 수 있다. 그렇다면 그들은 어디까지를 '한국인'으로 생각하고 있는지 궁금하다. '북한 동포'까지가 79.9%, 해외 동포 1세까지가 71.7%, 해외 동포 2세, 3세에 대해서는 34.2%로, 해외 동포라도 1세까지를 한국인으로 생각하는 사람이 과반수이고, 2, 3세에 대해서는 상당히 낮은 숫자가 나온 것이 특징적이라 할 수 있다. 또한 해외에 입양된 사람에 대해서는 57.9%가 한국인으로 인정한다고 생각했으며, 한국 국적 포기자에 대해서는 9.1%, 그리고 한국 국적 취득 외국인에 대해서는 28.1%에 머물고 있다(같은 책, 24쪽).

여기에 조금 전의 설문 조사 결과를 덧붙여 생각해 보면 다음과 같이 말할 수 있을 것이다. 가장 중요한 것은 '국적'으로 해외에 나가서 그 나라의 국적을 취득한 사람은 한국인이 아니라는 생각이 일반적이며, 또한 북한 사람이나 해외 동포 1세와 같이 한국말을 모국어로 사용할 수 있는 사람은 한국인으로서 인정하고 싶다는 의미일 것이다. 해외 동포 2세 이후의 세대에 대해서는 역시 언어에 문제가 있다는 점 때문에 한국인으로 간주되지 못하는 차가운 현실을 엿볼 수 있다.

그리고 무엇보다 심각한 문제는 한국 국적을 취득한 외국인을

'한국인'으로 인정하는 비율이 낮다는 것이다. 가장 중요한 것은 '국적'이라고 대답하면서도 그 '국적'을 취득한 외국인을 '한국인'으로 간주하지 않는 것이다. 이것은 해외 동포 2, 3세에게도 연속되는 문제다. 재일조선인의 경우 일본 국적 취득자가 늘기 시작하고는 있지만 여전히 2, 3세에게도 한국 국적이나 조선 국적자[5)]는 많다. 이러한 현상은 일본에서 일본 국적을 취득하기 위해서는 '귀화'라는 수속을 밟지 않으면 안 되기 때문에 그 수속에 대한 반발심에서 귀화가 잘 이루어지지 않는 상황과도 연관이 있지만, 이에 대해서는 생략하겠다.

강원택 씨는 문제 삼고 있지 않지만 필자에게 있어 가장 큰 문제로 생각되는 것은 이와 같은 해외 동포 2, 3세에 대한 인식과 한국 국적을 취득한 외국인에 대한 시선이다. 이 두 가지 문제를 함께 생각한다면 다음과 같은 결론을 내릴 수 있을 것이다. 얼굴 생김새나 피부색 등의 외관은 물론, 몸짓이나 신체적 동작(몸짓 언어) 등은 한국인으로 인정되는 조건으로서 의식화되기 이전의 당연한 것으로

5) 일제의 패전과 함께 재일동포들은 '조선'이라는 기호가 적힌 외국인등록증을 소지하게 되었다. 즉 당시의 '조선'이라는 기호는 남·북한의 구별 없이 한반도 출신의 동포들을 가리키는 용어로 사용되었던 것이다. 그런데 1965년의 한일국교정상화에 의해 '대한민국'이라는 국적이 새로이 만들어졌으며, 한국을 지지하는 사람들은 '대한민국'으로 국적을 바꾸게 되었다. 그렇다고 해서 '조선'이라는 기호로 남아 있는 사람들이 북한을 지지한다고는 말할 수 없다. 일본과 북한은 정식국교가 없어 북한을 지지하는 재일동포들에게 국적을 부여할 수 없을 뿐만 아니라, 남한과 북한 어느 편도 들지 않고 통일된 조국의 국적을 취득하겠다는 사람들 역시 '조선'이라는 기호로 남아 있기 때문이다. — 옮긴이 주.

여겨지고 있어서, 한국인과 다르다고 느끼는 순간 이미 '한국인'으로 간주되지 못하는 사람이 꽤 있다는 것이다. 그리고 언어에 대해서도 어쩌면 모국어 화자로서 한국어를 말할 수 있는 사람으로 상정되어 있어서, 해외 동포 2, 3세도 '한국인'으로 인정한다고 대답한 34.2%의 사람이나 한국 국적 취득 외국인을 '한국인'으로 인정한다고 대답한 28.1%의 사람들도 '언어가 자국인 수준일 것'을 전제조건으로 상정하고 있는 것은 아닐까 하는 점이다. 앞에서 언급한 설문 조사 결과에서 한국인의 조건으로 한국에서의 출생 여부와 한국인 혈통의 계승 여부가 높은 비율을 보이고 있는 것도 이것과 맥락을 같이하는 것임에 틀림없다. 그야말로 '절취하고 끌어안는' 상태라고 해도 좋을 것이다. 여담이지만 전술한 이명박 대통령은 2007년 말 대통령 선거 당시에 '모친이 일본인'이라는 네거티브 캠페인이 일어나 DNA감정을 한다는 둥 한바탕 소동이 일어났다. 이와 같이 한국에서는 이 '피'라는 것이 보수파나 혁신파를 막론하고 절대적인 것으로 여겨지고 있음을 알 수 있다.

이제는 이 절의 첫머리에서 언급한 내용에 대해 납득할 수 있을 것이다. 즉 한국어를 본국인처럼 사용하지 못하는(필시 몸짓 언어도 미묘하게 다를 것이다) 필자가 앞의 철학교수에게는 '외국인'으로밖에 비치지 않았을 것이다. 그 외국인이 '한국 여권'을 보여주자 그는 혼란스러워 한다. 이렇게 '외국인'으로밖에 보이지 않는 인간이, 아마도 부모 대부터 지금까지 '한국 국적'을 유지하고 있는 것이 틀림없는데, 그 이유는 무엇일까. 만약 국적을 가지고 '한국인'이라는 증거로 삼는다면 지금까지 무심코 상정해 온 한국인상을 포기해야 하지 않을까 하는 곤혹스러움이 그의 머리를 스치고 지나갔을지도 모른다.

이러한 이야기는 일본이라고 해서 남 일로 웃어넘길 수 있는 상황이 아니다. 실제로 여러분은 일본어를 하지 못하고 분명히 일본인과 다른 몸짓 언어를 가진 인물, 예를 들면 껴안거나 특별한 만남도 아닌데 악수를 청하거나 하는 인물을 '일본인'이라고 생각하지는 않을 것이다. 역시 무의식적으로 '외국 사람'이라고 생각하기 쉽다. 그런데 그 사람이 여러분 앞에 일본 여권을 내밀면서 "내 여권입니다"라고 한다면 틀림없이 혼란스러울 것이다. '일본인이란 누구를 말하는가'라는 생각으로 말이다.

이와 같은 상황에 대해 물론 비판적인 움직임도 있다. 예를 들면 해외 동포를 적극적으로 '한국인'으로 인정하는, '배제'가 아닌 '포섭'을 의식적으로 내세우는 경향이 있다. 예를 들어 앞에 나왔던 현무암 씨 같은 경우도 이러한 사고의 일익을 담당하고 있는 것으로 판단된다.

그런데 제국주의에 대한 대항 네트워크로서 존속했던 코리언 네트워크는 영역적 지배에 대한 대항 수단이었기 때문에 제국주의 붕괴와 함께 그 역할은 종말을 고한다. 그 뒤를 이은 냉전구조는 이전의 네트워크를 흔적도 없이 파괴했다. 분단 상황에 있던 남북 양 정부는 각자 네트워크의 회복을 시도하였지만, 그것은 결국 분단에 의해 일그러진 국민국가를 중심에 둔 재외코리언의 주변화를 초래하였다. 이러한 뒤틀림은 식민지 시대에 있어서의 재외조선인 연구가 주로 항일운동과 독립운동에 집중되고 있는 현실을 통해서도 확인된다.

그러나 근년의 탈식민지(post-colonial)에 대한 연구가 군사·경제·정치를 중심으로 한 영역적 지배에 관한 것이 아니라, 오히려 문화 및 정신적인 것 내지는 감정구조와 관련된 지배 문제의 영역에 눈을 돌리고 있다는 것을 생각하면, 이제까지 살펴본 코리언 네트워크의 의미를 더욱 주목하지 않으면 안 된다. 이러한 관점에서 볼 때 재일코리언은 한국 내셔널리즘의 연결고리로서 매우 중요한 요소라 하지 않을 수 없다. 게다가 오늘날 국민국가의 한계가 분명히 드러나고 동아시아의 광역적인 공간이 새롭게 주목받고 있다는 점을 생각하면, 그와 같은 공간에 퍼져 있던 코리언 네트워크의 역사적 의미는 대단히 중요하다고 생각한다.

그리고 무엇보다 근래 활발히 진행되고 있는 '한민족 공동체' 혹은 '한민족 네트워크 공동체'의 논의에 잠재되어 있는 한반도 중심주의를 상대화하기 위해서라도 코리언 네트워크의 역사적인 궤적을 거슬러 올라감으로써 확인할 수 있는 네트워크의 탈중심성과 쌍방향성을 참조하지 않으면 안 된다. 바꿔 말하면 공동체에 대한 이해도 없이 본국을 정점엔 놓은 피라미드식 구조를 상정하고 있는 듯한 한민족 공동체론은 상호작용적인 과거의 코리언 네트워크를 돌이켜봄으로써 탈중심적으로 재구성할 수 있고, 그렇게 함으로써 동아시아에 있어서의 자발적이고 분권적인 탈국가적 연대로서 자리매김할 수 있는 것이다.(현무암, 「동아시아 속의 코리언 네트워크—그 역사적 생성」, 『아시아 신세기 3 아이덴티티』, 2002년, 149~150쪽)

이 글은 소비에트와 만주의 조선인이 일제의 필요에 따라 쉽게 이용당할 위기에 처했음에도 불구하고 그 제국의 네트워크를 역으로 이용해 주체적인 네트워크를 독자적으로 성립함으로써, 대항 수단으로서의 민족주의를 키워나간 사실을 논증한 논문에서 인용한 것이다.

필자로서도 이러한 논의에는 공감한다. 그러나 이것이 말로만 그치지 않는다는 전제하에서 그렇다. 예를 들면 현무암 씨는 앞에 인용한 『한국의 디지털 데모크라시』에서 다음과 같이 말한 바 있다.

용어의 본래적인 정의에 의하면 보수의 진수란 전통을 옹호하고 공통의 역사체험을 중시하며, 그리고 공동체의 가치를 존중하는 것에 다름 아니다. 이를 생각하면 한국의 보수가 얼마나 많은 왜곡과 모순에 노출되었는지 분명해진다. 지금까지 한국에서 보수를 표방해 온 정당의 정책노선을 되돌아보아도 전통에 대한 의미는 물론, 지도자의 역할이나 엘리트의 책무 등 보수 이데올로기에 있어서의 근본적인 명제에 대한 언급은 거의 존재하지 않는다.

〔중략〕

더욱이 보수의 최상위 개념이 민족 공동체라고 할 때, 한국의 보수가 대일협력행위를 자발적으로 행했던 '친일파'의 계보를 이어받음으로써 오늘날의 '친일진상규명법'에 위기감을 느낄 뿐 아니라, 일본의 식민지 통치를 '축복'으로 생각하는 것 자체가 이미 보수의 '진수'에서 동떨어져 있음을 의미한다.

특히 보수 세력의 대형 집회가 열릴 때 성조기를 펄럭이며 미국에 대한 '충성심'을 표명한다는 점에서 상징적이다. 그러므로 **한국의 우익은 일본의 우익과 손을 잡는 데 주저함이 없다. 일본의 우익단체가 한국이 실효적으로 지배하고 있는 독도(다케시마)에 상륙을 시도하더라도 『독립신문』과 『사이버뉴스24』 등의 우익사이트는 그것을 거론하지 않는다.** 반공과 기득권을 수호하기 위해서라면 미국은 물론 일본의 우파세력과도 손을 잡는 것이 한국의 '보수'다.(강조는 인용자. 같은 책, 127~128쪽)

이전과는 전혀 다르게 상당히 감정적인 말투로 변해 있는 것이 마음에 걸린다. 어쨌든 보수파(기득권층='고도성장의 내셔널리즘')를 '우익'이라고 일방적으로 단정 짓는 것은 온당하지 못하다. 가령 이런 점을 배제하고 생각한다 하더라도 그가 말하고 싶은 것은 이른바 혁신 · 개혁 세력(노무현 지지층)이나 혹은 그 사상인 '저항 민족주의'야말로 본래 보수파가 지니고 있어야만 하는 사상 · 기능까지도 갖추고 있다는 주장에 관한 것이라 해도 무방할지 모른다. '저항 민족주의'야말로 '가장 순수한 민족주의'라는 주장 말이다.

그런데 이러한 현상은 어쩌면 당연한 것이다. 이들은 그 이전 세대와 달리 '고도성장의 내셔널리즘'이 안고 있던 '막후의 사정'을 모르기 때문이다. 그리고 학교 교육을 통해서 배운 민족주의의 원칙을 이행하지 않는 현실을 '더럽다'고 느끼자 극히 순수한 분노를 응집시키더니 마침내 군사 독재 정권을 무너뜨리기 위한 운동을 전개했던 세대가 아닌가. 그리고 그들이 사회의 중심을 이루는 연령에 달하자 그 이전의 기득권층을 혐오하였으며 마침내는 혁신 · 개혁 세력(순수한 사상)의 정권을 수립하기에 이른다. 따라서 그들은 '민족'을 보다 이상적인 것으로 끌어올리려 노력한다. 북한을 적대시하지 않고 재외 동포를 차별하지 않는 '열린 내셔널리즘'으로서의 '저항 민족주의'로 승화시키고자 하는 것이다. 이러한 움직임 자체는 얼핏 정당한 것처럼 생각된다.

> "당신도 아마 민가에 쳐들어가 먹을 것을 빼앗던 무리 중의 하나였을 거야. 쓸모없는 남정네와 노인은 죽이고 처녀(쿠냥)는 채갔겠지. 포로로 잡은 여군(뉴이빙)을 학대했을 것은 뻔하고 말이야.

총검을 들이댄 채 옷을 찢고 실컷 노리갯감으로 삼은 후에는 헌병대에 연락하지 못하도록 생매장했겠지. 자기 무덤자리를 스스로 파게 하고는 말이야. 그랬을 거야. 당신 역시 유지소이탄油脂燒夷彈으로 갓난애를 태워 죽이는 패거리들과 다를 게 없다는 거야."

우스이 오장은 열려던 입을 다물었다. 대꾸하려다 말문이 막힌 그의 얼굴이 일그러지는 것을 사토시는 보았다.

마치 속마음을 들킨 듯한, 선수를 몇 수나 간파 당했음을 알아차린 듯한 동요를 감추지 못하고 있는 오장을 나루세는 똑바로 올려다보고 있었다.

내가 알려 주지.

나루세의 등이 그렇게 중얼거리는 순간, 식칼이 달빛을 반사시켰다.

"그것은 마귀와 같은 짐승이나 하는 짓이다!"

〔중략〕

전쟁이 끝났다.

일본이 패했다.

더 이상 왜곡된 가치관에 따라 행동하지 않아도 된다.

이제는 끝났다.

사토시의 목소리가 떨렸다.

이해理解라는 파도에 떠밀린 우스이 오장의 눈이 크게 열리려는 순간에 식칼은 최단거리를 돌진해 갔다.

마치 목표물에 빨려 들어가듯이.

이명耳鳴은 끊임없이 계속 울려댔다.

나루세의 이름을 외쳐 부르는 소리가 언덕에서 들려왔다.

요시코의 목 속 깊숙한 곳에서 지르는 비명이 들렸다.

그리고 뿜어 나오는 피를 전신에 뒤집어쓰고 있는 나루세의 외침 소리도.

우리는 **성전**聖戰에 모든 것을 바쳐왔단 말이야.(고도코로 세이지, 『분기점』, 2003년, 360~361쪽)

이상은 1945년 8월 15일에 13세의 황국 소년 나루세 노리유키成瀨憲之가 '성전'의 '이상'을 훼손하는, 즉 당시의 추악한 상황을 당연시하고 있는 우스이 오장(현역 병사, 중국전선을 경험)을 마침내 살해한다는 내용의 소설이다. 이 무렵의 일본은 대동아공영권의 이상을 온갖 대중 매체를 통해 전파시키고 있었다. 물론 학교에서도 상황은 다르지 않았다. 아니 학교에서는 보다 심했을지도 모른다. 그리고 이러한 교육을 가장 직접적으로 받은 것은 1930년대에 태어난 '황국 소년' 세대였을 것이다. 그보다 이전 세대의 사람들은 어느 정도 현실을 파악하고 있었으므로 이상대로는 되지 않을 것이라는 점을 알고 있으면서도 모른 체하는 기술을 지니고 있었을 것이다. 이것이 필자가 말하는 '막후의 사정'이다. 여기에 인용한 내용은 소설이기는 하지만 충분히 있을 수 있는 심리적인 갈등을 묘사하고 있다고 생각한다.

비교문학의 용어에 병행(parallel) 관계라는 것이 있다. 다른 문화권이나 지역에서 비슷한 상황이(직접적인 영향 관계는 없더라도) 있을 수 있다는 것을 설명하는 내용이다. 전형적인 것으로는 근대화라는 사회적인 상황이 이에 해당될 것이다. 황국 소년이 일본의 '성전' 사상을 온몸으로 받아들여 '순수하게' 그것을 이행하려 했던 탓으로 현실적인 전투의 '더러움'에 분노해 간다는 상황은 한국의 '고도성장의 내셔널리즘'과 '저항 민족주의'의 대립에 견주어 생각해 볼 수 있다.

한국에서는 해방 후(일본의 패전 후)에 민족주의 교육이 서서히 형태를 잡아갔다. 이것이 한국의 '고도성장의 내셔널리즘'이다. 불행인지 다행인지 이른바 '저항 민족주의'의 노무현을 지지하는 중핵 세대(87년 민주화 투쟁 세대)는 그것이 완성된 이후밖에는 모른다. 이들에게 있어서 그때까지의 세대가 말로는 반일·반공의 민족주의를 외치면서도 실상은 '친일파'였거나 독재 정권의 지지자였다는 현실을 '더럽게(불성실하게)' 느꼈다고 해도 무리가 아니다. 예전의 보수파(기득권층)는 해방 직후의 혼란 속에서 구 '친일파'를 일소하기 위해서는 그야말로 국가 운영 담당자와 사무 담당 능력자를 모두 배제시키지 않으면 안 되었을 것이다. 그렇지만 이승만의 '반일 이데올로기'는 공허한 외침으로 끝나고 사실상 '친일파'와 결탁함으로써 한국은 '건국'되었다(상세한 것은 「한국 '건국이념'의 문학적 전개—'남한' 문단의 이데올로기 통일과 김동리」, 졸저 『조선근대문학과 내셔널리즘—'저항 내셔널리즘' 비판』 제4장 참조). 이와 같은 '언행 불일치'라고도 할 수 있는 '현실과의 타협'은 이후의 보수파 정권에 일관되게 존재해 왔는데, 동심을 지닌 청년으로서의 노무현 지지층에게는 '불성실'한 것으로밖에 보이지 않았을 것이 틀림없다.

그와 같은 부모 세대를 보고 자라온 '순수한 민족주의자'는 아마 주저 없이 사태의 개선=보수파 일소를 생각하게 될 것이다. 이와 같은 단계를 거쳐 노무현 지지세대는 '87년 민주화 투쟁'과 '2002년 대통령 선거(노무현 정권의 성립)'를 통해 멋지게 '부친살해(보수파 일소, 기득권층 비판)'를 결행했다. 이러한 일은 일제의 패전 뒤에는 볼 수 없었던 움직임이다.

필자가 '순수한 민족주의'라는 말을 사용하는 것은 순수 배양에 가까운 형태로 민족주의를 교육받은 세대가 이전 세대의 '고도성장의 내셔널리즘'과의 충돌 속에서 새로운 사상을 키우고 있었다는 점에 토대를 두고 있다. 그리고 그것이 순수하면 할수록 무의식적인 부분에서 과욕으로 인한 여러 가지 실수를 면하기 어렵다. 그것이 앞에서 언급한 '열린 내셔널리즘'의 문제다.

앞에 나온 현무암 씨의 논의에 입각하여 생각해 보자. "일본의 우익단체가 한국이 실효 지배하고 있는 독도(다케시마)에 상륙을 시도하더라도 우익사이트가 거론하지는 않는다"라고 하는 말과 같이 독도=다케시마 문제에 관해 불필요한 언급을 하고 있다고 느끼는 것은 필자에만 국한된 것인지 궁금하다. 필자는 다케시마=독도를 한국이나 일본이 점유하지 않는 공동의 장으로서, 그곳을 오히려 한일우호의 상징으로 삼는 것이 좋겠다는 생각을 지니고 있다. 이것은 필자만의 생각이 아닐 것이다. 박유하 씨도 저서에서 다음과 같이 말하고 있다.

> 전쟁을 하면서까지, 즉 평화를 훼손하면서까지 '지킬' 가치가 있는 영토란 없다. 설령 그곳에서 엄청난 가스가 나온다 하더라도 혹은 엄청난 양의 물고기가 잡힌다 하더라도, 나아가 외화를 벌어들일 엄청난 관광자원이 있다고 하더라도, 현재의 독도가 낳을 수 있는 최상의 가치는 한일 간의 평화이다.
>
> 일 년의 반은 폭풍이 몰아치고 실제로는 그다지 큰 이용가치가 없다는 독도를 좀 더 가치 있게 만드는 길은 증명되지 않은 화려한 수식어를 남발하면서 그 소유권을 주장하는 데 있는 것이 아니라 독도를 통해 슬기롭게 화해하는 일이다. 독도에 자원이 있다면, 함께 개발하는 방법도 있을 것이다. 경상도와 시마네 현의 어민들이 함께 이익을 추구할 수도 있다. 자유무역협정이 일반화되는 이 시대에 그것은 현실적으로 그리 어려운 일이 아닐 것이다. 설사 독도의 '경제적 가치'를 굳이 따진다 해도, 서로에 대한 호감을 바탕으로 한 문화교류가 창출하는 가치 쪽이 훨씬 높을 것임은 분명하다. 그런 의미에서도 독도를 어느 한 쪽이 차지하면서 또다

> 시 수십 년 혹은 더 먼 후대에까지 불화의 불씨를 남겨 놓는 것보다는 서로 양보하면서 공유하는 편이 훨씬 나을 수 있다.
>
> 그렇게 독도가 한일 간의 평화를 상징하는 '평화의 섬'이 될 수 있다면, 그날은 한일 양국이 진정한 화해로 가는 길로 커다란 한 걸음을 내디딘 날이 될 것이다.(박유하, 『화해를 위해서—교과서·위안부·야스쿠니·독도』, 사토 히사시 역, 2006년, 211~212쪽)

필자도 박유하 씨와 같은 의견이다. 노무현 정권 및 '87년 민주화 투쟁' 세대라 할 수 있는 노무현 지지세대의 여론이었던 '저항 민족주의'는 독도=다케시마를 역사적으로 한국의 영토라고 강하게 주장하고, 특히 '실효 지배'를 한국 점유의 근거로 삼고 있다. 그리고 이에 대한 보수파(기득권층)의 주장이 약하다는 점을 들며 타협이라고 비난한다. 아마도 한국에서 특히 '순수한 민족주의'에 빠져 있는 노무현 지지층에게 있어서 '독도는 한국의 영토'라는 것은 절대로 양보할 수 없는 주장일 것이다. 덧붙여 말하자면 독도=다케시마에 대해서는 90%이상의 한국인이 한국의 영토로 생각하고 있는데, 학교 교육에 의해 한국의 영토로 인식하게 된 것이 아니라, 그 이전의 가정과 사회의 독도 인식이 학교 교육에 의해서 공인되는 상황에 있는 것 같다(자세한 것은 현대송, 『영토 내셔널리즘의 탄생』, 2006년 참조).

그렇다면 이른바 '고도성장의 내셔널리즘'이라는 관점에 서 있는 기득권층=보수파도 틀림없이 독도=다케시마를 한국의 영토로 생각하고 있을 것이고, 한국의 '우익'이 일본의 '우익'과 짜고 독도=다케시마를 지키지 않는다는 현무암 씨의 말은 너무 일방적인 표현이라 하지 않을 수 없다. 물론 한국의 보수파와 혁신파는 특히 독도=다케시마에 관해서는 '나쁜 의미에서' 일치하고 있으며 그 점유권을 당연시함으로써 '불화의 불씨'를 남기고 있다(만약을 위해 말해 두지만, 이는 다케시마를 일본의 영토라 주장하는 일본의 보수파에게도 공통된 '악'이다). 그리고 그 사상에는 앞에서 살펴본 박유하 씨의 간절한 염원과는 역시 거리가 있는 것 같다. 게다가 한국에서는 그 격렬한 영토 의식에 촉발되어 표출되는 '내셔널리즘'을 보수파와 혁신파 모두 결코 나쁜 것으로 생각하지 않는다.

예를 들면 한국의 MBC라는 방송국의 '일본공부모임'에 초대받았을 때 나는 이런 발언을 한 적이 있다.

"역사인식이나 영토 문제는 아무리 말해본들 내셔널리즘이 격돌하기 때문에 해결은 어렵다. 애당초 역사인식의 일치 같은 것은 국내에서도 불가능하고 차라리 그런 부분을 애매한 상태로 놔두는 것이 국제정치가 아닐까. 우리 같은 일반 국민은 그보다도 환경이나 식량 등의 일상적인 문제에 서로의 지혜를 교환하는 편이 보다 유익할 것이다."

이렇게 말했더니 참가자 중의 한 사람이 "영토 문제를 주장하는 것은 내셔널리즘이 아니다"라고 말했다.

"나는 내셔널리즘이란 〈타민족을 깔보는 듯한 의식〉이라고 생각합니다. '독도(다케시마)는 우리 땅'이라는 것은 내셔널리즘도 뭣도 아니라 국가의 입장을 표명하고 있을 뿐입니다."(이토 준코, 앞의 글, 214쪽)

그들은 순수하다. 자신이 하고 있는 일이 '타민족을 깔보는 듯한 의식'을 갖고 있지 않은 이상 '배타적 내셔널리즘'이라고는 생각하지 않는다. 바꿔 말하면 외국인 노동자 등에 대해 배타적으로 대하는 것에는 매우 비판적인 태도를 취한다는 것이다. 그러나 영토를 둘러싼 문제는 역시 '불화의 불씨'임에는 틀림없고, 배타적 내셔널리즘과 결부되는 것도 분명하지 않은가. 그래도 이 '순수한 민족주의'로서의 '저항 민족주의'는 순수하게(선의로) 그리고 자신이 배타적임을 눈곱만큼도 깨닫지 못하고(무의식적으로), '열린 내셔널리즘'(외국인 노동자 등을 차별하지 않고, 자국에 자긍심을 가진다는 의미일 것이다)이라는 말을 사용하며 내셔널리즘을 연명시키고 있는 것이다. 이와 같은 한국에 있어서의 '무의식적인 선의의 내셔널리즘'은 어떤 의미에서 현무암 씨를 전형으로 하는 '저항 민족주의' 혹은 '순수한 민족주의'를 통해서도 엿볼 수 있다.

미리 말해 두지만 현무암 씨의 논의가 모두 나쁘다는 말을 하고 있는 것이 아니다. 그가 말하고 있듯이 '국민국가의 한계가 분명해'지고 있는 지금 네트워크라는 사회적 유대의 중요성은 보다 증대될 것이 틀림없고, 그것이 '국민국가의 내셔널리즘'(한국의 '고도성장의 내셔널리즘')을 넘어서기 위해 필요한 절차라고 생각한다. 그러나 이러한 과정에서 재외 교포에 대해 얼마나 배려하고 있는지, 말만이 아니라 제대로 된 상상력을 담고 있는지와 같은 의문이 꼬리를 잇는다. 필자는 이것이 '열린 내셔널리즘'이라는 말로 포장된 '큰大 내셔널리즘' 바로 그것일지도 모른다는 생각을 지니고 있다.

이것은 독도=다케시마만의 문제는 아니다. 한국에는 좀처럼 사라지지 않는 '고지故地 의식'이라는 것이 있는데, 주로 구舊 만주와 일본의 쓰시마對馬에 대해 회복해야 할 영토라는 사고방식을 지금도 지니고 있다. 이와 같은 사고방식을 지지하는 것 또한 노무현 지지 세대인 '87년 민주화 투쟁 세대'이다. 이러한 '고지 의식'을 청산하지 않고 코리언 네트워크라는 것을 상정한다면 그것은 역시 현무암 씨 자신이 비판하고 있는 바로 '한반도 중심주의'가 아니고 무엇이겠는가. 실제로 만주에 대한 '고지 의식'을 청산하지 않고 한국과 중국의 조선족을 네트워크로 연결하는 것은 위험하다. 그리고 재일조선인과 독도=다케시마, 그리고 쓰시마에 있어서도 상황은 마찬가지다. 이와 관련된 것은 다음 절에서 상세히 논하기로 하겠다.

4. 한국의 영토 의식과 '큰 내셔널리즘'

앞에서 인용한 강원택 씨의 논문에는 다음과 같은 설문 조사 결과가 실려 있다. '연령별 영토 의식'이라는 것이 그것이다.

영토 의식에 관해서는 ① '남한지역(현행의 대한민국 영토)만을 한국이라고 생각한다' ② '북한을 포함한 한반도 전체를 한국이라고 생각한다' ③ '한반도+만주가 한국이라고 생각한다'라는 항목을 제시했더니, 20대는 ①36.7% ②39.9% ③23.4%라는 결과가 나왔다고 한다. 한편 30대는 ①30.4% ②40.8% ③29.2%, 40대는 ①21.4% ②50.0% ③28.6%, 50대는 ①13.9% ②59.7% ③26.4%, 60대는 ①24.0%, ②56.7%, ③19.3%였다.

여러분은 여기에서 '왜 만주를 한국의 영토로 생각하는지' 의아하게 생각했을지도 모른다. 그리고 '왜 그것을 지지하는 사람들이 이렇게나 많을까' 하는 점에 대해서도 말이다. 사실이 그렇다. 한국에서는 만주와 대마도(!)에 관해서는 여전히 한국의 영토라는 의식이 뿌리 깊게 자리하고 있는 것이다.

> 오늘날에도 한국인의 대마도 고토故土 의식은 잠재된 형태이지만 그것은 고구려와 발해의 고토인 만주에 대한 향수, 일제의 농간에 의해 빼앗긴 간도間島에 대한 실지회복의식失地回復意識과 함께 여전히 남아 있다. 대마도 영유권과 반환을 주장한 이 대통령의 발언은 면면히 이어져 내려온 한국의 전통적인 대마도 인식을 바탕으로 해서 나타난바 나름대로의 역사성이 있는 것이다. 이는 일본이 독도 문제에 대해 영유권을 주장하면서 제시하는 역사적 근거와 비교해 볼 때 훨씬 시기적 연원도 깊고 자료도 풍부하다고 할 수 있다.(하우봉, 「한국인의 대마도 인식」, 『독도와 대마도』, 한일관계사연구회 편, 1996년, 155~156쪽)

놀랍게도 일본의 독도 영유권 주장보다 한국의 대마도 영유권에 대한 주장이 역사적으로 더 근거가 있다는 것이다. 이미 앞에서 언급했듯이 필자는 독도가 일본 영토라는 생각을 가지고 있는 것이 아니라 한일에 의한 공유화를 주장하고 있다. 그렇다 치더라도 이 논문은 특별히 한국의 정치가가 쓴 글이 아니다. 버젓한 대학에 적을 둔 연구자가 쓴 학술서이며 그것이 문제의 뿌리가 깊음을 말해주고 있다. 실제로 필자는 2005년과 2007년에 쓰시마를 방문한 적이 있는데, 쓰시마를 대표하는 이즈하라嚴原의 술집에서 벽에 붙은 터무니없는 메모를 보고 놀란 기억이 있다.

쓰시마는 한국 부산시에서 배로 가는 직항편이 있기 때문에 한국 관광객들이 많이 온다. 그 술집은 한국에서 온 손님을 기분 좋게 받아 주는 곳이었다. 예를 들면 원래 술의 반입은 안 되지만 한일 친선을 위해서 허용하고 있다고 한다. 그리고 찾아온 한국인 관광객은 가게 주인이 준비해 놓은 색종이에 각자의 생각을 적어 가게 안에 빼곡히 붙이고 돌아간다. 그러나 그 50장쯤 되는 종이 속에 '대마도는 되찾아야 할 우리 땅'이라고 쓰여 있는 것이 10장 이상이나 있어서 필자를 매우 불쾌하게 만들었던 일을 잊을 수 없다. 가게 주인은 한국어를 배우지 않았다. 그래서 주인은 그들이 뭐라고 썼는지 알 수 없다. 그것을 기회로 '대마도 고토 의식'을 아무데나 흘려놓고는 의기양양하게 '민족주의'를 구가하는 20%에 달하는 한국인들. 물론 그런 사람들만 있는 것은 아니다. 나머지 80%는 우호적인 분위기의 글을 남기고 있었는데, '대마도는 한국 땅'이라는 의식이 극히 일부의 의견이라고 해서 일축할 수 있는 성질의 사안은 아니다.

보다 구체적으로 언급해 보겠다. 2005년에 시마네 현島根縣이 '다케시마의 날'을 제정하자 한국의 경상북도는 '독도의 달'을 조례로 정했으며, 더욱이 같은 경상도에 있는 마산시에서는 '대마도의 날'에 관한 조례를 만장일치로 채택했다. 이 조례에는 대마도에 대한 영토권을 주장하고 있다.

이러한 상황은 앞의 논문에 나왔던 설문 조사 결과와 상통한다. 20%에서 30%에 가까운 한국인이 '만주는 한국 땅'이라고 생각하고 있다는 것은 그리 놀랄 만한 숫자는 아니다. 그리고 '만주 고지 의식'이 가장 강한 세대가 삼사십 대의 노무현 지지세대('87년 민주화 투쟁 세대')라는 것도 그들의 '순수한 민족주의'를 생각하면 당연한 귀결일지도 모른다(앞의 인용에서는 '고토 의식'이라고 했는데 이후로는 만주와 대마도에 대한 한국인의 영토 의식을 '고지故地 의식'으로 통일하고자 한다).

그들은 학교에서 고구려는 만주 전역에 걸쳐 광활한 영토를 가지고 있었다고 배웠을 것이다. 한국은 결코 나약한 나라가 아니며, 중국과 대등하게 맞설 정도의 국력을 지녔던 시기도 있었다는 식으로 말이다. 그리고 대마도는 조선왕조를 섬기고 있던 직할영지였다고 들었을 것이 틀림없다. 이런 교육에 의해서 '고지 의식'은 생산되었을 것이다. 이것이 '순수한 민족주의'의 영토 의식이다. 물론 그렇다고 해서 지금 바로 한국이 대마도와 만주에 대해 정식으로 영토권을 주장하리라고는 생각하지 않지만, 이러한 의식이 잠재되어 있는 것 자체가 문제라 할 수 있다.

필자는 여기에서 한국을 규탄하고자 이 글을 쓰고 있는 것이 아니다. 또 이와 같은 비판은 일본의 사할린에 대한 인식에 있어서도 가능할 것이다. 문제는 이런 인식이 평화와는 거리가 먼 '불화의 불씨'밖에 되지 않는 것임에도 불구하고, 이와 같은 '영토 의식' 내지는 '고지 의식'을 청산하려는 구체적인 움직임이 없다는 사실을 필자는 심각하게 받아들이고 있다.

서장에서도 언급했듯이 재일조선인과 중국조선족은 각각 '복수複數의 아이덴티티를 가진 자'이다. 그러므로 이와 같은 '고지 의식'을 청산하려고 하지 않는 '민족주의'와 함께 네트워크를 구축한다는 것은 불가능한 일이다. 예를 들면 독도 문제로 일본과 한국 간에 분쟁이 발생했을 때, '한국이 실효적으로 지배하고 있다'는 것을 무기로 논의에 나선 한국 '민족주의'와 재일조선인이 네트워크를 구축하고 있다고 치자. 그럼 그때의 재일조선인은 일본 내에 거주하는 자로서 '최전선'에 내몰리는 형상이 된다. 설사 일본의 대항체제와 싸우지 않는다 하더라도 그 나름의 '인내'를 강요받게 되는 것이다. 마찬가지로 '만주는 한국의 고지다'와 같은 주장을 한다면 중국 국내에 있는 조선족의 입장은 곤경에 처하기 마련이다.

필자의 부모님은 불고기집을 운영하고 있었는데, 한국에서 독도=다케시마 문제가 불거져 나올 때마다 일본 국내에 거주하고 있는 한국 국적자로서 참으로 곤란한 처지에 빠지곤 하였다. 한국 측에서는 이런 처지가 얼마나 괴로운 것인지 생각해 볼 필요가 있다. 그렇지 않으면 네트워크만을 우선시하고 개인의 생활은 무시되는 형국이 되고 말 것이다. 그리고 여기까지 생각이 미치지 못하는 네트워크는 말잔치일 뿐이라는 비판을 받는 것도 당연한 일이다. 그것이 비록 '선의'에 의한 것일지라도 무의식적으로 해당 국가의 한국계 사람들(한국 국적, 조선 국적, 그리고 해당국 사람과 연계된 귀화한 한반도 출신자들)의 생활을 고려하지 못하는 것이라면 이것 역시 '한국 중심주의'라고 비판할 수밖에 없다. 적어도 그것은 국민국가를 넘어서지도 못했으며 '한반도 중심주의'를 비판할 수 있는 것도 아니기 때문이다.

그러므로 제일 먼저 문제가 되는 것은 이 '고지 의식'의 청산이다. 그러나 필자는 이러한 의식이 비판받기 위해서는 상당한 시일이 필요할 것으로 생각하고 있다. 지금은 '무의식적인 선의의 내셔널리즘'이라는 순진한 마음속에 독도=다케시마는 물론이고 만주와 대마도까지도 한국의 영토가 아닐까 하는 잠재의식을 가지고 있기 때문이다. 그것이 해당 국가에 사는 한국계 사람들에게 어떠한 영향을 미칠지는 고려되지 않기 때문에, 한국이 국민국가를 넘어서기 위한 시도의 일환으로 재일조선인과 중국조선족을 이용하고 있는 것이 아닐까 하는 위구심마저 든다. 필경 그것은 한국을 중심에 둔 구상일 뿐이다.

'카자흐스탄 고려인 정착 60주년 기념 〈중앙아시아 고려인의 역사, 문화, 언어〉 국제학술회의'라는 명칭을 내건 심포지엄은 그동안 겪었던〔1937년 스탈린에 의해 조선인들이 중앙아시아로 강제이주를 당했다고 한다〕 고난의 역사를 재조명하고 마이너리티로서의 민족문화의 장래를 토론하는 장으로서, 페레스트로이카와 소련 해체가 이루어짐으로써 비로소 실현된 특별한 순간이었다. 당시의 참가자 명단을 보면 카자흐스탄에서 15명, 한국에서 27명, 일본에서 5명, 우즈베키스탄에서 5명, 미국, 캐나다, 프랑스에서 각 1명으로, 총 인원 60명 이상이 참가한 국제 심포지엄이었다는 것을 알 수 있다.

먼저 세계 각지의 한국인 커뮤니티를 연구해 온 한국의 민족학자가 '한민족'으로서의 자긍심을 호소하는 기조연설을 했다.

관동 대지진 때의 조선인 학살과 구소련에 의한 강제 이주, 그리고 1992년 로스앤젤레스에서 일어난 한국인 상점 습격을 해외 교포가 겪은 3대 사건이라 규정한 뒤 그러한 수난의 역사에도 불구하고 전 세계 530만에 달하는 교포가 기적적인 발전을 이루어 온 역사를 되돌아보았다.

일본의 침략은 조선이라는 조용한 '항아리 속의 물'을 사방으로 흩어지게 만들었다. 그러나 이것은 글로벌화의 개막이기도 하였다. 수많은 고난을 겪어온 한민족은 제국주의 시대의 노예였던 모든 민족을 해방시키기 위해 선택받은 민족이다. 그렇게 단언한 뒤, 바야흐로 10대 강국에 진입하려는 한국은 카자흐스탄의 고려인과 부를 함께할 사명을 지니고 있다는 말로 끝맺었다.

이것은 역사라기보다는 신화에 가까운 이야기였다. 수난이 영원한 영광으로 이어진다는 그리스도교적 신학이 농후한 수사修辭

는 민족의식을 고무하려는 저의가 너무나도 훤히 들여다보였다. 그러나 이 뜨겁고 건조한 공기 속에서 이야기의 초점은 흐려져 있었다.

이후에 차츰 알아들을 수 있게 되었지만 현지 고려인들은 이러한 말에 대해 극히 냉담했으며, 높은 곳에서 내려다보는 듯한 한국인에게 오히려 경멸감마저 느끼고 있었다. 그리고 이번에 한국에서 온 방문단도 그 태반이 관광유람 목적으로 참가했음이 확실해졌다. 3일간에 걸친 이 심포지엄 역시 첫째 날에 형식적으로 얼굴만 내밀고는 이 민족학자를 포함한 대부분이 바로 모습을 감추었다. 들은 바에 의하면 짧은 일정을 아쉬워하며 부지런히 시내관광을 다녔다고 한다.(도사 마사키, 『변하는 한국, 변하지 않는 한국—글로벌 시대의 민족지를 위하여』, 2004년, 147~148쪽)

여기에서 강연한 한국인 민족학자의 사고방식에는 '동정'의 시선이 깔려 있으며, 분명히 해외 교포를 얕보고 있다. 이 '동정'이라는 시선은 앞에서 언급한 '감동'의 시선과 결부되는 것으로 다음 장에서 자세히 논하겠다. 어쨌든 이러한 시선은 앞에서 언급한 현무암 씨의 네트워크와는 다른 것으로 그는 이런 사고방식을 비판할 것이다. 그러나 이미 검토한 바와 같이 필자가 보기에는 어느 쪽이나 한국만 구원받게 될 뿐, 네트워크라는 명목으로 재외 교포가 이용당하는 '끌어안고 절취'하는 상황에는 별반 차이가 없다고 생각한다.

국민국가의 틀을 초월한다는 기개는 좋다. 그리고 한반도 중심주의를 상대화한다는 것도 옳다. 그러나 그것을 위해 제일 먼저 해야 할 일은 만주와 대마도에 대한 '고지 의식'의 청산은 물론, 독도=다케시마의 점유권을 포기하고 일본과의 공유화를 위해 적극적으로 움직이는 것이다. 그리고 이를 일본보다 빨리 실행하기 위한 의식개혁이 요구된다. 독도=다케시마를 먼저 점령해 버린 것은 한국이기 때문이다. 그렇지 않으면 결과적으로 '복수複數의 아이덴티티를 가진 자'인 해외 교포에게 '선택'과 '인내'를 강요하는 '대한민국 중심주의'에 그치고 말 것이다. 이때에 얼마만큼의 '선의'를 지니고 있는지는 문제가 되지 않는다. '복수의 아이덴티티를 가진 자'에게 있어서 이 '선택'과 '인내'의 강요는 '한국인'과 '일본인'이라는 사람들이 상상하는 것보다 훨씬 복잡하며, 코리언 네트워크에의 참가는 한국에 대한 충성의 강요라는 측면을 배제하기 어렵다.

이에 대해 그렇다면 재외 교포가 적극적으로 참가해서 네크워크를 민주화하면 되지 않느냐는 반론이 나올지도 모른다. 그러나 이러한 제안에도 노(NO)라고 말하겠다. 예를 들면 필자는 일본에서 태어난 한국 국적자이지만 현재의 근무지인 히로시마 현의 대학에서 '국제화'에 '공헌'하고 있다. 외국인 교원으로서 숫자 맞추기식의 보고가 이루어지고 있기 때문이다. 이러한 형태로 '국제화'에 공헌시키는 것이 그다지 놀라운 일이 아닐 정도로 일상화되어 있는 것이 일본 사회이다.

한국 사회를 각성시키기 위하여, 예를 들면 한국의 '국민국가의 한계'를 지적하거나 '한반도 중심주의'와 '자민족 중심주의'를 비판하는 등의 일을 위해서 재외 교포가 코리언 네트워크에 적극적으로 참가한다면 재외 교포를 '이용해서' 한국 사회의 가능성을 확대하려는 듯한 모양새를 갖게 될 것이다. 그런데 이것은 본말이 전도된 것이나 다름없다. 그래서 필자는 이러한 형태의 코리언 네트워크를 반대하지 않을 수 없다. 그리고 이것은 일본에서 볼 수 있는 재일조선인과 재일화교를 '이용'한 싸구려 '국제화'와 별반 다르지 않은 일이다. 마이너리티인 재일조선인과 같은 재외 교포가 구원받는다기보다는 오히려 한국 사회가 구원받는다는 의미가 강하다. 한국이 지금까지 '절취해' 온 재외 교포를 이번에는 '끌어안고 절취'하는 방식으로 전환했을 뿐이고, 거기에 엿보이는 것은 재외 교포를 '포함시켜 주겠다'는 위에서 내려다보는 시선밖에 없다. 이 장에서 살펴 본 독도=다케시마에 대한 점유권의 포기(한일 공유화를 위한 적극적인 움직임)와 '고지 의식'을 완전하게 청산하지 않는 한 대등한 시선으로 재외 교포를 보고 있다고 생각하기는 어렵다.

재외 교포, 예를 들면 재일조선인은 일본 사회에서 '절취당하는' 존재이다. 그것을 한국 사회는 '세계화(글로벌화)'라는 미명하에 '코리언 디아스포라'라 부르며 포섭하려 하고 있다. 그러나 그것은 바로 '끌어안고 절취'하는 행위이자 무의식의 배타성을 내포한 '선의'의 '큰 내셔널리즘'으로서, 사실상 '한국 사회를 풍요롭게 만들기' 위해 재일조선인을 이용하고 있는 듯한 느낌을 떨치기 어렵다.

잠깐 화제를 바꾸어보겠다. 필자는 제주도라는 섬 출신을 직계 조상으로 둔 재일조선인이라 불리는 사람 중 하나다. 그러나 이 제주도에 관해서는 약간의 설명이 필요하다. 그것은 이 제주도가 재일조선인 세계에서도 '절취당하는' 존재라는 것이다.

예전에 『달은 어디에 떠 있는가?』(양석일 원작, 최양일 감독, 1993년)라는 영화에서 기시타니 고로岸谷五郎가 연기한 재일조선인 주인공이 모친에게 다음과 같이 말하는 장면이 있다.

> "〔결혼상대로서〕 일본인은 안 돼. 필리핀인도 안 돼. 제주도도 안 돼. 민단도 안 돼.…… 도대체 난 누구랑 결혼하면 되냐고?"(『달은 어디에 떠 있는가? 최양일의 세계』, 1994년, 203쪽)

여기에서 말하는 '민단民団'이란 한국민단을 가리키며 일본 국내에 있는 한국계 재일조선인 조직이다. 영화 속의 주인공 일가는 북한계(총련계)였기 때문에 이런 대사를 넣었을 것이다. 문제는 그 다음이다. "제주도는 안 돼"라는 이 말은 제주도 출신의 처지를 단적으로 드러내고 있다.

제주도는 한국의 최남단에 있는 한국 최대의 섬이다. 현재 한국에서의 제주도에 대한 차별은 상당히 약화되었다. 분명히 음식문화나 말이 '육지'와는 다르고 가난했기 때문에 차별은 있었다. 지금은 제주도가 상당히 '육지화'되었고 또 관광지라는 이미지가 정착되면서 두드러진 차별은 없어졌다고 들은 적이 있다. 그러나 이러한 차별이 재일조선인 사회에서는(이쪽에서도 당연히 약화되었지만) 아직도 남아 있는 것이다.

예전에 이와 같은 문제를 어느 재일조선인 연구자와 이야기한 적이 있는데, 그가 갑자기 화를 내며 "지역의식을 끄집어내지 말라"라고 필자에게 말하는 것이었다. 하지만 필자가 말하고 싶은 것은 '지역의식'이라는 수준의 이야기가 아니었다. 한국 사회와 마찬가지로 재일조선인 사회에서도 '절취당하는' 제주도 문제는 제주도 출신자에게 있어 모르고는 살아갈 수 없는 것이다. 그러나 분명히 머조리티인 '육지' 사람에게는 이해할 수 없는 일이며, 또 이해하지 않고도 살아갈 수 있는 것이다('육지'라 불리는 쪽은 자신들이 그렇게 불리고 있는 것을 모른다. 몰라도 살아갈 수 있다. 머조리티이기 때문에). 굳이 말하자면 이해하려고 하는 사람은 많지도 않다.

이렇게 말하면 '더 이상 차별이라 할 만한 것도 남아 있지 않으니까 그런 말은 하지 않는 편이 낫다'는 의견이 있을 것이다. 하지만 스스로가 재대마도인이라는 '절취당하는' 존재임에도 불구하고 내부에서 더욱 '제주도'를 '절취하고 있다'는 사실. 이는 재일조선인 '육지' 출신자가 일본 사회에서의 피차별 체험을 통해 "타인을 내려다봄으로써 자신의 존재감을 발견하고 그 자신이 절대적으로 '우월자'라는 기만에 몸을 맡기는 것"(하라지리 히데키)과 같은 것으로서, 서장에서도 살펴보았듯이 차별하는 쪽과 차별당하는 쪽의 구조적인 차이는 없다. 그렇기 때문에 더욱 잠자는 사자를 건드리지 말라는 식의 언론봉쇄는 위험하다고 생각한다. (덧붙이자면 노무현 정권 시절인 2006년 7월에 제주도는 그 '특수성'을 감안하여 '제주특별자치도'로 이행되었으며, 사법, 외교, 군사 이외의 사항에 관해서는 상당한 자유재량권이 부여되었다. 그러나 현재 이 '자유재량'은 원활히 기능하고 있다고 말하기는 어렵다. 또 외국자본 도입 등의 '실험'을 실시하여 성공할 경우 전국으로 확산시킨다는 '시험장'의 역할도 짊어지고 있다.)

그렇다면 한국의 영토 의식에도 어떤 모델이 있음을 알 수 있다. 이미 살펴보았듯이 한국은 '남한'이라고 불리는 현재의 대한민국의 주권 및 범위(휴전선 이남) 외에 북한까지 한국이라고 생각하는 사람이 대다수를 차지한다. 거기에 만주와 대마도를 '고지'라 생각하고, 그리고 현재는 그 끝에 해외 교포를 포함한 코리언 네트워크가 제안되고 있는 것이다.

앞 장에서 일본 '내지'의 동심원을 분석해 보았다. 그 동심원과는 언뜻 비슷해 보이나 조금 다른 한국 사회의 동심원을 여기에 그릴 수 있다. 우선 첫째로 국민의 대부분이 '자국'으로 인식하고 있는 독도=다케시마를 포함한 '남한'이 있고(그 내부는 '육지'라 불리는 한반도 지역과 제주도를 필두로 한 섬 지역으로 나뉜다), 그 외에는 회복해야 할 영토='실지失地'로서의 '북한', 그리고 그 외부에는 '고지'로서의 만주와 대마도가 펼쳐져 있다. 이러한 '국민국가' 의식을 초월하기 위하여 지금 중국과 일본, 러시아, 미국 등지에 살고 있는 해외교포가 '코리언 네트워크'로서 재편되려 하고 있는데, '고지 의식'과 독도 점유라는 문제를 청산하지 않는 한 단순한 '영토적 야심'에서 비롯된 '큰 내셔널리즘'으로 전락하고 말 것이다.

그리고 중요한 것은 일본 '내지'의 동심원과 마찬가지로 한국의 동심원에서도 '절취당하거나' 혹은 '끌어안고 절취당하는' 위치에 재일조선인이 있으며, '선택'과 '인내'를 요구받고 있다는 점이다.

일본의 양심적인 지식인은 '가해자에 의한 [한국 내셔널리즘] 비판은 삼가야만 한다는 조심스러운 마음'에서 한국의 시각을 가능한 한 수용하려는 태도를 취하고 있는 것으로 생각된다. 그러나 이것이 '한국의 내셔널리즘을 부추기고' 있음을 간과해서는 안 될 것이다(박유하, 「'가해'와 '피해'를 초월한 지평을 향해서—한일 내셔널리즘 비판」, 『논좌』, 2007년 8월호, 103쪽). 이때 재일조선인을 '제3국인' 취급하며 '귀화해서 일본인이 될 마음이 없으면 나가라(일본에 귀화하면 당연히 일본인 이상의 충성을 요구받게 되고, 이에 대해 아무런 문제의식을 느끼지 못한다)'는 듯한 태도를 취하는 일본 보수파의 논의에 대한 비판이 대전제가 됨은 물론이다.

예를 들면 작금의 한국에서는 보수파가 재편되고 있음에도 불구하고 혁신 · 개혁 세력(예전에 노무현 씨를 지지하던 '87년 민주화 투쟁 세대')의 주장만을 한국의 정통한 주장으로 여기는 것은 잘못된 것이다.

> 이러한 국내의 대립구도를 생략한 채 한국인 모두를 균질한 것으로 간주하여 '두루뭉술한 반일/친일'을 아무리 논해본들 무엇 하나 생산적인 것은 없다. 그리고 일본 측에서 그 어느 한 쪽을 한국인 전체의 총의로 보거나, 무언가 정의 같은 것을 찾아낸다 하더라도 헛수고로 끝날 것이다.(다카하라 모토아키, 『불안형 내셔널리즘의 시대—한중일의 인터넷세대가 서로 미워하는 진짜 이유』, 172쪽)

지당한 말이지만 그뿐만이 아니다. 예를 들면 한국의 '민족주의'를 인정한 나머지 '가해자' 측에서 이를 비판할 수 없다고 한다면 그것은 한국인의 재일조선인과 중국조선족에 대한 '절취'를 용인하고 또 뒷받침하는 격이 되는 것이다. 그리고 더 나아가 한국 내셔널리즘을 비판하지 않는다면 한국 내의 '재한화교 차별'에 간접적으로나마 관여하는 것이 된다. 더구나 재일조선인이 한국인의 영토 의식에 변화가 없음에도 불구하고 '코리언 네트워크'에 참가하는 바람에 그 내셔널리즘을 비판하는 계기를 상실한다면, 그 재일조선인 역시 과도하게 한국에 대한 충성을 보인/보이지 않을 수 없는 처지에 내몰린 결과라 할지라도, '재한화교 차별'의 간접적인 주체가 되어 버린 것이나 마찬가지라 하겠다.

그러므로 다음 장에서는 먼저 한국의 소수민족인 재한화교와 일본의 야에야마의 타이완계 이민을 비교하면서 한국과 일본의 마이너리티가 '어떤 식으로 절취당하는지'에 대해 논하고자 한다.

제3장

한 · 일의 마이너리티를 통해 본 차별의 양상

1. 재한화교在韓華僑란 누구인가

세간에 에스닉 그룹(민족 집단)이라는 말이 있는데, 어떠한 구조로 이루어져 있는지 궁금하다. 이에 대해 스즈끼 사다미 씨는 다음과 같이 정리하고 있다.

> '에스닉 그룹'은 '어떠한 문화적 공통항共通項을 기준으로 하여 서로 연결되어 있다고 스스로 인정하거나, 타자에 의해서 그렇다고 인정받는 사람들의 집단'을 가리킨다. 그 공통항으로서 예전에는 타고난 신체적 특징이나 언어, 종교, 생활습관의 세 가지를 문화적 요소로 드는 일도 있었다. 신체적인 특징이라면 일본인과 중국의 다수파인 '한민족漢民族', 그리고 한반도의 '한민족韓民族'이 서로 많이 닮아 있고, 방글라데시의 산악 민족 중에도 똑같이 생긴

사람들이 있다. 그래서 현재는 인간의 생물로서의 신체적인 특징에 의한 '인종(race)'이라는 분류와는 별개의 연결방식에 의한 것이라는 견해가 설득력을 얻고 있다(또한 최근에 인류는 생물로서 하나의 종이기 때문에 '인종'이라는 말을 사용하지 말자는 움직임도 있다).

공통항이 되는 문화적인 요소는 토지나 혈연관계, 언어 등을 공유하고 있다는 의식, 종교, 신화, 사회조직, 생활양식 등에 있어서 당해의 사람들 혹은 다른 사람들이 통합체로서의 해당 집단을 확인할 수 있는 표시로서 선택한 것이라 한다. 일본열도에 살고 있으며 일본어를 말하고, 독자적인 신화가 있고, ……라는 식으로, 하나의 '민족'으로서의 통합체를 표시하기 위해 여러 요소가 조합되기 마련이고, 게다가 민족마다 선택되는 요소가 다르다. 결국 '민족'이란 문화적 요소의 조합에 의한 통합체로서의 의식을 본질로 한다. 그리고 그 의식은 역사적인 조건에 의해 생성된다.

그러므로 같은 하나의 '민족'으로 간주할 것인지 말 것인지 견해가 나뉘는 경우도 있다. 예를 들면 현재의 오키나와 사람들 사이에는 자신들이 일본인과는 다른 민족이라는 주장도 있고, 그것을 뒷받침하는 학설도 있다. 하지만 그것을 그다지 의식하지 않고 살고 있는 사람들도 꽤 있다.(『일본의 문화 내셔널리즘』, 2005년, 36~37쪽)

민족이라는 것은 실체가 있는 것이 아니라 '의식'에 의해 만들어지는 것으로서, '의식' 그 자체도 '타자'에 의해 지적받음으로써(필자의 말을 사용하면 '절취당하는' 것에 의해) 형성되어 가는 것이라 할 수 있다.

한국에는 몇 개의 민족 집단이 있다. 첫째로는 '한국인'이 있고, 둘째로 '재한화교', 그리고 경우에 따라서는 '재한 재일조선인'과 '재한 중국조선족'이 이에 해당될지도 모른다.

앞에 나온 말 중에 '재한 재일조선인'이라는 말이 기이하게 들릴지도 모르겠다. '재일조선인이 한국에 가면 그냥 한국인이 되는 게 아닌가'라며 귀엣말을 주고받는 모습이 눈에 선하다. 그러나 재일조선인은 일본 국내에서 '절취당한', 일본에 있는 또 하나의 민족 집단이지만 선천적으로 '한국인'성性을 가지고 있는 것은 아니다. 뒤집어 말하면 서장과 제1장에서 언급했듯이, 머조리티 역시 마이너리티라는 존재를 통하여 '자신의 존재감'을 확인할 수 있을 뿐이므로, 본질적인 의미에서의 '민족성'은 존재하지 않는다. 그러나 머조리티는 '민족성'이라는 실체가 없다는 사실을 거의 인식하지 못하고 있다. 막연히 한반도와의 유대를 의식하고 있는 일본의 재일조선인도 결국 일본의 에스닉 마이너리티에 불과한 것이다. 이런 연유로 재일조선인이 한국에 정주하면 '재한 재일조선인'이 되는 것이다.

재한화교도 이와 다를 바 없다. 그들은 한국에 귀화하지 않고 (후술하는 바와 같이 귀화하기 위해서는 장애가 너무 많아 귀화가 불가능한 상황이다), '중화민국 국적'을 유지하고 있다. 나중에 살펴보겠지만 이들의 대부분은 중국 대륙의 산둥 성 출신이며 타이완과 지리적인 인연은 없다. 그럼에도 불구하고 이들이 '중화민국'을 선택한 것은 그곳이 한국과 정식으로 국교를 맺은 자본주의 국가였다는 점(1992년에 한중 국교회복으로 한국도 대륙의 중화인민공화국을 중국의 공식정부로 인정하고 중화민국과는 정식으로 국교를 단절하였다), 그리고 중화민국이 '타이완'뿐 아니라 '중국 대륙' 전역을 자국의 영토로 인식하는 '이념'을 가지고 있었기 때문에 '중화민국'을 지지한다고 해서 산둥 성이라는 자신들의 고향이 부정되는 것이 아니었다는 점 등을 들 수 있다.

그런데 타이완의 자주성을 주장하는 리덩후이李登輝가 대통령(총통)이 되고, 그 후에도 역시 독립 지향이 강한 민진당民進黨이 정권을 잡게 되면서 중화민국의 '이념'(중국 전토를 지배하는 영토 개념과 그를 위한 '반공反攻대륙, 통일중국')을 거의 포기한 상태가 되었다. 이러한 현실은 재한화교가 중화민국(타이완) 국적을 유지할 명분을 상실했음을 의미한다(2008년 3월의 총통 선거에서 국민당의 마잉주馬英九 씨가 당선되었지만 현재의 정치노선이 바뀔 것 같지는 않다).

국민국가의 성립에 있어서 영토는 존립의 기반이다. 영토에 관한 이념도 마찬가지로 중요한 존립 기반이다. 설령 그것이 실현

불가능한 것이라 할지라도 그러하다. 그것을 타이완의 한국화교의 사례가 말해주고 있다. 이 점은 중화인민공화국과의 대립 속에서 자신들의 설자리를 모색해 온 중화민국과 산둥 성 출신이 많은 한국화교와의 관계를 지켜봄으로써 이해할 수 있었던 내용이다.(가미즈루 히사히코 · 나카무라 야에, 「동아시아의 정치적 변화에 보이는 월경―타이완의 한국화교에 있어서의 중화민국」, 20C7년, 71쪽)

이것은 재한화교에게 있어서 중대한 문제다. 왜냐하면 그들은 한국 내에서 이념상 '절취당하고' 있을 뿐만 아니라, 제도적으로도 상당한 중압을 받아 온 사람들로서, 중화민국의 '이념'을 그 유일한 구원으로 삼고 있었기 때문이다. 이것은 바로 2층으로 올라가자마자 사다리를 뚝 떼어 가버린 꼴이나 다름없는 처지가 된 셈이다. 가미즈루와 나카무라 씨도 '한국에서도 배제당하고 조국이라 믿었던 중화민국으로부터도 배제당한 타이완 한국화교의 고뇌'를 미루어 짐작하고 있다(앞의 논문, 71쪽).

이상으로 살펴본 내용에 입각하여 재한화교에 대해 그 개략을 기술하고자 한다. 이것도 졸저 『조선 근대문학과 내셔널리즘―'저항 내셔널리즘' 비판』의 제6장에 있는 「재한화교 이야기―자장면과 문화표상」에서 자세히 언급하고 있으므로, 이를 참조한다면 보다 깊게 이해할 수 있을 것이다.

그러면 한국에서 화교가 어떤 상황에 놓여 있는지 우선은 용어 정의부터 살펴보겠다. 필자는 지금까지 '재한화교'라는 말을 사용했다. 이것은 도대체 누구를 가리키는 말인가. 가세타니 도모오 씨는 「재한화교의 형성과정—식민지 조선에 있어서의 에스닉 마이너리티」(1997년) 중에서 이렇게 언급하고 있다.

> '화교華僑'라는 말은 '중화中華'의 '화'와 '교우僑寓'(임시거처라는 뜻)의 '교'에서 만들어졌고, 자의적字義的으로는 '일시적으로 외국에 존재하고 있는 중국인'이라는 의미를 갖는데, 반드시 그들의 실정을 반영한 것이라고 말하기는 어렵다. 또 정주 외국인으로서의 '화교'와 중국계 주민으로서의 '화인華人'을 구분해 사용하는 편이 적절한 경우도 있지만, 본고에서는 '중국 · 타이완 국적을 가진 본국 이외에 거주하고 있는 자 및 현지 국적을 가진 중국계 주민'이라는 의미에서 '화교'라는 용어를 사용한다.(앞의 논문, 2쪽)

이와 같이 현지 국적을 취득해서 경제활동을 영위하는 중국계 주민은 '화인'이라는 다른 틀에서 이야기하는 경우도 많다. 그러나 이제부터 서술하는 바와 같이 한국에서는 화교들의 귀화가 몹시 제한되어 왔기 때문에 '중화민국 국적'으로 활동해 왔다. 이들이 어떤 이유로 한반도에 건너 왔는지 살펴보자.

재한화교는 원래 1882년에 조선으로 건너온 청국 상인들을 그 기점으로 한다. 조선과 청국이 '청조수륙무역장정淸朝水陸貿易章程'을 체결하면서 인천, 부산, 원산의 3개항이 개방되었으며, 각각 화인의 조계租界가 설치되었다. 그리고 이 3개항과 서울에 상무서商務署를 두었다. 이 조약에서는 조계지 내에 있는 청국인의 거주와 영업의 자유가 보장되었다. 그러므로 청국 상인들은 이 조계에 거주하며 무역상으로서의 활동을 시작했던 것이다.

1882년 당시의 조계지 면적은 부산이 2만 771.8㎡로 최대였고 차지인借地人 수는 41명이었다. 다음으로는 원산이 8,341.7㎡에 차지인 17명이었으며, 가장 작은 곳은 인천으로 면적이 6,762.9㎡에 차지인 36명이었다. 그러나 청나라와의 무역 중에 1885년부터 1892년까지의 수입 누계를 비교해보면 인천이 742만 2,894달러인데 비해 원산은 177만 404달러, 부산은 겨우 14만 3,550달러에 불과하다. 이와 같이 인천 화교의 상업세력은 다른 지역을 훨씬 웃도는 무역거래액을 기록함으로써, 가장 충실히 활동했음을 알 수 있다(가와 메이세이, 「한국 화교상업—1882년~1897년까지의 서울과 인천을 중심으로」, 1994년, 23쪽).

인천은 황해에 면해 있어 중국 산둥 성과는 불과 400킬로미터의 바다를 사이에 둔 맞은편에 위치한다. 게다가 인천은 서울에 가깝기 때문에 화교 상업세력이 집중되는 이유의 하나가 되지 않았을까 추측된다. 실제로 1885년에는 인천과 상하이上海, 그리고 옌타이

煙臺(산둥 성) 사이에 정기항로가 개설되었다. 한국화교의 대부분이 민국시대民國時代의 산둥 성 출신자라는 사실은 이와 같은 역사적인 조건에 크게 영향을 받은 결과로 보인다. 또 '산둥 성의 인구는 과잉 상태에 있었기 때문에 한반도뿐만 아니라, 중국 동북지방으로 돈벌이를 가거나 이주하는 사람이 많았던 지역'(야마시타 기요미, 「한국 화인사회의 변천과 현상—서울과 인천의 옛 차이나타운을 중심으로」, 2001년, 264쪽)이라는 사정과도 맞물리면서 산둥 성 출신자의 조선 유입이 가속화된 것으로 보인다.

그리고 1886년 당시 서울에 거주한 청국인은 120명이었는데, 산둥 성 출신자가 63명으로 가장 많았으며, 저장浙江 성 출신자가 14명, 후베이湖北 성과 장쑤江蘇 성 출신자가 10명씩, 그리고 광둥廣東 성 출신자 9명의 순이었다. 마찬가지로 인천에 거주한 전체 청국인 205명 중에서 산둥 성 출신자가 80명으로 가장 많았고, 저장 성 출신자가 51명, 광둥 성 출신자 36명의 순이었다(양소전 · 손옥매, 『조선화교사』, 중국화교출판공사, 1991년, 131~135쪽).

당시의 조선에서는 일본과 청국이 세력다툼을 벌이고 있었는데, 일본에서 온 상인이 일본의 국력을 배경으로 활동하고 있었던 것처럼 청국 상인도 자국의 정치력을 배경으로 활동하고 있었다. 1894년의 청일전쟁이 발발하기까지 양국은 조선에서의 영향력을 다투고 있었다. 이 시기의 화교 상인은 본국의 보호를 받는 세력이었으므로 나중에 살펴볼 자유이민=이민자와는 약간 다르지만, 화교가 조선에 정착할 수 있는 계기가 된 것은 틀림없다. 경성상공회의소 편, 『경성상공회의소 25년사』(1941년) 및 조선총독부 편, 『인천부사仁川府史』(1933년)에 의하면 1893년의 서울 거주 화교는 수천 명에 달하였고, 인천에도 1,000명 이상의 화교가 이주하여 살았으나 청일전쟁의 발발과 함께 일제히 귀국했다고 한다. 그리고 1895년에 청일강화조약이 체결되자 또다시 조선으로 건너온다. 청일전쟁 이후 일본의 영향력이 증대됨에 따라 일본의 상업세력이 대폭적으로 신장된다. 청국 상인은 이에 대항하여 실지失地의 회복을 위해 노력하였으나, 1910년의 한일합방조약에 의해 조선이 일본의 완전한 식민지로 전락한 뒤 조선인을 국민으로 하는 일본정부(조선총독부)가 들어서자, 청국인들은 이내 에스닉 마이너리티로 살아가지 않을 수 없게 되었다.

1910년에 1만 2,000명이 채 안 되던 조선의 화교는 1930년이 될 때까지 서서히 증가해 갔다. 특히 1920년대의 인구는 눈에 띄게 늘어나 1920년에 2만 4,000명 정도였던 화교가 1925년에는 4만 6,000명이 되었고, 1930년에는 6만 7,000명 이상으로 증가하였다. 이 10년간의 화교인구 증가율은 2.8배에 달한다. 이러한 현상은 1898년 중국 산둥 성에서 일어난 '의화단사건'이 원인으로 생각된다. 조선에서 지리적으로 가장 가까운 산둥 성은 이 사건 이후 정치적인 불안정으로 이주자가 증가하게 된다. 조선에 이미 많은 산둥 성 출신 화교가 이주해 있었으므로 이 지역 출신의 노동자들이 쉽게 흘러

들어 올 수 있었던 것으로 보인다. 또한 1920년대에는 산둥 성에서 큰 홍수가 일어나는 등 여러 가지 요인이 작용했다고 할 수 있다. 가세타니 씨는 이 외에 "중국의 불안정했던 정치 · 경제 상황과 비교할 때, 일본의 지배하에 들어간 이후의 조선은 식민지로서 '안정'되어 있었다는 점에도 주목할 필요가 있다"라고 서술하고 있다(앞의 「재한화교의 형성과정」, 6쪽).

이미 조선에 대한 중국의 영향은 존재하지 않았기 때문에 무역상과 같이 본국 정부의 보호를 받는 경우는 적어졌고, 대신 농업, 공업, 그리고 음식업에 종사하는 화교가 늘어났다. 그런데 1930년대에 이처럼 급속히 늘고 있던 화교에게 큰 영향을 미친 사건이 두 번이나 일어났다. 그 첫 번째가 1931년의 '만보산사건萬寶山事件'이고, 두 번째는 1937년에 일어난 '중일전쟁'이다.

1931년 중국 동북부 장춘長春의 교외에서 조선인과 중국인 사이에 농업용수를 둘러싼 싸움이 일어났다(만보산사건). 이 사건을 발단으로 조선에서는 대규모의 화교 배척운동이 전개된다. 이때에 화교의 대부분이 본국으로 피신하는 바람에 화교인구는 3만 7,000명을 밑도는 수준까지 감소했다. 그러나 중일전쟁의 시작으로 다시 한반도로 피난해오는 이주자가 생겨났으며, 우가키 가즈시게宇垣一成 조선총독이 한반도 북부의 병참기지화와 연계된 대규모 댐 공사를 시행하자 노동자가 대량으로 유입되었다. 따라서 1942년에는 8만 2,000명을 넘을 정도로 화교인구가 늘어났다.

이와 같이 한반도와 중국 동북부의 정치적 혹은 경제적 긴장 관계에 농락당하듯이 화교는 한반도와 중국 본국을 오갔던 것이다. 또 에스닉 마이너리티인 그들은 역시 육체노동과 농업, 음식점 등 비교적 기반이 취약하고 불안정한 일에 종사하고 있었던 것으로 보인다.

이러한 상황에 변화가 찾아온 것은 일본의 패전, 즉 조선이 해방을 맞은 뒤의 일이다.

독립을 전후하여 대한민국이 화교에 대해 취한 정책은 거의 인종차별이나 다름없었다고 해도 과언이 아니다. 예를 들면 「외국인토지법」에 의해 외국인의 토지취득을 사실상 전면 금지하고, 또 외국인의 영주권을 인정하지 않았으며, 외국인의 한국 국적 취득을 매우 엄격하게 제한하는 등, 그 사회 · 정치적인 제재의 혹독함은 차마 눈뜨고 볼 수 없을 지경이었다. 물론 이러한 제재는 '외국인' 전체를 대상으로 한 것이지만 후술하는 바와 같이 한국에서의 외국인이란 그 대부분이 화교인 이상(1952년 당시의 재한외국인 인구 1만 9,561명 중 화교가 1만 7,687명), 대부분 '화교를 겨냥한' 것이라 할 수 있다(가세타니 도모오, 「재한화교의 생활세계―'재한화교의 민족성'의 형성 · 유지 · 변화」, 1998년, 116쪽). 이와 같은 해방 이후의 재한화교의 실상을 개략적으로 살펴보자.

해방 후 조선에 있던 화교들은 '전승국민'으로서 조선총독부의 족쇄에서 풀려나 활발한 경제활동을 전개했다. 대한민국이 성립되는 1948년 8월까지 화교는 무역관계 일에서 두드러진 실적을 올렸다. 화교의 무역상은 13개사가 있었는데, 1948년 당시 한국의 총 수입액(약 89억 원) 중에 21.2%를 점유(약 19억 원)하였고, 또한 한국 전체의 수출액 약 72억 원 중에 16.2%에 해당하는 약 12억 원을 화교 무역상이 점유하고 있었다. 위기감을 느낀 이승만 정권은 1950년에 한국 내에 있는 화교의 창고를 봉쇄하는 강경조치를 취하게 된다. 게다가 한국전쟁이 발발하면서 화교의 경제적 타격은 더욱 커지게 된다.

이와 관련하여 앞에 나온 가세타니 씨는 다음과 같이 언급한다.

> 이와 같은 경제 봉쇄조치에 의해 화교의 상업 활동은 쇠퇴의 일로를 걷게 되었으며, 음식업이나 잡화점 등의 소규모 자영업종만 명맥을 유지하게 된다. 결국 식민지 시대와 마찬가지로 화교들은 생계유지를 위해 이러한 소규모 자영업에 종사하지 않을 수 없는 상황에 놓이게 되었고 현재까지도 계속되고 있는 것이다.(앞의 「재한화교의 생활세계」, 116쪽)

현재는 재한화교의 70%가 음식업에 종사하고 있다. 그러나 이것도 결코 안정적인 것은 아니었다. 1961년에 「외국인토지법」이 제정되어 외국인의 토지취득이 사실상 전면 금지되었기 때문이다. 이 법률은 1968년에 개정되어 외국인에 대해서도 주택용지 200평 이내,

영업용지 50평 이내까지 소유할 수 있게 되지만, 법인등기를 한국인 명의로 해야 하기 때문에 한국인 지인의 명의를 빌리지 않을 수 없는 상황에 놓였다(이 같은 법적인 차별로 인하여 1960년대의 재한화교는 타이완을 비롯하여 일본, 미국 등으로 어쩔 수 없이 재이주하는 경우도 많았다).

이와 같은 일련의 차별적인 제도는 1997년의 '통화위기'를 거치고 IMF긴급융자를 받게 되면서 점차 개선되었으며, 「외국인토지법」도 1998년 6월에 개정되었다. 이러한 변화는 제2장의 인용 중에 다카하라 모토아키 씨가 말했던 '사회 유동화'와도 맥락을 같이하는 것이라 말할 수 있다. 예를 들면 영주권 문제가 있다. 그때까지는 영주권을 인정받지 못하고 3년마다 재류권在留權의 갱신 의무를 안고 있었으나, 1998년에 일단 5년으로 연장되었다가 2002년에는 드디어 인정을 받을 수 있게 되었다.

외국인에게 재류권의 허가조차 꺼려온 한국인의 '심리적 차별'은 한국에서의 국적 취득=귀화에 대한 엄격한 규제로 나타나고 있다. 한국에서의 귀화 신청은 신고, 일반귀화 그리고 간이귀화의 세 종류로 나뉜다. 예전에는 한국인 남성과 화교 여성이 결혼하는 경우 신고만으로 한국 국적을 부여했다. 이에 비해 화교 남성과 한국인 여성이 결혼하는 경우는 간이귀화라는 제도에 따르지 않으면 안 된다. 이 제도는 복잡한 수속이 필요하며, '귀화' 희망자는 한국인 2명의 추천장을 준비하지 않으면 안 된다(1998년부터 '신고'는 폐지되고 한국인 남성과 결혼한 화교 여성도 '간이귀화'의 대상이 되었다). 또한 서류심사와 면접심사 외에 '대한민국 국민으로서의 기본적 교양'에 대한 필기시험을 치른다. 그리고 한국인과의 혼인관계를 거치지 않는 일반귀화의 경우는 좀 더 복잡하다. 추천인의 사회적 지위까지도 심사의 대상이 되기 때문이다. 또 귀화의 조건으로서 '대한민국에 특별한 공로가 있는 자'(「국적법」 7조 2항)라는 자의적이라고 생각할 수밖에 없는 항목까지 있다. 이러한 것들은 "민족국가를 표방하는 한국 정부의 자세를 반영하는 것이라 할 수 있다."(가세타니, 「재한화교의 생활세계」, 126쪽)

예를 들면 다음과 같은 발언도 재한화교에 대한 한국 사회의 배타성에 그 원인이 있을 것이다.

> "지금까지 저는 그 누구보다도 행복하게 살아 왔습니다. 그런 저에게 화교 여러분의 고통과 괴로움을 대변할 자격 따윈 없습니다."
>
> 〔1985년에 신인상을 모조리 휩쓴〕 지금은 확고부동한 국민적 가수가 된 주현미지만, 그러한 그녀로 하여금 미묘한 생각을 갖도록 만든 것이 화교 문제였다. 그렇다기보다는 그녀에게 있어서 재한화교의 문제는 마음속 깊이 담아 두고 싶었던 사안이었을 것이다.
>
> 그녀는 굳은 표정으로 더 이상 말하려고 하지 않았다.(「이형異

形의 서울 제1부 재한화교」 제7회, 『통일일보』, 1995년 7월 23일)

주현미에게 있어서 큰 변화라고 하면 결혼과 함께 국적이 중국에서 한국으로 바뀐 점일 것이다. 이에 관해서는 특별한 감정을 토로했다.

"한국에서는 결혼에 의해서 자동적으로 국적을 취득할 수 있습니다. 그래서 한국 국적으로 바뀌는 것은 지극히 당연한 것으로 생각하고 있었어요. 그런데 막상 바뀌고 나니 기분이 다르더라고요. 주민등록증을 손에 넣었을 때 왠지 가슴이 뭉클해지고 그리고 솔직히 기뻤어요. 특별히 한국 국적으로 바뀌기를 기다리고 있었던 것이 아니었는데도……. 왜 그랬는지 지금도 그걸 모르겠어요."(「재한화교」 제8회, 『통일일보』, 1995년 7월 25일)

여기에서 소개한 주현미 씨는 화교인 아버지와 한국인 어머니를 둔 재한화교라 한다. 그리고 대학은 약학부에 진학해서 약제사 자격을 소지하고 있다. 필시 부친은 재한화교로 살아가는 고통이 무엇인지 너무나 잘 알고 있었기에 재한화교에게 있어서 유일한 엘리트 코스라 할 수 있는 '한방의漢方醫'나 '한방약제사漢方藥劑師' 쪽으로 이끌었을 것이다. 그러나 이 코스도 나중에 살펴보듯이 한국의 동양의학 명칭이 '한방韓方'으로 변경됨으로써 재한화교에게 다시금 불우한 시기가 찾아온다.

주현미 씨의 성장과정을 보면 알 수 있듯이 그녀는 '복수複數의 아이덴티티를 가진 자'로서 한국과 중국(중화민국) 중 어느 한 쪽을 선택하라는 것은 어불성설이다. 그러나 한국인과의 결혼을 계기로 한국 국적을 취득하고는 '가슴이 뭉클'해졌다. 그 정도로 한국에의 귀화는 어려웠고 하루하루가 한국 사회로부터 당하는 '배제'와의 싸움이었을 것이다. 그런데도 한국인의 외국 국적자와의 결혼이 늘어남에 따라 한국인 남성과 결혼한 외국인 여성의 간이귀화제도가 재검토되고 있는 것 같다(가세타니, 「재한화교의 생활세계」, 135쪽 주).

이상으로 살펴본 바와 같이 1948년에 한국이 건국된 이후 2002년에 이르는 반세기에 걸쳐서 재한화교 1세는 물론 2, 3세에 대해서도 영주권은커녕 귀화도 거의 인정하지 않는 그야말로 '한국은 한국인의 것이다. 그러니까 외국인은 꼭 살고 싶다면 살아도 좋지만 그 대신 아무런 권리도 줄 수 없다. 그것이 싫으면 다시 이민을 가든지, 그것은 당신들의 자유다'라는 식의 행정을 펼쳐온 셈이다. 당연히 여기에서 말하는 '자유'란 본래적인 의미에서의 '자유'가 아니라는 것은 명백하다.

> '호적' 혹은 이력서가 필요한 조건이 된다는 것은 인간의 과거와 현재가 지우기 어려운 효력을 지닌 채 자동적으로 그 미래를 한정한다는 것이다.

> 그들은 개개의 직업을 그때마다 선택할 자유를 가지고 있고 또 거부하고 뛰쳐나올 자유도 가지고 있다. 그러나 이러한 '자유로운' 모든 선택에 있어서, 그들의 전직轉職이라는 회로의 총체는 눈에 보이지 않는 격리의 틀(ghetto) 속에 갇혀 있다.(미타 무네스케, 「시선의 지옥」, 『현대사회의 사회의식』, 40쪽)

재한화교는 이렇게 해서 '중화요리집'이라는 틀 안에 머물 수밖에 없었다. 자장면(일본에서는 자자멘이라 부르고 있다)은 한국에서 가장 인기 있는 중화요리 중의 하나다. 재한화교는 자장면을 계속 팔아왔다. 물론 이것은 결코 부끄러운 것이 아니라 오히려 자랑스러운 것이라고 필자는 생각한다. 그러나 그것이 '눈에 보이지 않는 격리의 틀'이라는 점에서는 다를 바 없을 것이다. 오히려 재한화교는 차별적인 제도로 인해 기업가(부르주아)는커녕 고용되는 입장(프롤레타리아)에도 서지 못한 채 어쩔 수 없이 '중화요리집'을 선택했기 때문이다.

국적이나 영주권의 문제는 역시 '민족국가' 한국이라는 환상의 폐해라 할 수 있다. 예를 들면 한국의 '국문학'에서는 일제강점기의 문학을 논할 때 친일문학에 대한 '민족문학' 혹은 친일행위에 대한 '민족주의'를 당연한 것처럼 여기고 있다. 물론 일제의 침략에 대한 비판은 당연히 이루어져야 하고, 이를 위해서 '민족'이 구심점으로 이용되어 온 것은 결코 잘못된 일이라고는 할 수 없다. 그러나 보수와 혁신을 불문하고 '민족'의 우위성을 비판할 수 없거나 하기 어려운 상황으로 승화시킴으로써 그 여파가 재한화교와 같은 한국 내 소수자에게 밀어닥치고 있다는 사실은 간과하기 어렵다. 게다가 '민족'이라는 키워드가 무비판적으로 '정의'가 되는 풍조 역시 재한화교에 대한 차별 문제의 개선을 부당하게 지연시키고 있음을 생각할 때, 한국의 민족주의가 안고 있는 '폭력'의 심각성을 지적하지 않을 수 없다. 이러한 현실은 전 한국화교협회 부회장 국백령 씨의 「우리는 왜 짜장면밖에 팔 수 없는가」(『월간조선』, 1991년 8월)라는 기사에서도 확인해 볼 수 있다. 그는 재한화교의 역사를 회상하고 그 차별을 논하다가 마지막에는 다음과 같이 이야기한다.

> 한국인들은 정말로 인정이 두텁고 친절하며 정열적이다. 특히 재한화교들과 개인적으로 알고 지낼 때에는 일부의 편견을 가진 사람들을 제외하고는 더할 나위 없이 희생적이며 봉사적이다.(같은 기사, 181쪽)

차별에 대해서는 거의 고발이나 다름없는 어투로 말하면서도 한국인과의 두터운 교류관계를 강조하고 있는 화교. 이를 통해서 개인으로서의 한국인과는 별도로 존재하는 한국 사회에는 한국인 한 사람 한 사람을 덮어버리는 일종의 베일이 있으며, 그것이 집단화된 한국 사회의 차별을 양산하고 있다는 것을 알 수 있다. 이 부지불식

간에 스며든 사회의 베일을 '민족(주의)'이라고 생각해 보자. 당연히 이 베일(=민족주의)은 배타성=폭력성을 수반하고 있다. 이처럼 개인으로서는 매우 훌륭한 한국인 친구가 한국 사회 전체의 구성원으로서는 차가운 차별=폭력의 베일로 변해 가는 것이다. 바꿔 말하자면 일상적으로 이와 같은 배제를 받아온 그들은 오히려 '민족적 경계'를 확인하지 않을 수 없는 상황에 내몰리고 있었다 해도 좋을 것이다. 그리고 한국인들은 그 같은 '아픔'을 이해하지 못하고 그들과의 차이를 '만들어냄'으로써 '자신의 존재감'을 확인해 가는 '불행'한 자기정립을 '무의식적'으로 행하고 있는 것이다.

필자는 '무의식적인 선의의 내셔널리즘'이라는 말을 사용해 왔다. 그것은 한국의 재한화교에 있어서도 확인해 볼 수 있다. 예를 들면 1985년에 대한한의사연합회의 결정에 따라 '한의사漢醫師'라는 호칭을 '한의사韓醫師'로 바꾸고, '한의원漢醫院'도 '한의원韓醫院'으로 개칭하였다(하야세 다케토시, 「재한화교의 경제」, 1989년, 215쪽). 주현미 씨의 사례를 소개할 때도 조금 언급했지만 제도적으로 차별당하는 재한화교에게 있어서 거의 유일하다고 할 수 있는 엘리트 코스는 '한의漢醫'가 되는 것이었다. 그러므로 이와 같은 명칭의 변경은 화교 의사에게 있어서 큰 타격이 될 수밖에 없는 것이다.

이미 살펴보았듯이 재한화교는 수적으로는 열세하여 화교 한의가 한국인 한의를 위협하는 존재였다고는 생각하기 어렵기 때문에

이 결정 자체가 화교를 겨냥한 것이라 할 수는 없을 것이다. 오히려 중국의 한의학 뒤를 좇는 것이 아니라 한국의 독자적인 의학이라는 '민족적 긍지'를 나타내려는 것에 지나지 않는 것으로 생각되기도 한다. 그러나 '민족적 긍지'를 높이겠다는 유치한 발상으로 인해 소수자의 생활권이 압박받게 된다는 사실을 아무도 눈치 채지 못했다는 것이 더 큰 문제가 아닐 수 없다. 이처럼 소수자에 대한 배려가 완전히 결여된 형태로 '민족'을 구가하고 싶어 하는 한국 사회의 일면에 대해 지적해 둘 필요가 있다.

물론 이것은 일본 사회에 있어서도 마찬가지다. 일본 사회에도 한국과 같은 '무의식의 배제'가 있다. 서장에서도 언급했듯이 국제 스포츠 제전이 열릴 때 일본팀에게 붙여지는 '히노마루 히코타이(일장기 비행대)'나 '사무라이블루', 그리고 '나데시코재팬(일본 여자축구 대표팀의 애칭)'과 같은 명칭이 일본 국적을 취득한 외국인 선수에게 얼마나 큰 심리적인 영향을 끼치는지 대부분의 '일본인'은 생각해 본 적도 없거나 혹은 생각할 필요조차 느끼지 못하고 있을지도 모른다. 그러나 이것이 바로 '머조리티는 마이너리티를 무시하며 살아갈 수 있지만 마이너리티는 머조리티를 무시하고는 살아갈 수 없다'는 말로 필자가 강조했던 부분이다. 그 이면에는 '귀화해서 일본을 위해 일한다면 동일시해 주겠다'는 '충성의 강요'가 잠재되어 있다 하겠는데, 이는 제1장에서 살펴본 바와 같이 아시아를 '일시동인一視同仁'으로 생각하는 '내지' 구조의 정신적인 작용과도 맥락을 같이하는 것이다. 거기에는 '마이너리티를 막다른 곳으로 몰아붙이고 있다'는 것을 깨닫지 못하는 '자각 없는 지배'의 정치가 깃들어 있기 때문이다.

2. 야에야마八重山 타이완계 이민이란 누구인가

이시가키 섬에는 타이완에서 이민 온 사람이 많이 살고 있다. 벌써 2세, 3세의 시대가 되었다. 필자가 몇 번이나 신세를 진 X씨는 부친이 농업 개척 이민으로 이시가키 섬에 건너와 파인애플 농가가 되었다. 최근에는 드래곤후르츠와 망고를 재배하는 등 사업을 전개하고 있다.

화교라고 하면 '중화요리'를 떠올리는 것은 상당히 빈곤한 이미지다. 이시가키 섬에서도 중화요리를 경영하고 있는 타이완계 사람이 있기는 하지만 결코 차이나타운 같은 것을 형성하고 사는 것이 아니라, 오히려 착실하게 농업을 발전시켜 이시가키 섬 전체의 발전에 공헌하고 있다.

X씨와는 2006년과 2007년에 만나 여러 가지 이야기를 들었는

데, 그가 나에게 한 말 중에는 역시 재일조선인과는 상황이 다르다는 것을 느끼게 하는 내용이 있었다.

> "왜 아직도 귀화하지 않나요? 일본에서 계속해서 살 거라면 일본 국적을 취득할 수 있는 **권리**를 행사해야지요."

아이러니하게도 재한화교는 중화민국(타이완)이라는 '장場'을 접점으로 한국 사회로부터의 배제에 저항하며 '이념'으로서의 중화민국을 요구했고, 이시가키 섬의 타이완계 이민들(일본의 패전 이전부터 이주해 온 자유이민들)은 '타이완'이 국민당의 지배를 받고 있는 시기에 일본 국적을 취득함으로써 자신들의 지위와 생활의 안정을 도모했다.

다소 본론에서 벗어나겠지만 그 배경에 대해 설명하고자 한다. 국민당의 타이완 입성을 타이완 '재침략'이라는 말로 표현하는 경우가 있다. 즉 일본의 지배로부터 벗어난 후 대륙의 국민당에 의해 재차 침략당했다는 의미다(가미즈루 · 나카무라, 「동아시아의 정치적 변화에서 보는 월경」, 67쪽). 그러므로 국민당에 대한 증오심 때문에 일본에 대한 감정이 상대적으로 좋아졌을 가능성을 짐작해 볼 수 있다. 그러나 이시가키 섬의 타이완계 사람 중에도 일본의 패전을 '조국(타이완) 복귀'로서 기뻐하는 경우도 있어서(미키 다케시, 『이리오모테 탄광 이야기』, 1990년, 72~73쪽), 항간에 떠도는 타이완=

'친일'국가라는 이미지 만들기는 오히려 타이완의 실체를 알아보기 어렵게 한다. 제2장에서도 언급했듯이 어느 한 쪽의 입장만을 거론하여 그것이 그 나라 국민의 총의라고 간주하는 것은 그다지 큰 의미가 없는 일이라 하겠다.

그것은 차치하고 우선은 이 타이완계 이민들의 내력과 현상을 고찰해 보고자 한다(이하의 기술은 마쓰다 요시타카, 『야에야마의 타이완인』을 참고했다).

이시가키 섬의 타이완계 이민은 주로 파인애플 재배에 종사하는 농업 개척민으로 패전 전의 쇼와昭和(1926~1989) 초기부터 본격적인 이주가 시작되었다. 그들은 물소를 이용하여 나구라名蔵·다케다嵩田 지구를 개간했으며, 원주민과의 마찰을 빚으면서도 융화 및 동화에 힘써 왔다. 이처럼 그들은 첨단의 파인애플 재배기술을 가진 사람들로서 이시가키 섬의 농업 발전에 공헌했던 것이다. 이와 같은 이민은 패전과 함께 일시적으로 중단되었으나, 기술자로서 초청받은 사람 등을 포함하여 전후에도 계속되었다.

그러나 패전 이후에 일본 국적을 상실한 이들은 바로 곤궁한 생활에 직면하게 된다. 지금까지는 같은 '일본인'으로서 '일본을 위해 일했거나/일할 수밖에 없었음'에도 불구하고 어느 날 갑자기 '외국인'이 되어 버린 것이다. 그 무렵 국민당의 지배하에 놓여 있던 타이완은 '반공대륙反攻大陸[대륙을 다시 공격함]'이라는 국시를 고수하고 있었기 때문에, 중화민국인의 유실을 방지하기 위해서라도 이시가키 섬에 사는 타이완계 이민의 일본 국적 취득을 쉽사리 용인하지 않고 있었던 것으로 보인다. 국민당 정부의 이러한 방향이 일본 국적 취득을 위한 '국적이탈증명'의 발급 제한으로 이어지는 바람에 타이완계 이민의 일본귀화운동은 좀처럼 진전이 없었다.

이러한 상황이 크게 변한 것은 1970년대에 미국과 중국이 접근하고 중화인민공화국이 UN에 가입하면서부터다. 국민당은 재일타이완계 이민자 중에서 중국공산당(대륙의 중화인민공화국)으로 전향하는 자가 나오는 것보다는 일본으로 귀화하게 만드는 편이 낫다고 판단한 것인지 국적이탈증명서 발급에 적극적인 태도를 보이게 된다. 이러한 결과를 이시가키 섬의 "타이완계 이민 제1세대는 '국적을 겨우 돌려받았다'는 감각"으로 받아들인 것 같다(오구마 마코토, 「이시가키 섬에 있어서의 타이완계 이민의 정착과정과 민족적 귀속의 변화」, 582쪽).

그리고 이들의 귀속의식과 관련해서는 제1세대가 토지공제土地公祭(토지신에게 기원하는 축제) 등의 민족행사를 적극적으로 개최할 만큼 타이완에서 온 '민족 집단'으로서의 의식이 강했던 반면, 제2세대는 학교 등의 집단 괴롭힘에 노출된 반발심으로 오히려 "민족성을 부정하거나 거부하면서 성장한 경험을 지니고 있다"(오구마, 앞의 논문, 592쪽).

그러나 필자가 만난 요즘 세대, 즉 제3세대의 경우는 분위기를 달리하고 있는 것 같았다. 예를 들면 X씨의 조카에 해당하는 Y씨와 그 후배에 해당하는 Z씨 등과 같이 화교총회의 청년부에서 지도적인 위치에 있었던 사람들과 만났지만 이들에게는 구김살 같은 것이 없었기 때문이다.

둘 다 30전후의 산뜻한 남성으로 진학이나 취직을 위해 도쿄에서 살았던 적도 있다고 한다. 자신들이 타이완계 이민의 자손이라는 사실이 결코 그들에게 마이너스가 되는 것은 아니며, 공기와 같이 받아들일 수 있는 것이라고 했다. 의식면에서는 오키나와(그것도 야에야마) 의식이 강하고 '외국계'라는 생각을 거의 하지 않지만, 지금도 '청년부'에서 활동은 하고 있다고 한다.

마쓰다 씨의 저서에도 다음과 같은 기술이 있다.

> 자신의 내면에 병존하고 있는 타이완인으로서의 면모와 일본인으로서의 면모. 혹은 그 어느 쪽도 아닌 자신. 〔타이완계 이민인〕 구니나가 미치코國永美智子가 일하고 있는 중화요리점에서는 중국옷을 입고 접객한다. 최근에 손님으로부터 "당신, 중국(타이완) 분 아니세요?"라는 질문을 받을 때면 참으로 대답하기 곤란하다. 양친은 타이완인이지만 미치코는 태어난 곳과 자란 곳이 모두 일본이기 때문에 "예. 저는 타이완인이에요"라고 대답할 수는 없다. 그렇다고 해서 일본인이라고도 할 수 없다. 그래서 요즘은 "2세입니다"라는 대답을 하고 있다. 지금은 그것이 가장 무난한 대답이라고 생각하기 때문이다.(같은 책, 207~208쪽)

서장에서 '복수複數의 아이덴티티를 가진 자'에 대해 논했는데, 이런 사람들을 향해서 '당신은 어느 나라 사람인가?'라고 물어보는 것은 상당히 잔혹한 짓이다. 이 여성은 아직 20대로 젊지만 타이완에 유학을 간 경험도 있어서 앞에 나온 Y씨나 Z씨보다 타이완에 심리적으로 가까울지도 모른다.

한 세대 이전의 현재 50대인 사람들과는 달리 이들 3세대들은 결코 직접적인 괴롭힘을 당한 것 같지는 않다. 그러나 심리적인 의미에서의 '절취'의 경험, 예를 들면 당신은 '어느 나라 사람인가'라는 (무의식적인 선의의) 질문에 의해 매일같이 '나는 어느 나라 사람일까?'라는 의문과 마주하지 않을 수 없다.

그들보다 한 세대 앞선 X씨의 세대는 좀 더 직접적인 차별이 있었음에 틀림없다. 그러나 X씨는 그와 같은 일은 일체 없었다거나 혹은 "어렸으니까"라고 웃으면서 말한다. 그는 온화한 인품으로 항상 미소를 잃지 않는다. 그리고 차별을 받았다고 큰소리로 떠드는 법이 없고 "아니요, 모두 사이좋게 지냈어요"라고 말할 뿐이다.

X씨의 이야기는 필시 어떤 의미에서는 진실일 것이다. 그리고 어렸을 때의 일로 치부함으로써 어른이 되고 난 뒤에는 잊어버릴 수 있을지도 모른다. 그러나 모두가 이렇다고는 단정하기 어렵다.

사사로운 일이기는 하지만 X씨는 숙박할 곳과 야에야마 근처의 맛있는 식당도 소개해 주었다. 그런데 필자는 그곳을 경영하는 분들이 모두 미야코 섬 출신자였다는 사실을 우연이라고만 생각할 수는 없었다.

미야코 섬은 오키나와 본도와 야에야마 섬의 중간에 위치하고 있어서 오키나와 본도와 야에야마 섬으로부터 복잡한 심리적 '절취'가 이루어지고 있는 섬이다. 그러므로 그들의 아이덴티티는 오키나와 중에서도 가장 복잡한 양상을 보인다. 이러한 미야코 섬 출신자가 이시가키 섬에도 있었던 것인데, X씨와 각별한 사이인 듯한 그들과 이야기하고 있자니 X씨의 말 속에 들어 있는 깊은 이면의 세계가 보이는 것 같았다.

서장에서 2대째인 가이라쿠테이 부락쿠 씨에 관해 언급한 바 있다. 그는 '복수의 아이덴티티를 가진 자'이고, 또한 외국적인 풍모를 지니고 있는 까닭에 배제당한 경험을 가지고 있다. 그러나 그것을 엄격히 추궁하기보다는 웃음으로 승화시키고 있다. X씨도 이와 같은 입장일 것이다. 실제로는 여러 가지 일이 있었을 테고, 참기 힘든 일도 겪었을 것이다. 그렇지만 "차별은 쓸데없고 무의미하지만 더욱 무의미한 것은 '당했다고 떠드는 일'이라는 것이 그의 내면에 간직한 주장이 아닐까"(오피스바이코안, 「오비帯」, 『빚쟁이 남자 #10』, 2006년)와 같은 사고방식으로 극복해 왔을지도 모른다. 일본이라는 '획일성을 요구하는 사회'는 '복수의 아이덴티티를 가진 자'에게 이 정도까지 '인내'를 강요하고 있는 것이다.

그런데 근래 이시가키 섬의 타이완계 이민자 중에서 민족성에 관한 의식에 변화가 생겼다. 화교 중에 2세대를 중심으로 7, 8년 전〔1980년대 초〕부터 청년부가 결성되었다. 청년부에서는 타이완을 방문하고 거기서 거행하는 파룡선대회爬龍船大會에 출전하고 있다. 또 청년부와는 별도로 성묘와 친척 방문, 쌍십절雙十節 때의 타이완 정부의 초대 혹은 농업시찰 등을 위해 개인적으로 타이완을 방문하는 2세대가 늘고 있다. 이러한 경향은 비교적 동화지향적인 다케다 지구에 거주하는 2세대들에게 있어서도 마찬가지다. 그때까지 타이완에 가본 적이 없는 2세대도 많았는데, 이러한 기회를 통해 자신이 알고 있는 타이완어가 통하는 것에 친근감을 느끼거나, 타이완어나 중국어를 구사하지 못하던 2세대가 그 말을 해보고 싶다는 소망을 가지게 되는 경우도 있었다고 한다.

〔중략〕

근래의 타이완계 이민의 자문화自文化에 대한 아이덴티티의 변화를 어떻게 해석하면 좋을까. 그 큰 요인 중의 하나로서 주변의 의식 변화를 들 수 있다. 최근의 일본은 국제화를 지향하는 교육을 비롯하여 모든 방면에서 두드러진 변화를 보이고 있다. 특히 아시아에 대한 관심이 높아지면서 다양한 대중 매체를 통하여 풍부한 관계정보가 흘러들어 오고 있다. 이 같은 상황의 변화 속에서 이시가키 섬의 타이완계 이민을 둘러싼 주변사회와 그들 자신이 타이완계 이민에 대한 인식을 변화시키고 있는 것으로 생각된다. 자신들이 가진 민족성을 마이너스적인 것으로 인식해 온 것에 반해, 지금의 2세대는 오히려 이러한 민족성에 대해 자신들 특유의 우위성이라는 반대의 인식을 갖기 시작한 것은 확실하다.(오구마 마코토, 앞의 논문, 593~594쪽)

필자에게는 이시가키 섬의 타이완계 이민에 대해 전문적인 분석을 펼칠 능력이나 자격도 없지만 이것만큼은 말할 수 있다. 타이완계 이민자들의 이와 같은 움직임은 기이하게도 재일조선인이라고 불리고 있는 '민족 집단'과도 중첩되고 있다는 점이다. 자세한 것은 종장에서 언급하겠지만 재일조선인 2세 역시 일본 사회에 동화하기 위하여 스스로의 '민족성'과 출신을 부정하며 살아왔으나 결과적으로 일본 사회에 완전히 녹아들지 못하고 끊임없이 '절취당해 왔음'을 깨닫게 된다. 그런데 3세대(필자도 여기에 속한다)는 오히려 그것을 '개성'으로서 인식하기 시작했다는 점에서 그렇다. 만약 다른 점이 있다면 재일조선인에게는 '귀화운동'이라는 것이 없었다는 점일 것이다.

앞 절에서 소개한 재한화교는 해방 후(일본의 패전 후) 한국에서 필설로 다할 수 없는 고초를 경험해 왔다. 그리고 그것은 박정희 정권의 「외국인토지법」에 의해 극에 달한다. 마침 그때 이시가키 섬의 타이완계 이민은 타이완의 국민당 정부에 의해 국적이탈증명서의 발행 거부라는 '국가의 사정'에 휘둘리고 있었다. 일본은 그때 자민당 단독 정권에 의한 '고도 경제성장'을 거듭하고 있었다.

여기에서 알 수 있는 것은 일본, 한국, 타이완이 제각각 '고도성장의 내셔널리즘'에 의해 '국민의 균질화'를 고착시키고 있던 시대, 즉 1960년대부터 1970년대에 마이너리티로서의 '민족 집단'은 '폭력'(균질한 국민이 아닌 자를 '절취', 배제하는 '폭력') 때문에 '동화'의 선택을 강요당하거나 혹은 '반발'을 지속하면서 결과적으로는 '민족적 경계'를 강하게 인식하게 되었다는 사실이다.

그리고 이것이 전세기말前世紀末의 '사회 유동화'에 의해 느리기는 하지만 새로운 방향을 모색해 가는 현상을 확인해 볼 수 있다. 그러나 서장과 제2장에서도 살펴보았듯이 '선택'과 '인내' 등의 강요가 사라졌다고 보기는 어렵다. 이 문제를 생각함에 있어서 일단 이 장의 후반에서는 우회적으로 접근해 보고자 한다. 즉 '민족 집단'과는 다른 또 하나의 마이너리티인 '사회적 마이너리티'에 대해 되돌아봄으로써 문제를 보다 깊게 천착한 뒤, 종장에서 다시 정리하고자 한다.

3. '천형天刑의 시인' 한하운韓何雲의 경력과 자기연출

한하운은 (나중에 설명하듯이 실제경력은 전혀 다르지만) '1919년에 출생, 1975년에 사망'한 것으로 알려져 있는 한국의 시인이다. 그의 시는 한국의 삼사십 대 이상인 사람이라면 모르는 사람이 없을 정도로 유명하지만 요즘 학생들에게는 그다지 흥미가 없어 보인다. 40대인 사람들은 그의 현역 시절을 알고 있는 까닭에 더욱 그의 이름을 잘 기억하고 있겠지만, 그 이후의 세대에게는 급속히 잊혀져가고 있는 시인인 것 같다.

한센병에 걸린 시인으로 알려져 있는 한하운은 그 본명과 본적지, 그리고 '경력'(본인의 회고)까지 공개되어 있다. 이런 점에서는 일본의 한센병 시인이나 작가에 대한 태도와 전혀 다르다. 일본에서는 호조 다미오北条民雄(1914~1937)를 필두로 몇 명의 한센병 작가가 있지만 그 경력과 본명을 밝히는 것은 터부시되어 왔다. 실제로 호조 다미오의 실명을 비롯하여 가족관계, 그리고 그의 묘지까지 밝혀서 잡지에 발표한 호조 연구가도 있었지만 이러한 일은 극히 드문 경우에 속한다. 다카야마 후미히코 씨는 이 같은 폭로를 '분별없는 사람이 일으킨' 사건이라 언급한 바 있다(『불꽃—호조 다미오의 생애』, 1999년, 35~36쪽).

한국에서는 이와 같은 '배려'에 비교적 약하다. 한센병의 경우 그 친족에게 가해지는 온갖 차별을 생각할 때, 왜 한국에서는 이를 공표하는 것인지 의문이 생길지도 모른다. 그러나 한하운의 경우는 자신이 본명을 밝혔으며, 묘지에 관해서도 이미 널리 알려져 있다.

그러므로 극히 최근까지 한국의 유명한 현역 시인이었으며, 그에 관한 전기 연구가 '완료'되었다고 생각되는 한하운의 경력을 살펴가면서 한국문학을 둘러싼 환경을 검토하고자 한다.

일제강점기 조선의 한센병에 관한 연구를 계속하고 있는 다키오 에이지 씨는 노작 『조선 한센병사—일본 식민지하의 소록도』(2001년)에서 한하운에 대해 소개하고 있다. 조선어에 능숙한 것 같지 않은 다키오 씨는 다음과 같은 말을 적고 있다.

> 두 번째로 소록도를 방문 후 얼마 지나지 않은 6월 하순, 한센병의 역사 연구에 대해 사숙하고 있던 최석의崔碩義 선생님으로부

터 당신이 쓰신 시론 「문둥이 시인 한하운」(『쇼세이쓰신鐘声通信』, 1995년 6월)을 혜증받았다. 한하운의 시 4편에 대한 번역과 해설은 훌륭했다. 그 해설에 "……유감스럽게도 일본에서는 한하운의 시는 그리 알려지지 않았다. 내가 아는 한 『한국현대시집』(토요미술사)에 강정중姜晶中이 번역한 「보리피리」 1편이 소개되었을 뿐이다. 나는 무릇 사람들에게 감동을 주는 뛰어난 시에는 국경이 없으며 공유해야 할 대상으로 생각한다"라고 적혀 있었다. 한국어를 거의 읽지 못하는 나는 누군가 『한하운 시 전집』을 번역해 줄 사람은 없을까 하는 생각만 간절할 뿐이었다.(같은 책, 15쪽)

소록도小鹿島는 일제강점기에 총독부가 한센병 격리시설을 만든 곳으로 한국의 서남부에 위치한 전라남도의 작은 섬이다. 다키오 씨는 여러 차례 이곳을 찾은 것으로 보이며, 한국의 한센병 역사에 관한 연구에 있어서는 실로 일본 제일의 전문가라 할 수 있다.

한국에 몇 번이나 발길을 옮기던 중에 한센병 시인인 한하운이라는 인물이 다키오 씨의 눈에 띄었을 것이다. 실제로 한하운에 대한 일본에서의 소개는 다키오 씨가 말한 대로 거의 전무한 것이 현실이다. 한하운에 대한 이미지를 떠올릴 수 있도록 그의 시 2편을 번역하여 소개해 보겠다.

보리 피리

보리 피리 불며
봄 언덕
고향 그리워
피—ㄹ 닐니리

보리 피리 불며
꽃 청산
어린 때 그리워
피—ㄹ 닐니리

보리 피리 불며
인환人寰의 거리
인간사 그리워
피—ㄹ 닐니리

보리 피리 불며
방랑의 기산하幾山河
눈물의 언덕을 지나
피—ㄹ 닐니리. (『한하운의 명시』, 1985년, 1쪽)

전라도 길

—소록도로 가는 길

가도 가도 붉은 황토길
숨막히는 더위뿐이더라

낯선 친구 만나면
우리들 문둥이끼리 반갑다.

천안 삼거리를 지나도
수세미 같은 해는 서산에 남는데

가도 가도 붉은 황토길
숨막히는 더위 속으로 쩔름거리며
가는 길.

신을 벗으면
버드나무 밑에서 지까다비를 벗으면
발가락이 또 한 개 없다.

앞으로 남은 두 개의 발가락이 잘릴 때까지
가도 가도 천 리 길, 전라도 길. (『한하운의 명시』, 9쪽)

앞에서 인용한 다키오 씨의 저서에서도 연구 동료의 도움을 받아 작성한 것으로 보이는 한하운의 생애를 정리하여 소개하고 있다. 그 텍스트로 삼은 저작은 『가도가도 황톳길』(김창직 편저, 1982년)이 아닌가 생각된다. 여기에 묘사되어 있는 한하운의 생애를 연표로 정리하면 다음과 같다.

1919년 2월 24일	조선 함경남도 함주군 동천면 쌍봉리에서 태어났다. 본명은 한태영韓泰泳. 부친은 한종규韓鍾奎, 어머니는 관서寬恕. 부친은 부호였고 3대에 걸쳐 과거에 합격한 선비 집안.(이 해 아버지는 독립운동에 가담한 혐의로 퇴학 처분)
1926년 4월	함경도에서 가장 큰 도시 함흥으로 이사. 함경 제일공립보통학교 입학.
1931년 3월	동교 졸업. 동년 4월 전라북도 공립이리농림학교 축산과 입학(구제舊制중학에 해당하는 고등보통학교와 동격)
1933년 봄	몸이 붓기 시작하다. 여동생 친구인 R과 교제를 시작하다.
1935년	5학년 재적 중에 경성제국대학병원에서 한센병으로 진단받다. 온천에서 요양하다.

1936년 3월	동교 졸업.
1936년 4월	일본 도쿄의 세이케이成蹊 고등학교 입학. 37년에는 애인도 찾아옴.
1939년 3월	동교 졸업. 중국으로 건너가다.
1939년 2월?	베이징 대학 농학원 축산과 입학, 42년 1월에 동교 졸업. 대학원 진학. 협화協和의과대학 재학 중인 재중국 2세인 S와 연인 사이가 되다. 두 여성 사이에서 고뇌하다. S는 자살미수.
1943년	조선총독부 함경도 축산과에 취직.
1944년	본명을 한하운으로 개명.
1945년 8월 15일	해방, 후에 소련군이 진주. 가산 몰수.
1946년 3월	함흥학생의거로 인해 원산형무소에 수감되다.
1947년 여름	모친 사망. 탈옥, 남한을 방랑. 시작詩作에 몰두. 가을에 북으로 돌아가지만 R이 체포되어 행방불명.
1948년	재차 남한으로. 명동성당 방공호에서 혈거생활.
1949년 4월	『신천지』에 「한하운 시초詩抄」가 게재되어 데뷔.

이상과 같은 인생을 걸어 왔다고 그는 자서전에서 스스로 공개하고 있다(『나의 슬픈 반생기』, 1993년). 그러나 필자의 조사에 의해 이와 같은 '극적'인 인생은 아니었음이 확인되었다. 먼저 출생년도 자체가 다르다. 다소 잔혹한 것 같지만 그의 실제 이력을 확인해 보자.

1921년 2월 24일	조선 함경남도 함주군 동천면 쌍봉리에서 태어났다. 본명은 한태영.
1927년 4월	공립보통학교에 입학한 것으로 보인다.
1933년 3월	공립보통학교를 졸업한 것으로 보인다.
1933년 4월	공립이리농림학교 축산과에 입학한 것으로 보인다.
1940년 3월	2년 유급, 휴학 혹은 입학이 2년 늦어지거나 하여 졸업.

이상의 이력은 다음과 같은 조사 결과에 토대를 두고 있다. 우선 이리시는 현재 익산시로 명칭을 변경했다. 그러므로 당시의 이리농림학교는 현재 국립익산대학(전문대학, 일본의 단기대학에 해당)이 되었다. 익산대학은 농업과 임업 등에 대한 전문적인 교육을 실시하는 특색과 전통이 있는 학교다. 필자는 직접 학교를 찾아가 졸업생 명부를 확인해 보았고, 국립공문서관(대전시)에 남아 있는 '이

리농립학교 졸업증서 수여명부'를 열람하였다. 이에 따르면 한하운은 틀림없이 1940년 3월에 졸업하였고, 출생년도는 '다이쇼大正 10년(1921) 2월 24일'로 되어 있었다. 유감스럽게도 그 이상의 사실은 알 수 없었다. 그러나 필시 보통학교(초등학교)를 졸업한 뒤 이 학교에 입학하였으나 5년이라는 연한年限에 졸업하지 못하고 7년 정도 학교에 재적하고 있었던 것으로 보인다. 그렇다면 그가 세이케이 고등학교로 유학을 갔다는 것은 시간적으로 무리가 있다. 이렇게 되면 당연히 베이징 대학에 입학했다는 시기와 맞지 않을뿐더러 입학자격에도 문제가 생긴다.

또 한편으로 그의 '졸업증서 수여명부'에 있는 한태영이라는 이름에 크게 ×가 쳐져 있고 '기요하라 가오루清原薫'라는 이름이 추가로 적혀 있었다. 이는 1939년에 공포되어 1940년에 시행된 '창씨개명령'의 영향이라고 할 수 있다. 그는 졸업 후 자신의 이름을 '기요하라 가오루'라는 일본명으로 바꾸어 달라며 학교에 신고했을 것이다.

한하운 스스로가 공개한 이력과 대조하여 생각해 보자. 한하운은 1933년 무렵 한센병 증상이 나타나기 시작하였으며 농림학교 5학년 때에 한센병으로 진단받았다는 내용은 사실일 것이다. 그렇다면 1935년에 한센병으로 진단받고 잠시 온천에서 요양했었다는 자서전의 내용도 그대로 받아들일 수 있다. 그는 중학교 3학년 때에 자신의 병을 알고 2년 정도 휴학했는지도 모른다. 애당초 그 자신이 공개한 경력은 학교에 진학하는 과정이 너무 '빠듯하게' 짜여 있어서, 온천에 요양을 갔었다는 그의 말을 사실로 인정할 경우, 어떻게 규정된 연한에 졸업할 수 있었는지 의심스럽다.

작가가 자신의 과거를 공개할 때 정직하게 쓰지 않으면 안 된다는 규정은 없다. 윤색하거나 미화하는 경우도 있을 것이다. 특히 '창씨개명'했다는 사실은 떠올리기도 싫은 일일 것이므로 그것을 쓰지 않았다고 해서 비난받을 이유는 없을 것이다.

참고로 한하운과 동시대 작가로서 일본어 소설을 집필하여 아쿠타가와상芥川賞 후보에 올랐던 김사랑金史良이 있다. 그의 형인 김시명金時明은 교토 제국대학 법학부를 졸업한 뒤 조선총독부에 근무하고 있었는데, '창씨개명' 후에는 '金子(가네코)時明'이라는 이름으로 인명록에 올라 있다(『1944년도 조선인명록』, 1943년). 필시 가족 모두가 '창씨개명'을 했을 것이다. 김사량의 본명은 김시창金時昌인데 역시 '金子時昌'이라는 일본 이름이 있었을 것이라는 말이 된다. 하지만 이 불명예스러운 사실을 스스로 드러내야 할 의무는 그 어디에도 없다. 또 설령 '창씨개명'을 했다 하더라도 그들에게 잘못이 있는 것이 아니라 오히려 그것을 강요한 총독부의 악행이 강조되어야 마땅할 것이다. 그러나 사실은 사실인 것이다.

그런데 한하운의 경우는 스스로 공개한 경력과 사실과의 차이가 너무나도 크다. 먼저 무슨 이유로 출생년도가 2년이나 빨라진 것일까. 이러한 차이는 '빠듯하게' 짜인 학력에 맞추기 위한 방편이라는 측면과, 자신의 경력을 '신화화'시키려는 측면을 모두 가지고 있다 해도 좋을 것이다.

한하운 자신이 공개한 경력에 의하면 그의 집은 '부호'이자 '학자 집안'이었다. 또 그는 성적이 우수했는데도 한센병이라는 차별받는 병 때문에 제대로 된 인생을 살아갈 수 없었으며, 북한이 소련 공산당의 지배를 받게 되자 '가산을 몰수당한' '비극의 주인공'이라는 식으로 묘사되고 있는 것이다.

그뿐만이 아니다. 우수한 집안의 직계 후손인 아버지는 독립운동에 가담함으로써 학교를 퇴학당한 '애국자'이며, 한하운 자신도 1919년('3 · 1만세 운동'이 있던 해)이라는 기념할 만한 해에 태어났다는 '신화'도 여기에 성립된다. 반대로 말하면 그의 경력에 나온 집안의 내력은 이미 신용할 수 없는 상태라는 것이다.

게다가 한하운이 세이케이 고등학교에 진학하지 않았다는 사실은 이미 필자의 조사를 통해 분명히 밝혀졌다. '한태영', '한하운', '기요하라 가오루' 중 그 어느 이름도 입학, 퇴학, 졸업자 명부에 없었다. 따라서 그가 일본에 '유학'갔다고 보기는 힘들다. 물론 대학 진학을 목표로 공부하고 있었을 가능성은 있지만 어쨌든 그가 일본에서 정규의 학교 교육을 받았다고는 말하기 어렵다.

그렇다면 베이징 대학 유학은 더더욱 신용할 수 없다. 첫째 그럴 시간이 없다. 1940년 3월에 농림학교를 졸업하고 나서 1943년(?) 총독부에 근무할 때까지 3년 정도의 공백이 있지만 이때는 병의 요양과 대학 진학을 위한 준비로 시간을 보냈다고 해야 할 것이다. 그러므로 도쿄에 R이 찾아왔다든지 베이징에서 S와 만났다든지 하는 연애담 역시 상당한 윤색이 가해졌을 것이라는 추측을 가능하게 한다.

1948년 서울에 온 한하운은 명동성당의 방공호에 살았다고 한다. 이에 대해서는 어느 정도 방증이 있다. 1949년 4월의 『신천지新天地』에서 그를 소개한 이병철李秉哲의 선평選評에는 한하운을 만났던 1년 전의 일이 쓰여 있다. 여기에 한하운의 본명은 '××'와 같이 복자伏字로 되어 있으며, '유리遊離의 가두街頭에서 방황하고 있는 걸인'으로 소개하고 있다.

태어난 고향은 '함경남도 함주군 동천면 쌍봉리'로 되어 있고, '절세絶世의 환자'라는 말로 한센병임을 알리고 있다. 당시 한하운의 나이는 30세로 되어 있는데, 한국에서는 통상 '햇수'로 말한다는 것을 감안하면 역시 한하운이 '1919년생'이라고 주장했었다는 말이 된다. 그리고 '베이징 대학 농학원에서 자연과학을 동학수행錬學修行하고 있을 때' 한센병 증상이 나타났다고 '선평'에 쓰여 있다. 이렇게 볼 때 당시의 한하운이 이병철에게 말한 내용은 앞의 자서전에서 밝힌 사실과 세밀한 부분에서는 미묘하게 다르지만 큰 줄거리에서는 대체적으로 들어맞고 있음을 알 수 있다.

마찬가지로 1955년에 서울의 인간사人間社에서 상재된 그의 처녀시집 『보리피리』에서도 상세한 연호는 쓰여 있지 않지만 앞의 자서전과 같은 내용의 학력을 밝히고 있다.

이상을 종합하면 다음과 같이 말할 수 있을 것이다. 한하운은 당초부터 시인으로서의 자신을 표현할 때 '도쿄 유학 후에 베이징대학을 졸업했으며, 대학원에서 조금 연구 활동을 하다가 돌아온 학자 집안의 대를 이을 아들. 하지만 한센병으로 인한 고통 속에서 연애도 실패로 끝나고 결국에는 공산당에게 가산을 몰수당하는 비극의 주인공'으로 연출하고 있었다는 식으로 말이다.

그러면 그는 어째서 이와 같은 '거짓 경력을 공개'했을까 하는 의문이 고개를 든다. 차별이 두려워서라는 말은 맞지 않는다. 그는 스스로 본명과 출생지, 게다가 이리농림학교를 졸업한 경력까지 밝히고 있기 때문이다.

필자도 조선근대문학의 연구자로서 여러 작가의 전기를 연구해 왔다. 타자의 과거 경력, 특히 작가라는 직업을 가진 사람들의 경력은 스스로가 공개한 내용을 그대로 믿어서는 안 된다. 적어도 일제강점기, 해방, 남북분단, 6·25전쟁이라는 동란을 거친 한국에서는 기록이나 기억이 상당히 혼란스러운 탓에 경력의 윤색이 쉽게 탄로나지 않는다. 이 말은 조사가 그만큼 어렵다는 뜻이다. 그러므로 조사하면서 놀라운 사실을 발견하는 일도 간혹 있다. 그러나 한하운과 같이 거의 창작(픽션)이라고 할 만한 '경력의 공개'는 처음이다.

무엇 때문에 이와 같은 윤색을 한 것일까. 이 수수께끼를 풀 수 있는 열쇠로서 그가 '유명해진 이후'의 경력을 살펴보겠다. 거기에는 많은 한센병 환자를 인솔하며 의기양양해 하는 한하운이 있다.

> 우선 부평은 이 지방민의 반대가 없을 것이라 믿고 불모산협不毛山峽이지만 우리가 무슨 선택의 자유가 있을까……. 우리의 마지막 안식처로서 택하기로 하였다.
>
> 그러나 내가 사는 수원의 집단 부락 사람들은 한센병요양소로 입소하는 것을 거절한다. 그저 유리표박遊離漂泊의 걸식 생활을 하겠다는 것이다. 그들은 어디 간들 우리를 따뜻이 맞아주는 세상이 있겠는가 하는 것이다.
>
> 나는 그들을 설득시키고 수원시의 알선으로 서력 1949년 12월 30일 밤 8시에 70명의 환자를 인솔하고 (일부 환자는 이탈하였다) 부평으로 갔다.
>
> 나는 기뻤다. 그토록 원하였던 땅을 얻게 된 까닭으로…….
>
> 감투를 좋아하는 우리 국민성이라 문둥이〔한센병 환자〕라고 다를 것이 없다. 원 부평의 환자와 서울 환자 사이에 치열한 싸움이 소, 대한의 백설에 덮인 주검의 이 골짜기에 벌어진다.
>
> 세상에서 버림받은 문둥이가 서로 피를 흘리며 유혈전을 한다니 한심스러운 일이 아닐 수 없다. 무장 경관 30여 명의 출동으로 삼일 만에 이 아귀들의 싸움이 진압되었다.
>
> 나는 6백 명 환자의 선거에 의하여 이곳 자치위원장에 취임하

고 원명院名을 성혜원成蹊院이라 명명하였다.

도이지하 자성혜桃李之下 自成蹊라는 말에서 성혜라는 이름을 따온 것이다.

(「운명의 반항」, 『한하운의 명시』, 133~134쪽)

1949년 12월 30일이라고 하니까 사실상 다음 해부터 활동했을 것이다. 그가 시인으로 데뷔하자마자 벌어진 일이다. 이미 수원시나 경찰과도 독자적인 연락수단을 가지고 있었음을 알 수 있다. 처음부터 그는 정치적인 인간이었으며 그가 말한 대로 '감투를 좋아하는' 한국인의 습성상 자치위원장에 취임한 것이다.

그 후 6·25전쟁에서 살아남은 그는 관청에 한센병 환자의 구제를 요청하여 용인에 한센병 회복자들이 자급자족하며 생활할 수 있는 '이상촌'을 건설하였고, 또 그가 중심이 되어 고아원을 창설하기도 하였다. 그리고 전국의 한센병 환자의 지도자를 모아 '대한한센총연맹'의 회장으로 선출된다. 이 연맹은 첫 사업으로 한센병 환자의 교양 향상을 위한 '신예술원'의 건설을 추진하였는데, 당시의 서울시장과 담판을 지어 대방동에 토지를 2만 평이나 얻었다(같은 책, 135쪽).

참으로 대단한 정치력이라 하지 않을 수 없다. 하지만 이것은 그가 보수 정권과 타협했다는 증거가 되기도 한다. 예를 들면 한하운은 죽을 때까지 회장직을 유지하였는데, 박정희 정권 때는 육영수

(박정희의 부인. 후에 암살당한다. 주변을 감싸 안는 영부인의 전형)가 고문으로 있었다. 이처럼 한하운은 보수 정권에 협력을 계속했다.

물론 그가 나쁘다는 것이 아니다. 어쩔 수 없었으리라 생각한다. 그 사정을 이해하기 위해 일단 일본 장애인의 시민운동에 대해 살펴보자. 『장애시민 이야기—또 하나의 현대사』(가와노 히데타다, 2007년)에는 다음과 같은 내용이 있다.

> 전국 각지에서 고군분투해 온 각각의 장애자시민운동에는 간절한 소망이 있었다. 각 지역에서의 활동에는 자연히 한계가 있어서 개별적인 활동을 전국화해야 할 필요성이 절실하게 대두되었다. 예를 들면 문부성이 추진하는 '79년 양호학교 의무화'가 임박해오고, 전장연全障研〔전국장애자문제연구대회〕 역시 그 움직임에 동조하고 있었기 때문에 개별 운동에서 탈피한 대동단결이 요구되고 있었다. 그리고 또 이러한 운동은 장애시민 이외의 사람들의 손으로 결성되거나 만들어져서는 안 되는 과제이기도 하였다. 그때까지의 일본 장애자시민단체에서 적어도 장애시민 스스로의 자기결정에 의해 결성된 것은 파란잔디운동회와 장애자해방위원회 같은 소수에 불과했다. 압도적인 다수를 차지하고 있었던 것은 행정기관이나 부모 그리고 복지관계자 등에 의해서 운영되거나 조종되고 있는 단체였다. 게다가 전국단체라고 해봤자 파란잔디운동회

등과 같이 벌레 먹어 구멍 난 모양으로 전국에 듬성듬성 분포하고 있어서 열 손가락으로 세고도 남을 정도의 단체밖에 없었다.

이와 같은 상황 속에서 철저한 '장애시민주체 · 결성 · 운영'을 소리 높여 선언하는 전국단체, 전국장애자해방운동연락협의회를 결성한 것이다. 이것을 말로 표현하자면 '장애시민에 의한, 장애시민을 위한, 장애시민의 혁명'이라고 해도 과언이 아니다. 선진적으로 장애시민 자신이 스스로의 운명을 결정하는 것으로서, 사람으로서 다양한 활동을 과감하게 전개해 온 단체, 개인이 한자리에 모이는 날이 76년 8월 8일, 패전기념일인 8월 15일을 8일 앞둔 그날이었다. 이 어찌 흥분하지 않으리오.(같은 책, 206~207쪽)

여기에서 말하고 있는 바와 같이 장애자시민운동에도 행정 측(체제 및 그 협력)과 장애시민에 의한 싸움(투쟁)이라는 크게 나누어 두 가지 운동이 있음을 알 수 있다. 아니 둘밖에 없다는 쪽이 맞을지도 모른다. '절취당하는' 존재에게는 행동의 지침으로서 두 가지 선택지밖에 주어지지 않는다. 체제에 '협력'('절취당하는' 것을 인식하면서도 '협력'함으로써 '끌어안아' 주기를 바란다)하든지, '절취하는' 행위에 대해 불복('절취당한' 것을 인식하면서 '절취당한' 채로 '투쟁'한다)하는 선택지밖에 없는 것이다. 그것이 무의식적이거나 당사자 의식이 없었다고 해도 그 '절취한다'는 행위가 얼마나 비인간적인 행동인지 잘 알 수 있다.

이처럼 '협력'과 '투쟁'은 얼핏 정반대의 행동처럼 보이지만 '절취당했다'는 측이 그것을 인식하고 사태 개선을 위해 움직이고 있다는 의미에서는 한 방향을 가리키고 있음을 알 수 있다.

한하운은 이때 '협력'을 선택했다. 그렇게 함으로써 자신의 입신을 생각하지 않았다고는 할 수 없지만, 그러나 그렇게 할 수밖에 없다고 생각했던 것은 아닐까. 그리고 그 지도적인 위치에 섬으로써 전략적으로 한국의 한센병 환자를 대변할 수 있는 운동을 일으키고자 했던 것은 아닐까. 그의 데뷔는 1949년이므로 원래 나이로 하자면 만 28세가 되는 셈이다. 이제 현실적인 인생설계를 시작할 나이가 되었던 것이다. 하물며 지금보다도 더욱 한센병 환자에 대한 편견이 심했던 시대에 자신의 문학적 성공과 사회적 성공을 성취하고자 했다면 '체제협력'에 의지할 수밖에 없다고 생각하는 것도 무리는 아니다. 따라서 그는 자신을 보다 크고 보다 우수하게, 그리고 시인으로서 살아가기 위해서는 아무래도 자신의 인생을 비극적으로 그려내어 '신화'화하지 않을 수 없었던 것이다.

다행히 한하운에게는 문학적 재능이 있었다. 또 그에게는 농림학교 졸업이라는 당시로서는 상당히 높은 학력이 있었다. 한센병 환자로서 사회로부터 '절취당하는' 그가 만약 사회의 중추에 가까운 자리에서 활동할 심산이라면 반일 이데올로기를 내건 이승만 보수 정권에 파고드는 편이 유효하다. 그러나 그의 경우 그 정도로 타인보다 뛰어난 학력이었다고는 말할 수 없었을지도 모른다. 대학을 졸업하지 않았기 때문이다.

그래서 그는 한국과는 국교가 없는 공산당이 지배하는 중국의 베이징 대학 졸업이라는, 이른바 확인 불가능한 대학을 '모교'로 날조하고 그러한 배경을 체제 측이 선택하도록 만들 필요가 있었던 것은 아닐까. 그때 자신의 집안을 '반일의 명문'으로 윤색하는 것도 잊지 않았다. 자신이 1919년에 태어났다고 하는 것도 그러한 노력의 하나일 것이다. 물론 대졸이 아니더라도 이 정도의 활동은 가능했을지도 모르지만 그는 학력에 집착했다. 거기에는 그의 청년기의 굴절, 즉 대학 진학을 이루지 못했던 과거가 영향을 미치고 있는지도 모른다.

이렇게 해서 그는 한센병 지도자들 중에서도 확고부동한 정상의 지위를 굳혀 갔던 것이다. 작가로서의 그의 최대 작품은 그의 인생 그 자체였던 것이다.

또 그가 '체제협력'하고 있던 시대에 일본에서는 '장애시민에 의한 혁명'이 일어나려 하고 있었다. 이것은 우연이 아니다. 일본도 당시는 '고도성장의 내셔널리즘'의 한복판에 서 있었다. 그러한 내셔널리즘은 마이너리티를 '균질하지 않은' 자로서 꺼려했을 것이다. 그것이 사회적 마이너리티이건 '민족 집단'이건 관계없이 말이다. 그러므로 일본에서는 그 심각한 '절취'에 반발하거나 '장애인시민운동의 혁명'과 같은 움직임이 일어날 수박에 없는 것이다.

그러나 당시의 한국은 '개발 독재 정권'의 시대였던 관계로 체제에 반발하는 그 자체가 문자 그대로 목숨을 건 일이었다. 따라서 한하운과 같은 마이너리티는 '협력'이라는 형태 말고는 자신의 목적을 실현할 방법이 없었을 것이다. 앞에서도 언급했듯이 얼핏 반대로 보이는 이러한 움직임은 실은 한 동전의 뒷면에 불과했던 것이다. 이러한 운동을 외면한 한일 양국의 머조리티는 이와 같은 움직임 그 자체를 의식에 담으려고도 하지 않았다. 그 쪽이 보다 큰 문제라고 필자는 생각한다.

4. 감동해서는 안 된다!—소비로서의 '감동感動' 비판

이 장의 마이너리티에 대한 이야기를 접하면서 당신은 그 괴로운 입장에 마음을 기울이고, 어쩔 수 없는 상황에서 '체제협력'을 선택한 한하운의 고통스러운 마음과 재한화교의 고뇌에 이끌려 '감동'했을지도 모른다. 그러나 이에 대해 필자는 '재고'를 요청하는 바이다.

앞에서 『먼 곳에 눈이 있다』를 걸작으로 평했다. 본격 추리소설로서의 충실함과 진지한 테마, 그리고 묘사법에 있어서도 매우 훌륭하다. 하지만 어느 날 나는 문득 일말의 양심의 가책을 느꼈다. 어둔하면서도 열심히 진상을 말하는 신이치信一 소년의 모습에 독자는 자신도 모르게 응원하고 싶은 마음이 생긴다. 대부분의 독자는 관계자를 모아놓고 거만하게 연설하는 명탐정과는 전혀 다르다며 힘내라고 응원하고 싶은 생각을 갖게 될 것이다. 그러나 그런 자신의 모습을 관찰하고 있던 또 하나의 자신이 불쑥 말했다. '우쭐대기는'

오해 없도록 강조해 두겠는데, 나는 『먼 곳에 눈이 있다』라는 작품이 걸작임을 의심하지 않으며 작자인 덴도 씨에게도 심심한 경의를 표한다. 다만 그것과는 별도로 자신을 훈계하고 싶은 마음이 들었던 것이다. 장애를 극복하면서 열심히 살고 있는 소년을 그린 소설에 감동하는 것만으로 스스로 만족해 한다면 사회는 변하지 않는다. 즉 감동을 소비해서는 안 된다는 것이다.

덴도 씨는 결코 감동을 소비하는 식으로는 쓰지 않았고, 깊이 있는 독서를 할 수 있도록 글을 쓰고 있다. 배리어 프리[사회적 약자를 위한 물리적 · 정신적 장애물의 제거 운동 및 시책]라는 말이 없었던 30년 전의 선견적인 작품이기도 하다. '그래도 자칫하면 그렇게 읽히기 십상이지'라고도 생각하지 않는다. 덴도 씨는 한 편의 소설로 사회가 즉시 움직일 것이라는 얕은 생각으로 쓰지는 않았을 것이다. 얼마가 되었든 독자의 마음에 와 닿으면 되고, 언젠가 와 닿게 될 것을 소망했을 터이다. 나는 하마터면 무심코 감동할 뻔했던 자신을 깨닫고는 남몰래 반성했다.(아리스가와 아리스, 「명탐정과 핸디캡」, 사카키 쓰카사의 『새끼양의 보금자리』 해설, 2006년, 314쪽)

이상은 사카키 쓰카사 씨의 인기 시리즈로서, 도리이 신이치鳥井眞一라는 집에 틀어박혀 있는 인물을 탐정으로 등장시킨 연작 추리소설의 해설이다. 거기에 뇌성마비 소년[이와이 신이치岩井信一]을 탐정으로 설정한 덴도 신天藤眞의 『먼 곳에 눈이 있다』를 예로 들고 있는데, 아리스가와 아리스 씨는 여기에서 문득 깨닫는다. 그와 같은 '가벼운 감동'은 결국 '동정'에 지나지 않는 것은 아닐까라는 것이 아마도 그 반성의 근거로 작용하고 있는 것 같다. 이는 마치 뇌성마비 소년을 다른 먼 곳에 있는 존재로 생각하고 그에게 성원을 보냄으로써 자신이 '좋은 사람'이라는 위치에서 안주할 수 있다는 안도감과 같은 것이며, 그야말로 '감동을 소비하는 것과 마찬가지'의 행동일 뿐 그 이상의 아무것도 아니다. 실로 '우쭐댄다'고 해도 좋을 상황인 것이다.

그런데 '동정'하는 것이 그렇게 잘못된 일일까. '동정'이란 자신보다 고통 받고 있는 사람, 또는 불쌍한 사람을 대하는 심리상태에 의해 상대에게 투영되는 것이다. 여기에는 '위에서 내려다보는' 듯한 시각이 적나라하게 드러나 있다.

호킹 요즈음 소위 장애인이라고 하면 거기에 편승해 버리는 경우가 많은데, 혹시 오토타케 히로타다乙武洋匡의 『오체불만족』을 읽어 보셨습니까?

다케시 읽지 못했어요.

호킹 읽으셨을 리 없지요(웃음). 아무리 생각해도.

다케시 난 말이죠, 감동이라든지 사랑이 없으면 안 되는 이유를 모르겠어요. 왜 그런지 모두 그쪽으로 끌고 가려고 하잖아요. 그래서 난 지금의 일본 문화를 '빈대문화'라고 합니다. 스스로 하려고 하지 않고 언제나 남들한테 받은 감동뿐이잖아요. '지코(축구감독 코임브라 지코) 고마워'라든가 '월드컵 고마워'처럼 말이죠. 감동을 [받아] 고맙다고 하는데, 그것은 모두 빈대 붙었다는 말이에요. 자신이 해보라는 거예요. 받지만 말고 한 번이라도 좋으니까 주는 쪽이 될 수 없냐 이거죠. 남한테 받은 감동으로 울고 있지만, 그래도 어느 쪽이 좋냐 하면 그것을 주는 쪽이라고 봐요. 왜 받을 것만 생각하는지 모르겠어요.

호킹 다들 어쨌든 감동받고 싶어하는 것 같아요.

다케시 그런데 말이죠, 다들 그 여러 감동이라는 것을 바닥에 납작 엎드려 찾고 있는 것 같단 말이에요. 공짜로 얻을 수 있는 것을 말이죠. 그리고 그걸 보고 감동해서 눈물 났다고 하는데, "어이, 어차피 공짜잖아!"라고 말해주고 싶어요. 그렇게 받기 위해 노력할 거라면 자신이 주는 쪽, 무언가 줄 수 있는 위치에 서려는 노력은 왜 하지 않느냐는 거지요. 노래를 부르든 뭐를 하든 좋으니까 무언가 자신이 할 수 있는 것으로 좀 더 감동시키고 싶다는 것을 발견하는 것이 제일 좋은데 말이죠, 다들 받으러만 간단 말이에요, 지금은. 그래서 그런 것은 별로 좋아하지 않아요.

호킹 소위 장애인을 둘러싼 환경에도 상당한 빈대문화가 있다고 봅니다. 지금 하신 말씀을 듣고 있자니 잘 이해가 갑니다.(비토 다케시 · 호킹 아오야마, 『무차별급 토크전—일본의 차별법』, 2004년, 80~81쪽)

호킹 아오야마 씨와 비트 다케시(본명은 기타노 다케시) 씨의 대담에서 인용했다. 여기에 나온 호킹 아오야마 씨는 휠체어 만담가로 선천성다발성관절구축증先天性多發性關節拘縮症이라는 무거운 장애를 안고 있다. 그리고 이러한 장애를 딛고 '예능'으로 승화시키려는 노력을 기울이고 있다.

여기에 등장하는 '감동'의 기만성 비판은 '공짜로 얻을 수 있는 감동'을 대상으로 하고 있다. 애당초 감동이라고 하면 타인으로부터 주어지는 수동적인 것이라고 생각하는 사람이 많을 것이다. 그러나 감동이란 자신이 창출한 것이라 해도 좋을 터인데, 오로지 '수동'적인 것으로만 생각하는 것이 일본의 현상이라고 한다. 비트 다케시 씨는 이를 가리켜 '빈대문화'라고 부르는 것이다.

사람들은 '감동'을 탐닉하기 위해 '바닥에 납작 엎드려' '불쌍한 사람'을 찾아다닌다. 그때 장애시민과 소수의 '민족 집단'을 발견하는 것이다. 예전에 〈알고는 있는데!〉(일본TV계)라는 프로그램이 있었는데, 여기에서 보여준 것은 이런 종류의 '감동비화'뿐이었다고 해도 과장이 아니다. 물론 필자도 텔레비전 앞에서 거의 매주 '감동'

소비를 계속하고 있었다. 그리고 마이너리티와 같은 '불쌍한 사람'이 소개되는 것을 보고 어느 날 깨닫게 되었다. 재일조선인으로 불리는 '민족 집단'에 속한 나도 주위에서는 이와 똑같이 보고 있는 것이 아닐까 하고.

필자의 경우는 텔레비전 앞에서 '감동'을 소비하다가 그것이 자신을 향할 수도 있다는 사실을 깨닫고 등줄기가 오싹해지는 경험을 했지만, 유감스럽게도 '일본인'은 이와 같이 깨달음을 얻을 기회조차 없을지도 모른다. 그렇다면 앞의 인용에서 비트 다케시 씨가 염려한 바와 같은 현상은 상당히 뿌리 깊게 퍼져 있을지도 모른다.

그뿐만이 아니다. 문예평론가인 와타나베 나오미 씨 역시 '감동'에 대해 다음과 같이 논하고 있다.

> 거품 경제가 붕괴된 이래 십여 년간 특히 고이즈미 정권 하의 현재의 일본 사회는 이른바 '감동 노이로제'에 휩싸여 있다. 한일 월드컵, 올림픽, 한류, '세카츄(세계의 중심에서 사랑을 외치다)', '전차남電車男(베스트셀러 러브스토리)' 등과 같이 무엇이든 기회만 있으면 놓치지 않고 필자가 생각하는 가장 추한 말 '감동을 줘서 고마워요!'를 사람들은 쉴 새 없이 토해내고 있는데, 이유는 단순하다. '감동'은 공짜이기 때문이다. 냉정하게 둘러보면 거의 망국의 위기라 해도 좋을 만큼의 참상에서 잠시 눈을 돌리기에는 역시 '감동'만큼 효과적인 것은 없으며, 그 효과는 칠칠치 못한 '눈물'에 의

해 한층 고조될 것이다. 그리고 더 나쁜 것은 그러한 감동의 눈물이 임시방편이라는 것을 '울거나' '울리는' 자들은 잘 알고 있다는 것이다. 알고 있으면서도 마치 그렇지 않다는 듯이 '감동'을 연달아 생산=소비하는 것. 이 시니시즘의 무시무시함! 맹세하건대 이 대세가 앞으로 5년, 10년 계속되는 날에는 우리 사회가 완벽하게 붕괴하든지, 21세기형 파시즘 사회를 세계에 앞장서서 실현하고 있을 것이다.(이토 세이코 · 오쿠이즈미 히카루 · 와타나베 나오미, 『문예만담—개그 문학 입문』, 2005년, 205~206쪽 주)

와타나베 씨가 말하는 '21세기형 파시즘 사회'란 도대체 어떤 것인지, 유감스럽게도 구체적인 언급이 없어 알 수 없다. 그러나 수동화로 급격히 기울어가는 일본 사회의 문제점을 명확하게 지적하고 있다고 생각한다. 그리고 그 수동적인 삶의 방식이 당연시되면 '민족'에 관한 이야기를 배경으로 한 '일체화'의 '감동'이라는 달콤한 유혹이 한꺼번에 밀어닥칠 가능성도 배제하기 어렵다. 와타나베 씨가 말하고 싶은 것은 아마 이러한 점일 것이다.

국제 스포츠 제전을 보아도 '감동'은 흘러넘치고 있다. 그리고 그러한 행사 기간이나 혹은 특정한 유행 등이 일단 잠잠해지거나 하면 마이너리티를 '찾게 된다'. 한일 월드컵 등이 치러지고 있을 때 재일조선인에 관한 비화가 신문에 게재되는 등, 그러한 '감동'의 보완으로서의 마이너리티를 '바닥에 납작 엎드려 찾는' 사례는 셀 수 없을 정도로 되풀이되어 왔다.

그러나 마이너리티 — 그것이 소수의 '민족 집단'이건 사회적인 마이너리티로서 '절취당한' 사람들이건 간에 — 는 대중 언론 매체 등에 발견될 때까지 존재하지 않았던 것이 아니고, 또 발견되지 않아도 충분히 존재 의식이 있는 것이다. 그리고 당연히 마이너리티는 사람에게 '감동'을 주기 위해 존재하는/존재할 수밖에 없는 것도 아니다.

그럼에도 불구하고 마이너리티의 고뇌는 손쉽게 소비되고 그리고 잊혀져간다. 소비하는 쪽은 이미 그다음의 '감동'을 받아들이고 있기 때문이다. 마치 지난주의 텔레비전 프로그램 내용을 자세히는 기억하지 못하는 것처럼 마이너리티의 '감동비화'도 기억하지 못하는 것이다. 따라서 이와 같은 움직임은 그다지 사회의 변혁에는 도움이 되지 않는다. 앞에 나온 아리스가와 씨가 "(덴도) 씨는 한 편의 소설로 사회가 즉시 움직일 것이라는 얕은 생각으로 쓰지는 않았을 것이다"라고 말했듯이, 그것은 혼을 담아 되풀이 주장함으로써 간신히 조금씩이나마 침투할 가능성이 생겨나는 것이다.

그러므로 '동정'적인 시점에서 너무 간단히 '감동'해서는 안 된다. '소비'적으로 '감동'하는 것은 언어도단이다. 필자 또한 이름을 통해 알 수 있듯이 일본의 머조리티는 아니다. 그래서 가능한 한 '감동'을 주지 않도록 조심하며 글을 써왔다고 생각한다. 하물며 이 '감동'이 정치무대에서 이용된다면 앞에 나온 와타나베 씨의 예언까지는 아니더라도 위험할 것 같은 느낌은 든다. 현무암 씨는 한국의 '디지털 데모크라시'에 대해 '감동'을 강조하면서 이야기한다(『한국의 디지털 데모크라시』, 93, 223쪽). 필자가 한국의 내셔널리즘에 불안을 금치 못하는 것은 이와 같은 격정적인 형태의 전개가 눈에 띄기 때문이다. 물론 이러한 정치 운동에서의 '감동'은 단순히 '수동'적인 것만은 아니지만, 역시 많은 사람들이 이끌려 다니는 것도 사실일 것이다. 가령 모든 참가자가 '능동적'으로 움직였다 해도 현실의 정치와 '감동'이 결부될 필요는 없다고 생각한다.

그럼 왜 이와 같은 '감동'이 생산=소비되고 있는 것일까. 이 문제를 풀기 위한 열쇠로서 다음 글을 읽어주기 바란다.

> 시간의 흐름을 부정이라도 하듯이 몇 번이고 엄습해오는 '생지옥'의 기억은 피폭자의 이야기에 귀를 기울이는 자에게도 전이되는 경우가 있다.
>
> '원폭의 그림'은 피폭 직후의 '지옥도'와 같은 광경을 시각으로 전달하기 때문에 우리들에게도 '뇌리에 새겨지는' 유사체험을 강요한다. 그림이나 작가의 이야기를 통해 그 참상을 간접적으로밖에 접하지 못한 나까지도 송장 썩는 냄새를 맡은 듯한 현기증이 엄습하기도 한다.
>
> 이러한 '간접체험'은 결코 유쾌한 일이 아니다. 불쾌함으로부

터 벗어나기 위해 피폭자의 증언을 '핵무기 폐기와 세계 영구 평화의 기원'이라는 정형화된 '히로시마의 마음'으로 왜소화시키게 될지도 모른다. 피폭자들이 우리의 상상력을 초월한 곳에 멈추어 서서 이야기를 들려주고 있음에도 불구하고 우리는 이를 이해한 듯한 착각에 빠져 있다. 이러한 청취자의 태도가 피폭자들로 하여금 '어차피 우리를 이해할 수는 없다'고 체념하게 만드는 것인지도 모른다.(나오노 아키코, 『'원폭의 그림'과 만나다—담겨진 마음에 귀를 기울이며』, 2004년, 62쪽)

피폭 2, 3세도 지금의 일본 사회로부터 '절취당하'는 '폭력'에 노출되어 있다. 이러한 사실은 "(피폭자라는 사실이 알려지면) 반드시 차별받아요. 우선 취직도 안 되고, 결혼은, 아무 생각 없이 결혼했다가 정상이 아닌 자손이 생길 수도 있다고 (생각하니까)"라든가, "인간 3대에 미치잖아요, 저 그게요. 손주까지 어떻게 될지"라는 피폭자의 말에서도 알 수 있다(스티븐 오카자키 감독, 『히로시마 나가사키』, 2007년, 30쪽).

그런 한편으로 '불쾌함' 때문에 "정형화된 '히로시마의 마음'으로 왜소화"시켜 버린다는 것은 중요한 지적이다. 이것은 앞에 나온 '감동'과도 일맥상통한다. 결국 마주함으로써 생기는 '번거로움'을 회피하기 위하여 오로지 소비하는 것으로써 '동정하고 있는 나'라는 위치를 확보하고 있는 '감동'의 구도와 닮은꼴이기 때문이다. 피폭자를 앞에 두고 정형화된 말로 도망치는 것이나 마이너리티를 앞에 두고 '감동'이라는 소비를 하는 것이나, 타자와 '마주하고 있다는 포즈'만은 취하면서 현실적으로 힘든 부분을 모두 내버린 '마주하지 않기 위한 기술'인 것이다. 이 '기술'에는 자신은 문제를 분명히 생각하고 있다는 '자기 합리화'만큼은 담보되어 있으므로, 자신이 '마주하고 있지 않다'는 사실에 대해 자각하지 않아도 된다는 효과까지 지니고 있다. 참으로 난처한 성질의 운동이 이 '감동'을 둘러싼 움직임에서 엿보이고 있는 것이다.

그런데 이와 같은 조건을 확인한 후에 당신은 이렇게 말할지도 모른다. '그러면 우리 같은 보통의 일본인은 어떻게 하면 되는가'라고. 이에 대해서는 마지막장에서 언급하겠지만, 여기에서 다시 한 번 말하면 '보통의 일본인'이란 그 어디에도 없다는 사실을 깨달아 주었으면 한다.

종 장

이름과 아이덴티티

1. 오가사와라小笠原 도민의 이름에 얽힌 사연

도쿄 도에 속하는 남쪽 섬 오가사와라에는 서구계 도민島民이라 불리는 사람들이 살고 있다는 사실을 알고 있을 것이다. 그러나 아마도 모르는 사람이 더 많을 것으로 생각한다. 앞에서 논의한 내용의 연장선에서 생각하면 '보통의 일본인(머조리티)'은 오가사와라의 서구계 도민에 대해 몰라도 살아갈 수 있지만, 그들의 입장에서는 절실한 문제다. 예를 들면 그들이 복수複數의 이름을 가지고 있다는 점, 또 그들이 전시 중에 '개명'을 강요당했다는 점, 파란 눈의 서구계 도민 중에는 제2차 세계대전에 참전한 사람도 있다는 점, 전후의 오가사와라가 미국의 통치하에 들어가면서 서구계 도민만이 귀도歸島를 허락받았다는 점, 그리고 이러한 조치에 의해 일본인 도민과의 사이에 미묘한 균열이 생겼다는 점. 이러한 일들은 그들에게 있어서 알고 있지 않으면 안 되는 역사이며, 이른바 '일본인'으로서의 역사와 문화에 대한 지식과 함께 이것이 필요조건으로서 가미되는 것이다. 하지만 머조리티는 이러한 일을 몰라도 충분히 살아갈 수 있다.

오가사와라에 대해 이야기하기 전에 먼저 오가사와라의 서구계 도민은 누구인지, 또 어떤 역사를 지니고 있는지 간단히 정리해 보겠다.

원래 무인도였던 오가사와라에 처음으로 사람이 들어온 것은 1830년의 일이었다. 이때 오가사와라의 지치지마父島에 도착한 것은 호놀룰루에 있는 영국총영사의 지원을 받은 이십여 명의 남녀로, 중심이 된 인물은 미국 매사추세츠 주 출신의 나다니엘 세이보리와 이탈리아계 영국인 마테오 마차로, 영국인 리처드 밀림챔프, 덴마크인 찰스 존슨, 미국인 알딘 B 채핀 등 서구계 5명이었다. 그 외의 사람들은 하와이계 카나카인이었다고 한다.

그다음 해에는 포르투갈인인 조아킴 곤잘레스와 영국인 조세핀 마린이, 그리고 그다음 해에는 포르투갈계 영국인 캡틴 윌리엄 벤젤레가 지치지마에 정착하였으며, 1842년에는 스페인계 괌인 마리아 데레산트가, 1843년에는 영국계 흑인 어거스틴 워싱턴이, 1847년에는 영국인 토마스 H 웹과 조지 로빈슨이 잇따라 입도하여 서서히 개척이 진행되었다. 이 중에서 중심 인물이 된 것은 나다니엘 세이보리였다.

그러나 미국, 영국, 일본이 오가사와라의 영유권을 둘러싸고 다투다가 결국 1875년에 국제적인 승인을 얻은 메이지 정부가 오가사와라를 일본국 영토로 삼고 하치조지마八丈島로부터 본격적인 이민 도입移民導入을 개시했다. 당시 서구계 이민자들의 자손은 지치지마와 하하지마母島를 합하여 71명에 달했다.

이와 같은 서구계 도민들은 1882년까지 일본 국적을 취득(귀화)하였지만, 이름은 가타카나로 표기하고 출신국 발음을 그대로 살린 외국 이름을 사용하였다고 한다. 그런데 일본인 이민이 서서히 증가함에 따라 그들은 오가사와라의 마이너리티(소수의 '민족 집단')로 전락하였으며, 거주지는 지치지마의 수읍首邑인 오무라大村에서 조금 안쪽으로 들어간 오쿠무라奥村에 한데 모여 살았는데, 이곳은 '귀화인 부락'으로 불리고 있었다.

세월이 흘러 1944년, 전쟁이 격화됨에 따라 오가사와라 전체 도민에게 본토로 철수하라는 지시가 내려졌다. 이때 장정들만은 군속軍屬으로 남겨졌고, 나머지 대부분은 일본 '본토'로 강제 이송되었다. 그리고 일본이 전쟁에 패하자 미국이 오가사와라를 통치하게 되는데, 이때 '서구계 이민의 자손'만이 귀도가 허용되었다.

그러다가 1968년 6월, 오가사와라가 일본에 반환되자 서구계 이민은 또다시 '일본인'으로서 수용되게 된다.

이와 같은 역사적인 변천을 보아도 알 수 있듯이 서구계 이민은 국제사회의 변동에 끊임없이 농락당하고 있다. 예를 들면 그들이 '일본에 귀화'했음에도 불구하고 '귀화인 부락'이라는 장소에 사실상 수용되어 있는, 즉 '절취당하고 있다'는 사실을 들 수 있다. 물론 그들에 대한 태도는 미국도 마찬가지였다. 미군이 오가사와라를 통치하는 데 있어서 필시 민생문제가 있었던 때문이겠지만, 서구계 도민만이 '미국'에 속하는 사람들로서 재차 '절취당하고', 다시 일본에 반환된 뒤에는 '서구계 도민'으로서 계속 '절취'당한다.

그러나 여기서 필자는 그들의 정치적인 혹은 사회적인 입장에 대해서는 생각하지 않겠다. 여기에서 생각하고자 하는 것은 이름에 대해서이다. 앞에서 서구계 도민이 출신국 이름을 그대로 살려 귀화했다고 언급했다. 그러나 이러한 이름이 세계대전 말기에 '일본식 이름'으로 고쳐진 것이다.

필자는 2006년과 2007년에 오가사와라를 방문하여 이들의 이름에 대해 조사하고 다녔다. 오가사와라에 이름이라는 관점으로 조사하러 온 연구자는 처음이라는 말을 들은 사실을 통해 알 수 있듯이, 이 문제는 그다지 깊게 연구된 적이 없는 것 같다. 굳이 거론한다면 야마구치 료코 씨의 『오가사와라 연대기—국경이 흔들린 섬』(2005년)에 서구계 도민으로부터 들은 바를 기록한 것이 남아 있는데, 여기에 이름을 일본식으로 바꾸었을 때의 일을 언급하고 있는 정도에 불과하다.

필자가 조사 중에서 이 문제에 대해 확실히 기억하고 있었던 것은 A씨와 B씨, 그리고 C씨이다. 이들은 당시에 충분히 성장해 있었으므로 기억도 확실했다. 야마구치 씨의 저서에서는 '1930년대 말 정도'라는 막연한 시기밖에 알 수 없었다. 아니 실은 이 개명에 대해서는 기록을 찾아보아도 발견되는 것이 없을 정도로 현재로서는 확실치 않다. 아무래도 이러한 개명이 개인에 대한 지도 차원에서 군軍이 실시한 것이 아닐까 하는 의문을 갖게 되었는데, 이러한 생각은 다음과 같은 조사 결과에 의한 것이다.

첫 번째는 A씨, 80대 여성이다. 그녀는 1946년에 서구계 도민으로서 오가사와라에 귀도하였다. 그때가 마침 23세였는데, "1968년 일본에 반환되기까지의 22년간과 패전 후의 오가사와라에 귀도할 때까지의 인생이 22년이라는 딱 중간의 나이였다"라고 기억하고 있다.

그녀는 1939년부터 1943년까지 일하기 위해 오사카에 나가 있었다고 한다. 그리고 오사카에 있을 때 이름이 일본식으로 바뀐 사실을 가족이 알려왔다고 한다. 그 시기를 기억하고 있는지 묻자 1941년으로 기억하고 있다고 한다. 그러나 "19세였다"(1942년)라는 말을 하기도 하므로 1, 2년의 오차가 있음을 알 수 있다.

또 남성인 B씨는 패전 전에 도쿄로 진학했다가 소년항공대에 들어갔다고 한다. 그의 말을 들으면서 그가 용모 때문에 상당히 차별받았음을 짐작할 수 있었다. 그의 말에 따르면 미·일 개전 후에 '군의 명령'으로 서구계 도민의 이름이 바뀌었다고 한다. 당시의 서구계 도민 대부분은 어부로서 지시를 받을 곳이 없었기 때문에 군으로부터의 명령 혹은 지휘를 받았다고 한다. 그렇다면 미·일 개전 후인 1941년 말부터 1942년 사이라는 말이 된다.

그러나 또 다른 증언을 해 준 사람이 있었다. C씨는 초등학교 저학년 때로 기억하고 있다면서 1939년경이었다는 것이다. 그리고 소메야 쓰네오·아리마 도시유키의 『오가사와라무라 초대 촌장과 교장의 기록』(1972년)에는 "1941년에 군의 강제적인 명령으로 영어 이름에서 일본 이름으로 바꾸어야만 했다"(같은 책, 43~44쪽)라는 기록이 있다. 이것 말고는 더 이상의 증언을 수집할 수 없었지만, 이 네 가지 증언의 대조만으로도 어느 정도의 해답을 구할 수 있다.

그것은 필시 1941년 말의 '미·일 개전' 직후에 군으로부터 강제력 있는 '지시'가 내려왔을 가능성이 크다는 것이다. 본래 이와 같은 호적과 관계된 일에 군이 관여한다는 것 자체를 이해하기 힘들지만, 당시는 그러한 월권행위가 이루어질 정도로 오가사와라의 서구계 도민을 군이 문제시하고 있었을(그들의 모국과 전쟁하고 있었기 때문에, 혹시 스파이가 되지 않을까 우려하고 있었을) 가능성이 있다. 관청이 내린 명령이 아니기 때문에 기록으로도 남아 있지 않아서 그간의 자세한 사정을 알 수는 없지만, 이런 식의 생각 말고는 달리 방법이 없는 것이다.

또 앞의 증언을 재차 검토해보면 그 이전에도 서구계 도민들의 이름을 '일본식 이름'으로 변경시키려는 지도 교육이 실시되었을 것이라는 추측을 가능하게 한다. 그렇다면 이러한 지도 교육에 대해 C씨 일가는 비교적 빠른 단계에서 결심하였고, A씨와 B씨 가족은 위압적인 '지도'가 하달될 때까지 변경하지 않았을 것이라는 추측이 가능하다(그들로부터 들은 이야기, 특히 B씨가 한 이야기는 몹시 유익했지만 여기에서는 생략하지 않을 수 없다. 그가 말해준 특히 패전 전의 오가사와라에 거주하고 있던 조선인들에 관한 이야기와 미국에 접수된 뒤의 오가사와라에서의 일화 등은 다른 곳에서 새로운 원고를 통하여 논하지 않으면 안 되는 내용이기 때문이다).

그것은 그렇다 치고 여기에서 논하고 싶은 것은 역시 이름이다. 그들은 이때까지 '세이보리'와 같이 가타카나로 된 성을 사용하고 있었다. 그것이 일본식으로 개명된다. 이는 그들을 보기 좋게 '절취한' 일본이 '충성을 보이라'고 통보한 것이나 다름없다. 알기 쉽게 말하자면 '(절취해서) 끌어안아 줄 테니 일본에 충성을 보이시오'라고 은혜를 베풀듯이 말한 것이다. 설사 이름을 일본식으로 바꾸더라도 그들의 처지가 '일본인'과 완전히 대등하게 될 수 없다는 것은 자명한 일이다. 그것은 '귀화인 부락'이라는 이른바 '게토(ghetto: 소수민족이 거주하는 지역)'의 명칭을 보면 좀 더 명확해진다(덧붙여 말하면 그들은 '양키타운'이라 자칭하고 있다).

여기에 「귀화인 부락」이라는 소설이 있다. 야마다 가쓰로가 쓴 단편소설로, 서구계 이민의 후예가 자신도 일본인이라고 강하게 주장하며 그 누구에게도 뒤지지 않는 일본에 대한 충성심을 보여주기 위하여 군부軍夫에 지원한다는 내용이다(『문학건설』, 1942년 5월 게재). 이 '누구에게도 뒤지지 않는 충성'이라는 부분이 필자가 말하는 머조리티에 의한 '무의식'의 강요이다.

"더 맞아도 싸다. ……이 스파이 자식아!"

그것은 정말이지 증오로 가득 찬 말투였다.

나는 그 남자를 돌아보았다. 그러자 그 말을 내뱉은 것은 나의 예상과는 달리 인부가 아니라 기품 있어 보이는 하얀 눈썹의 노인이었다.

스파이…….

상대가 귀화한 청년인 만큼 그 말의 내용에 나는 짓눌리는 답답함을 느끼고 말았다. 그리고 이 섬의 그 누구도 이 청년을 동정하고 있지 않다는 사실을 주변의 험악한 공기로 알아차릴 수 있었다.(야마다 가쓰로, 「귀화인 부락」, 『대중문학체계 삼십 단편 하』, 1973년, 438쪽)

"반년 동안 고통스러운, 미칠 것 같은 마음으로 이것을 줄곧 기다리고 있었다. 왔다. 드디어 오고 말았다. 손에 들어온 것이다."

지금 소년이 가져온 서류는 윌리엄의 군부 지원을 허가한 통지라는 것을 나는 알았다.

나의 손가락을 깨물며 눈물로 목이 멘 에리의 머리카락을 나는 정감어린 눈빛으로 바라보았다. 남매의 순수한 기쁨에 감동받았다.

월리엄과 에리 두 사람 모두 채용통지를 보며 울고 있었다. 순수한 기쁨에 젖어 어찌할 줄을 몰랐다. 이들 남매를 어찌 더 이상 의심할 수 있으리오.

나는 포옹한 채 울고 있는 남매의 결백을 믿을 수 있었다. 그리고 또한 윌리엄이 무슨 생각을 하고 있는지 꿰뚫어본 형을 대단하다고 생각했다. 그런 점에서도 형이 전장에서 겪은 5년간의 고생은 현실 속에서 빛나고 있다는 느낌이 들었다.(같은 책, 442~443쪽)

서구계 도민에게 '스파이'라는 이미지를 뒤집어씌우는 일본 사회의 무의식은 필시 군대 내에서도 작용하고 있었음이 틀림없다. 이 소설에 나오는 윌리엄이라는 청년도 군대 내에서 누구보다 깊은 충성을 요구받지만, 끝까지 동료로서는 인정받지 못할 것이다. 설사 이름을 일본식으로 바꾸었다 하더라도 말이다.

필자가 A씨와 이야기를 나누고 있을 때의 일이다. 서구계 도민은 '일본식 이름'을 강요받기 전까지 사용해 온 이름='서양 이름'과, 변경 후에 정식으로 호적에 등록된 '일본 이름', 두 가지 이름을 가지고 있다. 필자가 "재일조선인이며 나도 일본식 이름과 함께 조선식 이름을 가지고 있다"라고 하자, A씨는 잠시 입을 다물고 있다가 "우리하고 똑같다"라는 말을 했던 것을 기억하고 있다. 그랬다. 이름이 복수라는 상황은 여기에도 존재하고 있었던 것이다.

한편 1968년에 오가사와라가 반환되었을 때의 일이다. 소실되었던 호적은 면밀하게 복원되어 그들은 재차 '일본 이름'의 오가사와라 촌민으로 '복귀'했다. 이때 '오쿠무라奥村'라는 성姓을 쓰고 있던 세이보리가 소송을 제기해 세이보리라는 서양식 이름을 쟁취했다(1969년). 이와 같은 일은 오가사와라에서도 달리 유례가 없는 유일한 복원 사례라 할 수 있는데, 이러한 사례는 아이누와 재일조선인의 이름 문제를 생각할 때에도 유효할 것이다.

서장에서도 언급했지만 머조리티는 결코 안정되어 있는 것이 아니다. 오히려 마이너리티에 대한 '절취'에 의해 자신은 '절취당하는' 입장이 아니라는 것을 확인함으로써 '불행한 자신의 존재감'의 확립(안심)을 시도하고 있을 뿐이다. 하지만 '절취하는 쪽'에 서 있다고 생각하는 인간도 언제 '절취당할'지 모른다고 이미 언급한 바 있다. 그렇다. 안정된 것은 어디에도 없으며, 머조리티란 마이너리티를 '절취'함으로써 거기에 '마이너리티의 〈상像〉'을 구축하고 '마이너리티가 아닌 나'라는 〈상〉을 만들고 있을 뿐인, 몹시 기반이 취약한 존재일 뿐이다. 그야말로 〈비친 상〉에 불과한 것이다.

오가사와라의 서구계 도민이 처했던 상황은 상당히 복잡하다. 한때는 일본에서 '서구계 도민' 또는 '귀화인 부락'으로서 '절취'당했으며, 한때는 미국의 '시민이 될 수 있는 자'로서 '절취'당했다. 그러나 B씨는 미군이 결코 도민을 '미국인'으로 여기지 않았으며 섬사람이라든가 원주민이라 부르며 '절취하고' 있었던 사실을 증언하고 있다. '나는 ○○인이다'라는 주장은 '○○인이 아닌 자'가 있고 나서야 비로소 의미를 가질 수 있으며, 그것이 없으면 의미가 없기 때문에 끊임없이 '○○가 아닌 자'가 '절취당하고' 있는 사례라 할 수 있다.

2. 결 론—당신도 '복수複數의 아이덴티티를 가진 자'이다

그런데 필자는 왜 이다지도 이름 문제에 집착하는가. 그것은 재일조선인의 이름 문제와도 맥락을 같이하기 때문이다. 조선과 타이완에 각각 '창씨개명'과 '개성명改姓名'이 시행된 것은 1940년의 일이다. 그 해는 쇼와 15년, '황기皇紀 2600년'이라는 기념적인 해였으며 '환상의 도쿄 올림픽'도 기획되고 있었다. 이런 시기에 맞추어 조선과 타이완의 '규슈·시코쿠'화를 위한 제일보로서 일본식 이름을 요구했던 것이 아닐까. 그리고 그것이 오가사와라의 상황과 무관하지 않다고 생각하기 때문이다(단 타이완에서는 허가제였으므로 조선과는 상황이 같지 않다).

오가사와라에서는 군의 명령이 긴박하게 하달되던 '미·일 개전' 이후에 이루어졌다고 생각되지만, 그 전부터 지시받고 있었을 가능성은 높다. 또 규슈 가고시마 현의 미야마美山 지구(이전의 나에시로가와)에서 에도 시대부터 도공으로 일해 온 집안도 그때까지 계속 조선식 이름으로 통하고 있었음에도 불구하고 대전 중에 일본식으로 이름을 고치게 되었다는 이야기를 들었다(제15대 심수관 씨). 필시 이것도 우연의 일치는 아닐 것이다.

여러분은 이름이라는 것이 자신의 고유성을 나타낸다고 생각할지도 모른다. 필자 역시 이름은 소중한 것이라고 생각한다. 그러나 그것이 고유성을 담보해 준다고는 생각하지 않는다. 왜냐하면 필자 자신이 몇 번이나 이름을 상실했었기 때문이다.

> 이처럼 우리들은 민족지民族誌적 사실을 통해 별명을 고유명사라고 단언할 수 없음을 배운다. 언제나 반드시 개별성과 결부된다고는 할 수 없다는 점에서 별명과 본명(세례명) 사이에는 본질적인 차이가 없는 것이다. 이러한 점을 깨달았다면 이제는 다음과 같은 의문을 회피할 수 없을 것이다. 즉 앞에서 상정한 반론에 언급하고 있는 고유명사로서의 개인명 혹은 개인명의 고유성이라는 견해는 과연 어디까지 타당한 것인가라는 의문이다.(데구치 아키라, 『이름의 고고학』, 1995년, 53쪽)

이 책에서 데구치 씨는 '자신들의 상식과 가치관을 절대시함으로써, 그것을 기준으로 다른 사회와 문화를 가진 사람들의 행동이나 사고에 대한 가치판단을 내리려는 태도'를 에스노센트리즘(자민족·자문화 중심주의)이라 부르고, 이는 타자를 경시하거나 이문화異文化에 대한 이해를 방해하는 것이라고 비판한다(같은 책, 7쪽). 그리고 이름이 무엇보다 소중하다는 사고방식은 결코 보편적인 것이 아니라는 것을 여러 민족지적인 사실을 통해 분명히 밝히고 있다.

현실적으로 한국과 일본에서는 '이름'에 대하여 무엇과도 바꿀 수 없는 고유성이 높은 것으로 인식하고 있는데, 그와 같은 사고방식을 보편적인 것으로 인정할 수 없다는 말이 된다. 이러한 사고방식에 필자는 전적으로 동감한다.

필자는 초등학교 고학년이 될 때까지 자신이 한국 국적이라는 사실을 몰랐다. 따라서 일본식 이름으로 학교에 다니고 있었고, 그 이름이 '자신에게 고유한 것'으로 믿고 있었다. 그러나 어느 순간부터 상황이 일변했다. 예를 들면 진학, 주민등록, 여권 취득, 운전면허 취득, 취직 등과 같은 다양한 상황 속에서 필자의 이름은 여러 가지로 '변화'했기 때문이다.

서장에서 필자는 자신이 재일조선인으로 '타칭'되는 것이지 '자칭'하는 것은 아니라고 말했는데, 그것은 이와 같은 '절취'의 체험에 의해 자신은 '일본인'도 아니고 '한국인'도 아니라는 것을 뼈저리게 느낌으로써 자신의 처지를 이해했거나 혹은 이해하지 않을 수 없었기 때문이다.

먼저 외국인등록증에는 '李建志'라는 한자 이름이 적혀 있고 '리

켄지'라고 읽는 방법이 달려 있다. 이것은 운전면허증 같은 경우도 마찬가지다. 그러나 여권에는 한국식 발음인 'LEE Keon-Chi'가 인쇄되어 있어서 항공사의 마일리지를 이용할 경우는 이쪽 이름으로 해야만 해외 항공편을 이용했을 때 마일리지가 쌓일 것이다. 또 초중고 시절의 친구는 아직도 변함없이 필자의 일본식 이름을 부른다.

이러한 상황에 놓이게 되면 이름을 두고 '고유성을 나타내는', '유일무이한', '무엇과도 바꿀 수 없는' 등과 같이 생각하기 어렵다. 세상에는 '그렇기 때문에 더욱 나는 ○○이다!'라는 형태로 아이덴티티를 짜 맞추는 사람도 있을 것이다. 그러나 그것은 역시 이름이 '고유성을 나타내고 있지 않다'는 것을 보다 강하게 자각하는 결과를 초래할 뿐이라고 생각한다. 그런 고유성 같은 것은 존재하지 않기 때문에 거꾸로 자신의 이름을 통해 스스로의 존재를 선언하는 식으로 귀결되고 마는 것이다.

물론 필자는 이것이 잘못됐다고 말하려는 것은 아니다. 그러나 이상에서 살펴본 바와 같이 이름까지 동원되어 머조리티에게 '절취당하는' 존재가 있다는 것을 알아주었으면 하는 것이다. 이러한 심정은 오가사와라의 서구계 도민이나 아이누나 모두 마찬가지일 것이다. 또 여성이 결혼을 하고 혼인신고를 하면 대부분의 경우 성이 바뀌고 만다. 이러한 경우도 이름의 수만큼 아이덴티티를 가지고 있거나 가지게 되는 것이다.

한편 여러분은 자신을 '보통의 일본인'으로 생각하고 있을지도 모른다. 그러나 이 '보통의 일본인'이란 무엇일까. 필자는 제1장에서 일본의 '내지'라는 지리적 개념을 통해 '절취당하는' 홋카이도와 오키나와에 대해 분석하고 일본(머조리티)의 '무의식'이 행하고 있는(행하고 있던) 동심원적인 모델을 제시했다. 그 가운데서도 중심이 되는 것은 일본 혼슈本州의 아마도 수도권을 중심으로 간사이 권 부근까지를 말한다는 것도 이미 지적한 바 있다.

이와 같은 모델은 일상에서 느끼지 못하는 '무의식'의 문제이기 때문에 의식하고 행동하는 경우는 많지 않다. 그러나 여러분이 규슈의 가고시마 사람이거나 혹은 도호쿠의 아오모리 사람이다면 일본의 관청 등에서 종종 거론하는 '벚꽃이 피는 시기'라는 말이 '3월 말부터 4월 초순'을 암암리에 가리키고 있다는 사실에 위화감을 느끼지 않을 수 없을 것이다.

하지만 대부분의 경우 편의상 그렇게 말했을 것이라고 자신을 납득시키면서 그것을 문제 삼지 않고 '아마 중앙(도쿄 등)에서 말하는 지역의 왕벚나무가 피는 시기일 것'이라는 연상과 함께 생각을 멈춘다. 이와 같은 이미지가 '보통의 일본인'을 만드는 것이라고 필자는 생각한다.

홋카이도에서 실제로는 5월에 벚꽃이 피고, 오키나와에서는 실제로 1월에 벚꽃이 피지만, 그래도 중앙관청에서 하는 말을 무의식적으로 '납득하는 혹은 납득시키는' 압력, 그것이 '내지'의 중앙으로서의 수도권과 간사이 권의 사계절의 풍물을 공유시키려고 하는 '정치'이다. 게다가 이 정도로는 지방을 모욕했다며 정색을 하고 대들 만큼의 문제는 아니라고 생각하고 무의식중에 중앙을 추종하려는 성향을 키우게 된다. 작금의 도쿄 일극집중東京一極集中 현상은 바로 이러한 성과를 바탕에 두고 있는 것이다.

그러므로 필자는 더욱 골몰하지 않을 수 없다. 모두가 그 '내지'의 시선이라는 정치를 '의식'하고 이에 비판을 가할 수는 없는가 하고 말이다. 물론 이것은 도호쿠는 도호쿠에서, 규슈는 규슈에서, 라는 지방분권을 말하고 있는 것은 아니다. 앞에서 언급한 바와 같은 '내지'의 시선은 물론 내면에 있을 것이다. 그것을 인정하면서 또 다른 아이덴티티를 키울 수는 없을까. 그것은 중앙에 반발하는 것도 아니요, 중앙을 지향하는 것도 아니다. 중앙적인 사고방식을 가지고 있음을 자각하면서도 그 중앙적인 사고방식으로는 도저히 길들여지지 않는, 자신이 태어나고 자란 땅을 '또 다른 아이덴티티'로서 품어 안는 것이다.

또한 여러분에게 외국인이나 소수민족 출신의 친구 또는 애인이 있다면, 혹은 자신의 친척 중에 그와 같은 외국인이나 소수민족 출신의 사람이 있다면 당신은 이미 훌륭한 '복수複數의 아이덴티티를 가진 자'가 될 수 있는 것이다. 아니 특별히 친척 중에 외국인이나 소수민족 출신자가 없어도 된다. 당신이 여행이나 영화 그리고 드라마 등을 통해 특정의 외국을 좋아하게 되었다면 그 국가와 일본의 양쪽을 자신의 아이덴티티의 근거로 삼아도 될 것이고, 더 나아가 균질화된 '일본인'의 아이덴티티를 가지면서도 자신의 출신지이자 자신이 소속되어 있는 지방을 중앙과 대등한 또 하나의 아이덴티티로 삼아도 좋을 것이다. 오키나와와 홋카이도뿐만 아니라 호쿠리쿠와 도카이東海 같은 '내지'에 속한 지역이 '내지'를 벗어나 별도의 아이덴티티를 갖게 되었다 해도 하등의 문제가 없을 것이다.

지금까지의 체제가 '민주적'인 '최대공약수'를 지향하고 있었던 것은 사실일 것이다. 그 때문에 도쿄 등의 가치관(중앙)이 지방을 억압했을 것이다. 그러나 필자의 주장은 그것과는 다르다. 필자가 여기에서 강조하는 것은 모든 사람이 '복수의 아이덴티티를 가진 자'가 될 것을 목표로 내걸고, 그것을 사회 전체가 서로 허용하는 '최소공배수'의 사회이다. 일본 중앙의 사고방식을 지방 거주자와 마이너리티에게 강요하는(이 경우 그들을 '절취'하면서 균질화된 '일본'을 '교육'하고, '절취하고 끌어안는' 위치로 밀어 넣는 것이다) 것이 아니라, 여러분 자신의 내면에 당연하다는 듯이 자리 잡고 있는 '보통의 일본인'이라는 사고방식을 개혁함으로써, 모든 사람이 '복수의 아이덴티티를 가진 자'가 될 수 있다는 시점에서 생각해주길 바라고 있는 것이다.

이것은 '인류 모두가 형제'라는 진부한 말과 혼동될지도 모르겠지만 잘 음미해 보면 본질적으로 의미가 다르다는 것을 알 수 있을 것이다. 모든 머조리티(머조리티라고 생각하고 있는 사람. 예를 들면 '보통의 일본인')가 마이너리티와 같은 지평에 서겠다는 의지를 가진다는 것은 앞 장에서 논한 '동정'과 '감동'의 함정에 절대로 빠지지 않는 가장 평등한 사상이기 때문이다.

이것은 물론 한국에도 적용된다. '한국인'도 '재일조선인을 비롯한 해외 교포를 이용해서 국민국가를 초월하는 한반도 중심주의를 상대화한다'고 생각할 것이 아니라, 오히려 '한국인'이 의식적으로 마이너리티인 해외 교포의 아이덴티티를 끌어안는 '복수의 아이덴티티를 가진 자'가 되길 바라는 것이다.

지금까지 머조리티는 마이너리티에게 이름과 국적, 그리고 언어 등과 같이 다양한 것들을 변경하도록 요구해 왔다. 그리고 마이너리티가 그러한 요구에 응하여 얻을 수 있었던 것은 '절취당하는' 상태에서 '절취당하고 끌어안기는' 상태로 조금 옮겨갔다는 것뿐이었다. 그러므로 지금 변화를 요구받고 있는 것은 지금까지 변할 필요성조차 느끼지 못했던, 그리고 마이너리티를 바꾸는 것을 당연시하고 있었던(게다가 '무의식적이고 선의'에 의해) 머조리티 쪽인 것이다. 아무쪼록 함께 한일 내셔널리즘을 해체하여 불이익을 당하는 사람이 없는 새로운 '최소공배수'의 사회를 만들기 위해 적극 나서 주길 바라는 마음 간절하다. 그리고 이러한 목표는 우리 모두가 '복수의 아이덴티티를 가짐'으로써 달성될 수 있는 것이라고 필자는 믿고 있다.

■ 후 기

이 책에서 다룬 내용 중에는 최근 수년간 여러 대학의 수업을 통해 언급해온 것과 중첩되는 경우도 많이 있다. 현재의 일본에는 선주민이나 재일조선인뿐만 아니라, 소위 하프라고 불리는 사람, 남미로 이민 간 일본계 2세, 3세, 중국 잔류 고아의 자손 등이 무언의 중압에 노출되어 있음을 피부로 느끼고 이와 같은 사회를 어떻게든 바꾸지 않으면 안 된다고 생각했기 때문이다. 그런 까닭에 젊은 학생들이 나의 이야기를 듣고 어떻게 생각하는지를 묻는 경우도 있다. 물론 학생으로서는 학점을 취득해야 한다는 절실한 문제가 있기 때문에 솔직한 마음을 쓰기보다는 내 생각에 추종하는 '우등생' 같은 대답을 하는 경우가 아무래도 많아진다. 그래서 최근에는 이와 같은 조사가 데이터로서 그다지 의미가 없다는 생각을 하기 시작했고 그런 조사를 하는 일도 적어졌다.

그러나 '자신의 의견(같은 것)'을 주장하는 학생도 있다. 내가 도쿄의 모 유명 국립대학에서 비상근강사를 하고 있을 때의 일이다. 수업에 대한 설문 조사의 감상 칸에 어느 학생이 다음과 같은 메시지를 적어 놓았다.

> "국가나 사회를 운영하는 데 있어 어느 정도 버림받는 인간이 생기는 것은 어쩔 수 없습니다. 그것이 공공의 사회라고 생각합니다."

그는 남들이 부러워하는 유명 국립대학에 다니고 있었다. 학력이라는 면에서만큼은 '승자'라 해도 좋을 것이다. 그런 까닭에 우등생인 그는 '자신과 같은 엘리트는 사회로부터 버림받을 이유가 없다'는 막연한 자신감을 가지고 있는 것은 아닐까 하는 생각을 해보았다. 필자는 우선 그러한 점에서부터 위화감을 느끼게 되었다.

고작 최종학력이 유명 대학이라는 것만으로 왜 이 학생은 자신이 버림받지 않을 것이라는 자신감을 가지게 되었을까. 예를 들면 사법시험 개혁으로 법조 자격을 취득하는 사람은 지금까지의 연간 1,000명 전후라는 숫자를 훨씬 넘어서게 될 것이다. 당연히 법조인들은 현재 이상으로 수완을 시험받게 될 것이고, 그 경쟁에서 뒤처진 결과 생계에 어려움을 겪는 변호사도 생겨날 것이다. 미래가 아닌 현재에도 법조 자격을 가지고 있지만 변호사로서의 높은 평가를 받지 못하는 바람에 법률관계 전문학교에서 강사를 하고 있는 사람도 있다고 들었다. 앞으로 이와 같은 경쟁이 한층 치열해질 것은 불을 보듯 뻔하다.

하물며 설사 도쿄 대학을 졸업했다 하더라도 겨우 유명 대학을 나온 정도를 가지고 '미래에도 자신은 버림받지 않을 것'이라는 순진한 생각을 지니고 있다면 이는 상상력이 부족한 너무나 세상물정을 모르고 하는 말이다. 나는 그 학생에게 조용히 물어 보았다. 자네는 이 사회 전체를 살리기 위해 자네가 버림받을 수밖에 없는 절체절명의 상황에 부딪혀도 냉정하게 사회를 위해 희생할 각오가 되어 있냐고. 그러자 그는 몹시 놀란 얼굴을 하더니 이내 고개를 숙이고 말았다.

앞에서 예를 든 학생의 감상과 같은 말은 최근 10년 사이에 상당히 만연되어 있는 것 같다. 이런 말을 내뱉는 사람은 고이즈미 정권 시대의 '고통을 수반하는 개혁'이라는 말을 '자신이 버림받을지도 모르지만 국가를 위해, 사회를 위해, 어쩔 수 없이 그것을 감수한다'는 의미로 파악하지 못하고, '누군가는 그 피해를 떠안겠지만 나와는 관계없다'는 식으로 받아넘기며 고이즈미 수상을 열광적으로 지지했을지도 모른다.

이처럼 자신은 ○○대학을 나왔기 때문에, 혹은 자신은 일류기업에 근무하고 있으니까 버림받지 않을 것이라는 필사적인 믿음으로 자신을 납득시키며, 가능하면 외국인 노동자가 그 피해를 떠안아

주기를 바라고 있는 것이 작금의 사회풍조라 할 수 있을 것이다. 이를 비유적으로 말하자면 '최대공약수'적인 사회인식(다수파를 구원하는 대신 소수자를 잘라낸다는 사고방식)이라 정의해도 좋을 것이다.

이 책의 서장에서 소개한 〈오타 히카리의 내가 총리대신이 된다면…비서 다나카〉에 나온 야마모토 모나 씨의 제안 '외국인에게도 지방참정권을'에 대한 일반 시청자들의 반응은, 일단 유사시에 떠날 곳이 있는 외국인에게는 참정권이 필요 없다는 의견이 많았던 것 같다. 그러나 정말로 '일단 유사시에는 떠날 곳'이 있는지 없는지 이 책을 읽은 사람이라면 잘 알고 있을 것이다.

외국인 노동자라고 하면 최하층이라는 이미지가 있을지도 모르지만, 일본의 정주 외국인은 비율의 편중은 있을지언정 최상층에서 최하층까지 두루 존재하고 있다. 그 최상층에 위치하는 외국인 경영자를 여러분의 주위 사람들은 칭찬의 눈길로만 바라보지는 않을 것이다. 오히려 악의에 찬 눈길로 바라보고 있는 경우도 있을 것이다. 부정한 일에 관여하지 않으면 후진국의 외국인이 성공할 리 없다는 중상모략을 필자도 여러 차례 들었다. 외국인 노동자가 항상 최하층에 위치하면서 사회변동에 따라 잘려나가는 불쌍한 존재라면 '연민' 정도는 던져줄지도 모른다. 그러나 주위로부터 성공한 사람으로 평가받고 있는 외국인은 오히려 증오의 대상이 될 수도 있다. 한국도 또한 마찬가지다. 한국에서도 외국인 노동자보다는 우선 한국인을 도와야 한다는 인식이 상당히 뿌리 깊게 자리 잡고 있다.

최근 10년 사이에 일본의 노동환경이 악화되면서 격차는 보다 심해졌다. '(인터)넷카페 난민'으로 대표되는 곤궁한 젊은이도 드물지 않게 볼 수 있다. 그들도 좋아서 곤궁하게 사는 것은 아닐 것이다. 정신을 차려보니 '버림받은 신세'로 전락해 있었을 것이다. 이렇게 곤궁한 젊은이 중에 상당한 고학력자가 있다고 해도 여러분은 놀라지 않을지도 모른다. 틀림없이 '뭐 그런 일도 있겠지'라며 납득해 버리고 말 가능성이 크다. 그 정도로 안전벨트가 풀린 상태에서 우리는 현대를 살아가고 있는 것이다.

앞에서 언급한 학생은 고바야시 요시노리 씨의 『고마니즘傲慢ism 선언』(만화작품)의 팬이었다고 한다. 이 말을 듣고 나는 느끼는 것이 있었다. 그는 결코 자신의 의견을 말하고 있는 것이 아니라고. 고바야시 씨는 '고마니스트傲慢ist'를 자칭하고 있다. 입버릇처럼 되풀이하는 "오만하게 한마디 날려도 되겠습니까?"라는 대사를 보아도 알 수 있듯이 위에서 내려다보는 자세를 견지하고 있다. 물론 그는 연예인이기 때문에 이런 말투를 쓰고 있을 것이다. 이런 대사를 겸허한 투로 말한다면 아무도 재미있게 생각하지 않을 것이다. 그런 점에서 그의 전략은 이해할 수 있다.

그런데 문제는 요즈음 그의 만화를 읽은 학생이나 사회인이 그의 말에 영향을 받아 무언가 발언하고 싶어 하는 분위기가 형성되고 있다는 점이다. 고바야시 씨 자신도 "최근 『정론正論』이라든지 『제군諸君!』을 정독하고는 보수 오타쿠화된 자가 스스로를 주장하고 싶어 견딜 수 없어 한다. 〔중략〕 나는 천하국가를 위압적인 자세로 말함으로써 사적인 스트레스를 발산하는 '보수언론 오타쿠'는 좋지 않다고 생각한다"라고 언급하고 있다(『야스쿠니론』, 2005년, 99쪽). 필시 그들은 자신의 사상을 가지고 있는 것이 아니라, 보수계 대중매체에 발표된 '오만'한 말투를 보고 그 사상을 그대로 모방해서 떠들고 있는 것에 지나지 않을 것이다. 자신도 그렇게 말을 후련하게 내뱉을 수 있다면 멋질 것이라는 몽상을 하면서 말이다.

그렇다면 거기에는 독자적인 사상의 전개가 없음에도 불구하고 그 발언자 자신은 자신의 사상이 있다고 생각하는 차마 눈뜨고 볼 수 없는 상황이 벌이지고 있다고 해도 좋을 것이다. 이것은 혁신세력과 무관하지 않다. 요컨대 자신의 사상과 타인의 사상을 구별하지 못하는 '어린아이의 사유思惟'인 것이다. 필자를 향해 '희생은 어쩔 수 없다'고 용맹스런 '사상'을 개진開陳한 바로 그 학생은 자신의 사상과 타인의 사상을 구별할 수 없는 상상력이 결여된 '어린아이'라 하지 않을 수 없다. 그가 사회에 나오면 결국은 버림받는 쪽에 서지 않을까 조금 걱정이 된다.

이 책에서 살펴보았듯이 이와 같은 '어린아이의 사유'를 대중언론 매체가 대행하고 있는 풍조도 드문 일이 아니다. 예를 들면 2007년 후반부터 2008년 초두에 걸쳐서 아사쇼류朝小龍(스모 선수)와 고다 구미倖田來未(여성 가수)가 차례로 대중 언론 매체의 제물이 되면서 비난의 대상으로 전락해 버렸다. 물론 그들에게도 전혀 문제가 없었다고는 할 수 없지만, 그렇게까지 집중 포화를 받아야 되는 일이라고는 도저히 생각할 수 없었다. 이 책의 내용과 결부시켜 말하자면 그들은 '절취된' 것이다. 그리고 그 정보를 받는 쪽에서는 대중 언론 매체를 매개로 비판에 편승함으로써 자신이 안전권에 있다는 것을 확인하고, 자신은 '절취되고' 있지 않다는 사실에 안심하며 한시름 놓고 있는 것이다. 그렇다. 그와 같은 정보를 받은 쪽은 자의적으로 '절취작업'이 이루어질 것임을 몸으로 느끼고 있기 때문에, 자신이 아닌 다른 사람이 표적이 된 경우 그 표적을 희생양으로 삼는 것에 주저 없이 끼어드는 것이다. 물론 그들은 자신들이 조종당하고 있다는 자각조차 하지 못한다.

이와 같은 상황에 대해 필자 자신은 어떠한 자세로 임해야 할 것인가. 이에 대해 필자 나름대로 생각한 결과는 이 책에서 논한 바와 같이 모든 사람이 '복수複數의 아이덴티티를 가진 자'로서의 자각을 가진 사회로의 전환과, 사회의 구성원 모두와 회로가 통하는 '최소공배수'의 사회 구축이 요망된다는 것이다.

이와 같은 글을 쓰고 있을 때 티베트의 시위와 그에 대한 중국 공산당 정부의 탄압이라는 우려할 만한 뉴스가 전해졌다. 중국은 금년 여름에 베이징 올림픽을 개최할 예정이다. 현재 국내 총생산(GDP) 세계 3위로 부상했다는 대국 중국은 국내의 소수민족과 티베트 등의 '지배지支配地'에서 무슨 일을 벌이고 있는지 우리는 좀 더 눈을 크게 뜨고 지켜볼 필요가 있다.

일본의 지식인은 왠지 중국공산당 정부(이하 중국 당국으로 표기한다)에 무르다. 티베트에서 벌어지고 있는 인권유린이라 할 만한 사태를 앞에 두고도 아무런 비판을 가하지 못하고 있다. 왜 미국의 악惡을 간파하는 능력이 있는 사람들이, 일본의 악을 저렇게까지 명석하게 지적할 수 있는 지식인이 중국 당국의 악에는 모르는 척하는 것일까. 혹시 중국으로부터 공격받을까 두려워하고 있을지도 모르고, 실제로 그러한 악의에 편승하는 사람도 있기 때문에 상황이 복잡하다. 설사 그렇다 하더라도 필자는 한국과 일본이 차라리 올림픽 출전을 거부하고 중국 당국에게 민주화를 촉구할 만한 용기를 가져야 한다고 생각한다.

이렇게 말하면 '스포츠와 정치는 구분해서 생각해야 한다'는 비판이 나올지도 모르겠다. 그러나 올림픽 자체가 국위 선양을 위한 정치의 장이며, 더군다나 중국 당국은 기자회견에서 "올림픽을 정치문제화해서는 안 된다"라고 발언하고 있기 때문에(원자바오 총리, 로이터통신, 2008년 3월 18일), 중국 당국이 올림픽을 이용해서 국제적인 비판을 피하려는 '정치적 의도'는 노골적이다. 중국 당국은 그야말로 스포츠팬의 마음을 역으로 이용하고 있는 셈이다.

분명히 올림픽에 기대를 걸어 온 선수들과 이들을 응원해 온 사람들은 나의 의견을 복잡한 심정으로 해석할 것이다. 혹은 불쾌함을 느낄지도 모른다. 그러나 티베트에서는 강압적이고 부당한 인권

유린이 자행되고 있다. 그들에게는 스포츠를 즐길 여유 따위는 없으며, 분한 마음을 주체하지 못하고 있을 뿐이다. 위험을 감수하면서라도(고통이 수반되더라도) 이웃에게 손을 내미는 것이 인간이 아니겠는가. 이 일에 즈음하여 동아시아의 친선 등을 방패로 삼고, 나아가 '국익'이라는 등의 언사를 구사하며 아무 일도 아닌 것처럼 얼버무리려는 처사를 필자는 외면하기 어렵다.

그럼에도 불구하고 북한은 물론이거니와 한국과 일본은 중국 당국에 대한 비판을 자제하면서 아무렇지도 않게 베이징 올림픽이라는 '정치적인 축제'에 편승하고 말 것이다. 그것이 티베트에서 고통 받는 사람에 대한 한국과 일본의 '정식 회답'이 되어 버린다는 사실은 되돌아보지도 않은 채 말이다. 혹시 '개회식 불참'이라는 어중간한 형태로 '일단 민주주의적인 조치는 취했다'는 식의 알리바이만큼은 확보하려 노력할지도 모르겠다.

필자가 이 책에서 강조하고 싶은 것 중의 하나는 자신이 직접적인 차별행동을 하지 않았다고 (생각한다) 해도, '폭력'에 참가하지 않았다고는 말할 수 없다는 것이다. 필자를 포함한 모든 사람이 '무의식적인 선의의' 내셔널리즘을 그 행동의 내면에 품고 있는 이상 이것은 피할 수 없다. 물론 잘못된 경우도 있을 것이다. 이 책에서도 언급한 바와 같이 필자 자신도 오키나와와 아이누에 대해서 모르고 지내왔다는 전력이 있다. 그렇기 때문에 더욱 점검 기능을 발휘해서 보다 민주적인 사회를 실현하기 위해 노력해야 한다고 말하고 있는 것이다. 티베트 문제에 대한 '회답'으로서 중국 당국의 정치적 의도에 편승해 버린다거나 이에 반대하는 목소리를 내지 않는다면, 그 사람도 중국 당국의 '폭력'에 간접적일지라도 가담하고 있다는 사실을 깨닫기 바란다. 그리고 문제가 이 정도로 크지는 않더라도 이 책에서 거론한 '복수의 아이덴티티를 가진 자' 역시 일상적으로 '폭력'에 노출되어 있다는 사실을 알아주기 바란다. 그리고 모두가 '복수의 아이덴티티'를 마음속에 간직한 새로운 사회, '최소공배수'의 사회를 함께 구축하자는 제안을 하는 바이다.

이 책은 이와 같은 소망을 담아 『한일 내셔널리즘의 해체—'복수複數의 아이덴티티'로 살아가는 사상』이라는 제목을 붙였다. 독자 여러분의 진심어린 비판을 기다리는 바이다. 마지막으로 둔필인 필자의 원고를 느긋하게 기다려 주신 출판사 편집부 여러분을 비롯하여, 이 책을 쓰는 데 있어 도움을 주신 분들, 그리고 이 책을 읽어주신 독자 여러분께 진심으로 감사의 말씀을 드리고 싶다.

2008년 3월

이 건 지

■ 인용 문헌

1. 한국 저서

강원택, 「한국인의 국가정체성과 민족정체성—대한민국 민족주의」, 『한국인의 국가정체성과 한국정치』, 강원택 편, 동아시아연구원, 2007.

국백령(鞠柏嶺), 「우리는 왜 짜장면밖에 팔 수 없는가」, 『월간조선』, 1991년 8월.

김창직 편저, 『가도가도 황톳길』, 지문사, 1982.

김철, 「누가 진상규명을 가로막는가」, 『'국민'이라는 노예』, 삼인, 2005.

박유하, 『반일 민족주의를 넘어서』, 사회평론, 2004. / 안우식(安宇植) 譯, 『反日ナショナリズムを超えて—韓國人の反日感情を讀み解く』, 河出書房新社, 2005.

박유하, 『화해를 위해서—교과서 · 위안부 · 야스쿠니 · 독도』, 뿌리와이파리, 2005. / 사토 히사시(佐藤久) 譯, 『和解のために—教科書 · 慰安婦 · 靖國 · 獨島)』, 平凡社, 2006.

백무현, 박순찬(그림), 『만화 박정희』1 · 2, 민족문화연구소 편, 시대의창, 2005.

하우봉, 「한국인의 대마도 인식」, 『독도와 대마도』, 한일관계사연구회 편, 지성의 샘, 1996.

한하운, 『나의 슬픈 반생기』, 문학예술, 1993.

한하운, 『한하운의 명시』, 한림출판사, 1985.

현무암, 『노무현 시대와 디지털 민주주의』, 실천문학사, 2010.(『한국의 디지털 데모크라시(韓國のデジタル · デモクラシー)』의 한국어 증보판)

『1944년도 조선인명록(昭和十九年度朝鮮人名錄)』, 경성일보사, 1943.

2. 서양 저서

마이클 이그나티에프(Michael Ignatieff), *Blood and Belonging: Journeys into the New Nationalism*(1993) / 고다 아쓰코(幸田敦子) 譯, 『민족은 왜 서로 죽이는가—신 내셔널리즘 여섯 개의 여행(民族はなぜ殺し合うのか—新ナショナリズ

ム６つの旅)』, 河出書房新社, 1996.
베네딕트 앤더슨(Benedict Anderson), 『상상의 공동체: 민족주의의 기원과 전파에 대한 성찰*Imagined Communities: Reflections on the Origin and Spread of Nationalism*』(1983), 윤형숙 역, 나남, 2002. / 『상상의 공동체(想像の共同体) 増補版』, 시라이 사야(白井さや)・시라이시 다카시(白石隆) 譯, NTT出版, 1997.
어네스트 겔너(Ernest Gellner), 『민족과 민족주의*Nations and Nationalism*』(1983), 최한우 역, 한반도국제대학원대학교 출판부, 2009. / 가토 다카시(加藤節) 譯, 『민족과 내셔널리즘』, 岩波書店, 2000.

3. 일본 저서
가미즈루 히사히코(上水流久彦)・나카무라 야에(中村八重), 「동아시아의 정치적 변화에 보이는 월경—타이완의 한국화교에 있어서의 중화민국(東アジアの政治的變化に見る越境—臺灣の韓國華僑にとっての中華民國)」, 『廣島縣立大學論集』, 제11권 1호, 2007.
가세타니 도모오(綛谷智雄), 「재한화교의 생활세계—'재한화교의 민족성'의 형성・유지・변화(「在韓華僑の生活世界—『在韓華僑エスニシティ』の形成・維持・變化)」, 『アジア研究』 제44권 2호, アジア政經學會, 1998.
가세타니 도모오(綛谷智雄), 「재한화교의 형성과정—식민지 조선에 있어서의 에스닉 마이너리티(在韓華僑の形成過程—植民地朝鮮におけるエスニックマイノリティ)」, 『植民地研究』 제9호, 植民地研究會, 1997.
가와 메이세이(河明生), 「한국 화교상업—1882년~1897년까지의 서울과 인천을 중심으로(韓國華僑商業—1882年~1897年迄のソウルと仁川を中心として)」, 『研究論集』 제23호, 神奈川大學大學院經濟學研究科, 1994년 11월.
가와노 히데타다(河野秀忠), 『장애시민 이야기—또 하나의 현대사(障害者市民のものがたり—もうひとつの現代史)』, NHK出版生活人新書, 2007.
가와무라 다카시(川村たかし), 『북으로 가는 나그네들—신 도쓰카와 이야기(北へ

行く旅人たち一新十津川物語)』, 偕成社, 1977.

가이라쿠테이 부락쿠(快樂亭ブラック), 「엔카무스코(演歌息子)」, 『가와야나기햐쿠세키 제2탄(川柳百席 第2弾)』(CD), 池袋秘密倶樂部, 2006.

가이라쿠테이 부락쿠(快樂亭ブラック), 「타임누들(タイムヌードル)」, 『다시 빚쟁이 남자(ふたたび借金男)#03』(CD), ブラックレーベル, 2007.

가이호 미네오(海保嶺夫), 「아이누인 이름의 일본어화—'창씨개명'의 착수(アイヌ人名の日本語化—「創氏改名」事始め)」, 『사관(史觀)』 제100권, 早稻田大學史學會, 1979년 3월.

간노 도모코(菅野朋子), 『좋아해서는 안 되는 나라—한국발! 일본을 향한 시선(好きになってはいけない國—韓國發!日本へのまなざし)』, 文春文庫, 2005.

강상중(姜尙中), 『막스 베버와 근대(マックス・ウエーバーと近代)』, お茶の水書房, 1986.

강상중(姜尙中), 『재일(在日)』, 講談社, 2004. / 『재일 강상중』, 삶과꿈, 2004.

강상중(姜尙中)・모리스 히로시(森巣博), 『내셔널리즘의 극복(ナショナリズムの克服)』, 集英社新書, 2002.

강상중/「아리에스(アリエス)」 편집부 편, 『강상중에게 물었다!(姜尙中にきいてみた!)』, 講談社文庫, 2005.

고도코로 세이지(古處誠二), 『분기점(分岐點)』, 双葉社, 2003.

고도코로 세이지(古處誠二), 『접근(接近)』, 新潮社, 2003.

고바야시 요시노리(小林よしのり), 『야스쿠니론(靖國論)』, 幻冬舍, 2005.

고바야시 요시노리(小林よしのり), 『오키나와론(沖縄論)』, 小學館, 2005.

고야노 돈(小谷野敦), 「맥아더의 후계자들(マッカーサーの後継者たち)」, 『왜 악인을 죽여서는 안 되는가—반시대적 고찰(なぜ惡人を殺してはいけないのか—反時代的考察)』, 新曜社, 2006.

나오노 아키코(直野章子), 『'원폭의 그림'과 만나다—담겨진 마음에 귀를 기울이며(原爆の繪と出會う—込められた思いに耳を澄まして)』, 岩波ブックレット,

2004.
노무라 초타로(野村調太郎) 편저, 『신안조선6법(新案朝鮮六法)』, 松山房, 1933.
다나카 미쓰(田中美津), 『생명의 여자들에게—혼란스런 우먼리브론(いのちの女たちへ—とり亂しウーマン・リブ論)』, 田畑書店, 1972.
다카야마 후미히코(高山文彦), 『불꽃—호조 다미오의 생애(火花—北條民雄の生涯)』, 飛鳥新社, 1999.
다카하라 모토아키(高原基彰), 『불안형 내셔널리즘의 시대—한중일 인터넷세대가 서로 미워하는 진짜 이유(不安型ナショナリズムの時代—日韓中のネット世代が憎みあう本当の理由)』, 洋泉社新書, 2006. / 정호석 역, 『한중일 인터넷 세대가 서로 미워하는 진짜 이유』, 삼인, 2007.
다카하시 준(高橋準), 「나를・이야기하는・말—〈개인〉에 뿌리내린 운동의 모습(自分を・語る・ことば—〈個〉に根ざす運動の姿)」, 『一橋論叢』, 1994년 8월.
다케쿠니 도모야스(竹國友康), 「일본계 3세의 내셔널리즘(日系三世のナショナリズム)」, 『사상의 과학(思想の科學)』, 1978년 10월.
다키오 에이지(瀧尾英二), 『조선 한센병사—일본 식민지하의 소록도(朝鮮ハンセン病史—日本植民地下の小鹿島)』, 未來社, 2001.
데구치 아키라(出口顯), 『이름의 고고학(名前のアルケオロジー)』, 紀伊國屋書店, 1995.
도사 마사키(土佐昌樹), 『변하는 한국, 변하지 않는 한국—글로벌 시대의 민족지를 위하여(変わる韓國, 変わらない韓國—グローバル時代の民族誌に向けて)』, 洋泉社新書, 2004.
마루야마 마사오(丸山眞男), 「초국가주의의 논리와 심리(超國家主義の論理と心理)」, 『증보판 현대정치의 사상과 행동(增補版 現代政治の思想と行動)』, 未來社, 1964.
마쓰다 요시타카(松田良孝), 『야에야마의 타이완인(八重山の臺灣人)』, 南山舍, 2004.

모리야마 시게노리(森山茂德), 『한국현대정치(韓國現代政治)』, 東京大學出版社, 1997.
모리타 히로유키(森田浩之), 『스포츠 뉴스는 무섭다(スポーツニュースは怖い)』, NHK出版生活人新書, 2007.
미나미 지로 전기간행회 편, 『미나미 지로(南次郎)』, 生活の友社, 1957.
미야오쿠 가즈시(宮奧和司), 「종전 이후의 히로시마와 관련된 조선인의 귀환·송환에 대해서—1945년 8월부터 1946년 12월까지(終戰後の廣島における朝鮮人の歸還·送還について——九四五年八月から一九四六年一二月まで)」, 縣立廣島大學大學院 國際文化硏究科 修士(석사)論文, 2005.
미키 다케시(三木健), 『이리오모테 탄광 이야기(西表炭坑夫物語)』, ひるぎ社, 1990.
미타 무네스케(見田宗介), 「시선의 지옥(まなざしの地獄)」, 『현대사회의 사회의식(現代社會の社會意識)』, 弘文堂, 1979.
박유하(朴裕河), 「'가해'와 '피해'를 초월한 지평을 향해서(『加害』と『被害』を越えた地平をめざして)—한일 내셔널리즘 비판(日韓ナショナリズム批判)」, 『論座』, 2007년 8월호.
비토 다케시(ビートたけし)·호킹 아오야마(ホーキング青山), 『무차별급 토크전—일본의 차별법(無差別級トークバトル—日本の差法)』, 新風舍文庫, 2004.
소메야 쓰네오(染谷恒夫)·아리마 도시유키(有馬敏行), 『오가사와라무라 초대 촌장과 교장의 기록(小笠原村 初代村長と校長の記錄)』, 福村出版, 1972.
스즈끼 사다미(鈴木貞美), 『일본의 문화 내셔널리즘(日本の文化ナショナリズム)』, 平凡社新書, 2005.
스즈키 사다미(鈴木貞美), 「서평 『조선근대문학과 내셔널리즘』 가해/피해의 도식을 뛰어넘는 검토(書評『朝鮮近代文學とナショナリズム』 加害/被害の圖式超え檢討)」, 東京新聞·中日新聞, 2007년 10월 21일.
스티븐 머피 시게마쓰(S·マーフィー重松), 『아메라지안의 자녀들(アメラジアン

の子供たち)』, 集英社新書, 2002.
스티븐 오카자키 감독, 『히로시마 나가사키(ヒロシマナガサキ)』, EQUIPE DE CINEMA No. 162, 2007.
시라이와 겐(白岩玄), 『노부타를 프로듀스(野ブタ。をプロデュース)』, 河出書房新社, 2004.
시바 료타로(司馬遼太郎), 「고향은 잊기 어렵습니다(故郷忘じがたく候)」, 『고향은 잊기 어렵습니다(故郷忘じがたく候)』, 新裝版, 文春文庫, 2004.
시바 료타로(司馬遼太郎), 『가도를 가다 12 도쓰카와가도(街道をゆく12 十津川街道)』, 朝日文庫, 1983.
쓰지 히토나리(辻仁成), 『피아니시모(ピアニシモ)』, 集英社文庫, 1992.
아리스가와 아리스(有栖川有栖), 「명탐정과 핸디캡(名探偵とハンディキャップ)」, 사카키 쓰카사(坂木司)의 『새끼양의 보금자리(仔羊の巣)』 해설, 創元推理文庫, 2006.
야마구치 료코(山口遼子), 『오가사와라 연대기—국경이 흔들린 섬(小笠原クロニクル—國境の搖れた島)』, 中公新書ラクレ, 2005.
야마다 가쓰로(山田克郎), 「귀화인 부락(歸化人部落)」, 『대중문학체계삼십단편하(大衆文學体系三十短編下)』, 講談社, 1973.
야마모토 아쓰히사(山本敦久), 「'뛰어난 신체 능력'이란 무엇인가(『高い身体能力』って何)」, 朝日新聞, 2002년 6월 30일.
야마시타 기요미(山下青海), 「한국 화인사회의 변천과 현상—서울과 인천의 옛 차이나타운을 중심으로(韓國華人社會の變遷と現狀—ソウルと仁川の元チャイナタウンを中心に)」, 『國際地域學硏究』 제4호, 東洋大學國際地域學部, 2001.
오구마 마코토(小熊誠), 「이시가키 섬에 있어서의 타이완계 이민의 정착과정과 민족적 귀속의 변화(石垣島における臺灣系移民の定着過程と民族的歸屬の變化)」, 『第二回琉中歷史關係論文集』, 琉中歷史關係國際學術會議實行委員會.
오쿠다 히데오(奧田英朗), 『사우스바운드』, 角川書店, 2005.

오피스 바이코안(オフィス梅香庵), 「오비(帶)」, 『빚쟁이 남자(借金男)#10』, ブラックレーベル, 2006.
우에무라 다카시(上村崇), 「무력감으로부터의 탈피—장기적인 에고이스트의 육성을 목표로(無力感からの脫却—長期的エゴイストの育成に向けて)」, 『교육곤란학교와 규범의식—교육 프로그램 구축을 위한 윤리학적 분석(教育困難校と規範意識—教育プログラム構築のための倫理學的分析)』, 오치 미쓰구(越智貢) 編, 廣島大學, 2007.
이건지(李建志), 『조선근대문학과 내셔널리즘—'저항 내셔널리즘' 비판(朝鮮近代文學とナショナリズム—「抵抗ナショナリズム」批判)』, 作品社, 2007.
이사카 고타로(伊坂幸太郎), 『마왕(魔王)』, 講談社, 2005.
이즈쓰 가쓰노부(井筒勝信)·데즈카 요리타카(手塚順孝), 『기초 아이누어(基礎アイヌ語)』, サッポロ堂書店, 2006.
이토 세이코(いとうせいこう)·오쿠이즈미 히카루(奥泉光)·와타나베 나오미(渡部直己), 『문예만담—개그 문학 입문(文芸漫談—笑うブンガク入門)』, 集英社, 2005.
이토 준코(伊東順子), 『더 이상 일본을 의식하지 않게 된 한국인(もう日本を氣にしなくなった韓國人)』, 洋泉社新書, 2007.
이효덕(李孝德), 「'일본인'이란 누구를 말하는가—'있다'에서 '되다'로(『日本人』とは誰のことか—『ある』から『なる』へ)」, 『신(新)·지의 기법(知の技法)』, 小林康夫·船曳建夫 編, 東京大學出版會, 1998.
최양일(崔洋一), 『달은 어디에 떠 있는가?—최양일의 세계(月はどっちに出ている—崔洋一の世界)』, 日本TV放送網株式會社, 1994.
하라지리 히데키(原尻英樹), 『'재일'로서의 코리언(在日としてのコリアン)』, 講談社現代新書, 1998.
하야세 다케토시(早瀨武俊), 「재한화교의 경제(在韓華僑經濟)」, 『拓殖大學論集』 제176호, 拓殖大學研究所, 1989.

하타다 다카시(旗田巍), 『일본인의 조선관(日本人の朝鮮觀)』, 勁草書房, 1969. / 이기동 역, 『일본인의 한국관』, 일조각, 1983.

현대송(玄大松), 『영토 내셔널리즘의 탄생(領土ナショナリズムの誕生)』, ミネルヴァ書房, 2006.

현무암(玄武岩), 「동아시아 속의 코리언 네트워크－그 역사적 생성(東アジアのなかのコリアン・ネットワーク－その歷史的生成)」, 『아시아 신세기 3 아이덴티티(アジア新世紀3 アイデンティティ)』, 岩波書店, 2002.

현무암(玄武岩), 『한국의 디지털 데모크라시(韓國のデジタル・デモクラシー)』, 集英社新書, 2005.

히가시노 게이고(東野圭吾), 『편지(手紙)』, 文春文庫, 2006.

「우치난추 복면좌담회 이런 나이차는 싫어요!(うちなーんちゅ覆面座談會 こんなないちゃーは嫌われる!)」, 『주민츄오키나와(住みんちゅ沖縄)』 8호, 中部興産株式會社, 2007.

「이형의 서울 제1부 재한화교(異形のソウル第1部在韓華僑)」 제7회, 『統一日報』 1995년 7월 23일.

「이형의 서울 제1부 재한화교(異形のソウル第1部在韓華僑)」 제8회, 『統一日報』 1995년 7월 25일.

4. 중국 저서

양소전(楊昭全)・손옥매(孫玉梅), 『조선화교사(朝鮮華僑史)』, 中國華僑出版公司, 1991.

■ 〈로컬리티 번역총서〉를 펴내며

로컬리티의 인문학 연구단에서 번역총서를 내놓는다. 〈로컬리티 번역총서〉는 고전적 · 인문학적 사유를 비롯해서, 탈근대와 전지구화의 관점에서 해석되는 로컬리티에 대한 동서양의 다양한 논의를 담고 있다. 로컬리티 연구는 동서양을 막론하고 학문적 교차점, 접점, 소통성을 확보하는 것이 중요한 과제다. 이러한 의미에서 본 연구단에서는 장기적인 계획 아래, 로컬리티 연구와 관련한 중요 저작과 최근의 논의를 담은 동서양의 관련 서적 번역을 기획했다. 이를 통하여 로컬리티와 인문학 연구를 심화하고 동시에 이를 외부에 확산시킴으로써 로컬리티 연구의 저변을 확대하고자 한다.

우리가 로컬리티에 천착하게 된 것은 그동안 국가 중심의 사고 속에 로컬을 주변부로 규정하며 소홀히 여긴 데 대한 반성적 성찰의 요구 때문이기도 하다. 오늘날 로컬은 초국적 자본과 전지구적 문화의 위세에 짓눌려 제1세계라는 중심에 의해 또다시 소외당하거나 배제됨으로써 고유의 정체성을 잃어가고 있다. 반면에, 전지구화 시대를 맞아 국가성이 약화되면서 로컬은 또 새롭게 거듭나고 있다. 그동안 국가 중심주의의 그늘에 가려졌던 로컬 고유의 특성을 재발견하고 전지구화에 능동적으로 대처하는, 이른바 로컬 주체의 형성과 로컬 이니셔티브(local initiative)의 실현을 위해 부단한 노력을 기울이는 모습들이 속속 드러나고 있다.

이제 로컬의 현상들을 파악하기 위해 기존의 지역 논의와 다른 새로운 사고가 절실히 필요하다. 지금까지 지역과 지역성 논의는 장소가 지닌 다양성과 고유성을 기존의 개념적 범주에 맞춤으로써 로컬의 본질을 왜곡하거나 내재된 복합성을 단순화하는 오류를 범했다. 이에 우리는 로컬을 새로운 인식과 공간의 단위로서 재정립해야 할 필요성을 다시 확인하며, 로컬의 역동성과 고유성을 드러내줄 로컬리티 연구를 희망한다.

〈로컬리티 번역총서〉는 현재 공간, 장소, 인간, 로컬 지식, 글로벌, 로컬, 경계, 혼종성, 이동성 등 아젠다와 관련한 주제를 일차적으로 포함했다. 향후 로컬리티 연구가 진행되면서 번역총서의 폭과 깊이는 더욱 넓어지고 깊어질 것이다. 번역이 태생적으로 안고 있는 잡종성이야말로 로컬의 속성과 닮아 있다. 이 잡종성은 이곳과 저곳, 그때와 이때, 나와 너의 목소리가 소통하는 가운데 새로운 생성의 지대를 탄생시킬 것이다.

우리가 번역총서를 기획하면서 염두에 둔 것이 바로 소통과 창생의 지대이다. 우리는 〈로컬리티 번역총서〉가 연구자들에게 로컬리티 연구에 대한 기반을 제공해줌으로써 학제간의 경계를 넘나드는 심화된 통섭적 연구가 이루어지고, 나아가 '로컬리티의인문학(locality and humanities)'의 이념이 널리 확산되기를 바란다.

2010년 6월

부산대학교 한국민족문화연구소

(HK)로컬리티의인문학 연구단

이건지李建志는 1969년 도쿄 출생이며, 본적은 대한민국 제주도이다. 도립 히비야日比谷 고교를 거쳐 주오中央 대학 문학부를 졸업하고, 도쿄 대학 대학원 종합문화연구과 석사과정을 수료했다. 동대학원 박사과정을 거쳐 한국 연세대학교 대학원 국어국문학전공 박사과정 학점을 취득했다. 전공은 비교문학 · 비교문화, 조선문학 · 조선문화이다. 현재 현립 히로시마廣島 대학 인간문화학부 조교수이며, 평화운동단체 '오리즈루노카이折り鶴の會'(교토) 소속이다. 주된 저서로 『조선 근대문학과 내셔널리즘—「저항 내셔널리즘」 비판』(作品社, 2007년)이 있다.

김학동은 1962년 충남 금산 출생이다. 일본 호세이法政 대학 일본문학과를 졸업하고, 충남대 대학원에서 「민족문학으로서의 재일조선인문학—김사량 · 김달수 · 김석범을 중심으로」로 박사학위를 받았다. 저서로는 『장혁주의 일본어 작품과 민족』(2008, 국학자료원), 『재일조선인 문학과 민족』(2009, 국학자료원)이 있으며, 역서로는 『(김사량의) 태백산맥』(2006, 노트북)이 있다. 현재 충남대학교 인문과학연구소 전임연구교수로 재직 중이다.

한일 내셔널리즘의 해체
'복수複數의 아이덴티티'로 살아가는 사상

초판 1쇄 발행 2010년 6월 30일

지은이 | 이건지
옮긴이 | 김학동
펴낸이 | 최원필
편 집 | 양상모
펴낸곳 | 심산출판사
주 소 | 서울시 은평구 불광동 219-7 예은 101
전 화 | 02-357-0633
팩시밀리 | 02-357-0631
E-mail | simsan@korea.com
등 록 | 제1-2114호(1996년 11월 28일)
ISBN | 978-89-89721-95-6 93300